INA LORENZ

IDENTITÄT UND ASSIMILATION

HAMBURGS JUDEN IN DER WEIMARER REPUBLIK

INA LORENZ

Identität und Assimilation

Hamburgs Juden in der Weimarer Republik

Hans Christians Verlag, Hamburg
1989

GEKÜRZTE AUSGABE DER
HAMBURGER BEITRÄGE ZUR
GESCHICHTE DER DEUTSCHEN JUDEN
BAND XIII/TEIL 1

Für die Stiftung Institut für die Geschichte der deutschen Juden, Hamburg, herausgegeben von Peter Freimark

CIP-Titelaufnahme der Deutschen Bibliothek

Lorenz, Ina:
Identität und Assimilation : Hamburgs Juden in der Weimarer Republik / Ina Lorenz. – Hamburg : Christians, 1989
Teilausg. von: Lorenz, Ina: Die Juden in Hamburg zur Zeit der Weimarer Republik
ISBN 3-7672-1094-0

ISBN 3-7672-1094-0
Printed in Germany

INHALT

INHALTSVERZEICHNIS DER ORIGINALAUSGABE

TEIL I

TEIL II

VORWORT ZUR NEUAUSGABE

Im Jahre 1987 wurde unter dem Titel «Die Juden in Hamburg zur Zeit der Weimarer Republik» als Band XIII/Teil 1 und 2 der «Hamburger Beiträge zur Geschichte der deutschen Juden» eine umfangreiche Dokumentation veröffentlicht. Diese Dokumentation enthält nach Durchsicht von etwa 50 000 Schriftstücken eine Auswahl von 800 nahezu vollständig abgedruckten Dokumenten. Die zweibändige Gesamtausgabe wird durch weiterführende Bemerkungen, einen umfassenden Anmerkungsapparat und durch mehrere Register erschlossen.

Die Gesamtausgabe hat im Inland, aber auch im Ausland eine große Aufmerksamkeit auf sich gezogen. In der Tat konnte das jüdische Leben in der Weimarer Zeit in vielfältiger Weise und vor allem aus innerjüdischer Sicht erstmals für eine jüdische Großgemeinde in Deutschland dargestellt werden. An das Institut für die Geschichte der deutschen Juden in Hamburg ist daher vielfach der Wunsch herangetragen worden, eine gekürzte Ausgabe, die nochmals Wesentliches zusammenfaßt, zu ermöglichen.

Die verkürzte Ausgabe gibt in erster Linie die der Dokumentation vorangestellte umfassende Einführung in die Entstehungsgeschichte der jüdischen Gemeinde, in ihre innerjüdischen sozialen und kulturellen Konfliktlagen, in demographische Strukturen und in zeitgenössisch-politische Bezüge für die Zeit der Weimarer Republik unverändert wieder. Behandelt werden neben der genauen Darstellung des jüdischen Lebens im Hamburger System Fragen der Assimilation, der beruflichen und wirtschaftlichen Entwicklung, der sozialen Schichtung und der Familienstrukturen. Das Bewußtsein deutsch-jüdischer Identität und aufkommender Antisemitismus werden vor dem Hintergrund der vorhandenen Quellen erörtert. Dem Leser wird durch diese Darstellung ein in sich geschlossener Eindruck vermittelt, wie sich jüdisches Leben in Hamburg in der Zeit von 1918 bis 1933 darstellte und in seinen historischen, sozialen und politischen Abhängigkeiten vollzog. Der Einführung ist zum anderen das gesamte Verzeichnis aller aufgenommenen Dokumente in stichwortartiger Beschreibung hinzugefügt worden. Diese unveränderte Wiedergabe vermittelt ebenfalls eine genaue Vorstellung darüber, wie differenziert die gemeindliche Tätigkeit und auch das nicht gemeindebezogene Leben der Juden in Hamburg tatsächlich waren. Es ist dies das Bild einer sozial verpflichteten Gemeinschaft, die am allgemeinen Leben in Staat und Gesellschaft bewußt teilhat. Im Anmerkungsapparat der Einführung wird auf diese nach 27 Sachkapiteln gegliederte Dokumentation vielfach verwiesen. Gerade die im Dokumentenverzeichnis aufgenommene Stoffgliederung eröffnet dem Leser eine einprägsame Orientierung und Strukturierung der vorhandenen Materialfülle.

Die hier vorliegende verkürzte Wiedergabe kann und will die zunächst erschienene Gesamtausgabe nicht ersetzen. Sie muß daher denjenigen, der im einzelnen Dokument Fragen seines Interesses nachgehen will, hierauf verweisen. Gleichwohl sind Institut, Senatskanzlei der Freien und Hansestadt Hamburg und Herausgeberin davon überzeugt, daß auch eine verkürzte Ausgabe in dieser Form in besonderer Weise hilft, das Interesse an der Geschichte der Hamburger Juden zu vertiefen.

Hamburg, Sommer 1989 — Ina S. Lorenz

VORWORT

Im zeitgeschichtlichen Rückblick wird das deutsche Judentum derzeit vor allem in der Tragödie seiner Vernichtung erfaßt. Hierzu liegen inzwischen umfangreiche Forschungsergebnisse, Zeugnisse und Dokumentationen zum Verlauf und zu den Folgen der nationalsozialistischen Gewaltherrschaft vor, die dies belegen. Eine derartige Betrachtungsweise bedarf indes der Ergänzung. Der Holocaust vernichtete eine Minderheit, deren Lebendigkeit und kulturelle Bedeutung sich in ihren sozialen, politischen und religiösen Verhaltensweisen differenziert und aufklärend nachzeichnen läßt. Das gilt insbesondere für die großstädtischen jüdischen Gemeinden. Zu ihnen zählt auch die Deutsch-Israelitische Gemeinde Hamburg. Das hamburgische Judentum hatte mit Scharfsinn und Toleranz sein gemeindliches Zusammenleben in der spezifischen Form des «Hamburger Systems» entwickelt. Gerade diese Besonderheit des Zusammenwirkens unterschiedlicher Strömungen im hamburgischen Judentum legt es nahe, das jüdische Leben in erster Linie aus innerjüdischer Sicht zu dokumentieren. Die vorliegenden Schriftstücke erlauben es, außerordentlich unterschiedliche Fragen im Zusammenleben deutscher Juden aufzuwerfen. Dazu hat ein historischer Glücksfall maßgebend beigetragen. Die jüdischen Gemeinden Hamburg, Altona und Wandsbek haben wesentliche Teile ihres Aktenbestandes unter Mißachtung reichsministerieller Anordnungen dem Staatsarchiv Hamburg übergeben. Dieser Bestand ist weitgehend erhalten. So entstand die Möglichkeit, das jüdische Leben der Weimarer Zeit anhand jüdischer Dokumente darzustellen.

Die hier vorgelegte Dokumentation verdankt ihr Entstehen einem 1933 nach dem damaligen Palästina ausgewanderten deutschen Juden. Der persönlichen Initiative des israelischen Historikers Dr. Baruch Zwi Ophir, in Hamburg als Benno Offenburg aufgewachsen, ist es zu verdanken, daß ein zunächst nur in Umrissen erkennbares Projekt wissenschaftlichem Interesse und staatlicher Förderung zugeführt werden konnte. Dr. Ophir erörterte in Jerusalem den Gedanken einer dokumentarischen Aufarbeitung erstmals 1976 im Namen ehemaliger Hamburger Juden mit dem damaligen Ersten Bürgermeister der Freien und Hansestadt Hamburg, Hans-Ulrich Klose. Der Bürgermeister, der Israel einen Besuch abstattete, versprach weitgehende Unterstützung. Gemeinsam kamen 1977 der Hamburger Senat und die Hamburger Bürgerschaft überein, ein Projekt zur Erforschung der Geschichte der Hamburger Juden für die Zeit von 1918 bis 1945 zu fördern. Die Forschungsarbeiten wurden sowohl in Israel als auch in Deutschland durchgeführt. Die unermüdliche Arbeit von Dr. Ophir bezog sich zunächst darauf, aus zahlreichen Archiven und Bibliotheken ein umfangreiches Material zusammenzustellen; dieses Material übergab er im Sommer 1982 dem Institut für die Geschichte der deutschen Juden, Hamburg, zur weiteren Bearbeitung. Hier erfolgte die Sichtung der Schriftstücke, ihre Auswahl und ihre historische und textliche Aufbereitung. Auch mußte es Aufgabe der in Hamburg insoweit selbständig durchgeführten Forschung nunmehr sein, die Geschichte der Hamburger Juden durch Dokumente aus den behördlichen Aktenbeständen wirksam zu ergänzen. Dr. Ophir, der seine umfassende Sachkenntnis auch weiterhin dem Institut zur Verfügung stellte und mit dessen Hilfe vielfache biographische Fragen geklärt werden konnten, sei an dieser Stelle ganz besonders bedankt.

Die hier veröffentlichten Schriftstücke behandeln die Epoche der Weimarer Republik 1918/19 bis 1933, eine weitere Bearbeitung für die Zeit des Nationalsozialismus ist beabsichtigt. Die Dokumente stellen eine Auswahl dar, dies bedingte notwendigerweise bewertende Beurteilungen. Im allgemeinen ist versucht worden, dem Leser ein möglichst vollständiges Bild des innerjüdischen Gemeindelebens zu geben. Die hierzu vorhandene Quellenlage leidet nur hinsichtlich des religiösen Lebens unter deutlichen Mängeln. Die Aktenbestände der einzelnen Kultusverbände, die es in Hamburg gab, sind offenbar 1943 vernichtet worden. Die Dokumentation versucht gleichwohl die Entwicklungslinien nachzuzeichnen und der Quellenlage durch ergänzende und sekundäre Dokumente möglichst gerecht zu werden. Dabei ist durch erläuternde Hinweise der innergemeindliche und der zeitgenössische Bezug vielfach verdeutlicht worden.

In seiner Alltagswelt hatte der einzelne Hamburger Jude mit der jüdischen Gemeinde sehr unterschiedliche Berührungspunkte. Die Dokumentation gibt dies durch eine entsprechende, kapitelmäßige Aufteilung dieser Lebensbereiche wieder, schafft also damit eine thematische Ordnung innerhalb des Quellenbestandes. Der Leser kann deshalb – unterstützt durch jeweils orientierende Vorbemerkungen – ausgewählte Bereiche dieser jüdischen Alltagswirklichkeit getrennt verfolgen. Über das individuelle Leben des Einzelnen kann allerdings zumeist nur vor dem Hintergrund der jüdischen Gemeinde, deren kulturellen und sozialen Institutionen und anderer innerjüdischer Gruppierungen berichtet werden. Die der Dokumentation vorangestellte Einführung verfolgt demgegenüber ein methodisch anderes Ziel: Mit ihr sollen ausgewählte Problembereiche übergreifend dargestellt werden. Damit werden erstmals die inneren Strukturelemente der jüdischen Gemeinde, wie sie vor allem im Hamburger System zutage treten, behandelt. Die Perspektive des Einzelschicksals muß dabei notwendigerweise verlassen werden. Diese Betonung einer gemeindesoziologischen Betrachtung legt es nahe, die selbständigen jüdischen Gemeinden in Altona und Wandsbek zwar von einer einführenden Erörterung auszuschließen, sie gleichwohl in der Dokumentation gesondert darzustellen.

Die dokumentarische Arbeit wäre ohne die umfangreiche Hilfe einzelner Archive nicht möglich gewesen. Mein Dank gilt zunächst Dr. Daniel Cohen und den Central Archives for the History of the Jewish People (Jerusalem), Dr. Michael Heymann und den Central Zionist Archives (Jerusalem) sowie Frau Miriam Broshee und der Wiener Library (Tel Aviv), ferner dem Archiv von Yad Vashem (Jerusalem). Ergänzende Hilfen habe ich im HWWA – Institut für Wirtschaftsforschung-Hamburg und im Privatarchiv Eric M. Warburg (Hamburg) erhalten. Meinem Referenten im Staatsarchiv Hamburg, Herrn Jürgen Sielemann, bin ich zu großem Dank verpflichtet. Der bemerkenswerte Umfang der Bestände dieses Archivs kann ohne wirksame und stets begleitende Hilfe kaum vollständig erschlossen werden. Das gilt zudem für Fragestellungen, die seinerzeit aktenmäßig zu erfassen ein besonderer Anlaß nicht bestand. Für die jüdischen Gemeinden in Altona und Wandsbek sind mir ergänzende Auskünfte vom Landesarchiv Schleswig-Holstein bereitwillig erteilt worden.

Die Dokumentation wurde im Rahmen meiner Tätigkeit am Institut für die Geschichte der deutschen Juden in Hamburg erstellt. Dem Leiter des Instituts, Prof. Dr. Peter Freimark, habe ich für die Übertragung dieser Forschungsarbeit und für vielfältigen, fördernden Rat sehr zu danken. Es ist nicht selbstverständlich, daß sich ein Institut über mehrere Jahre mit der Durchführung eines umfangreichen Projektes belastet. Die Mitarbeiter, Dr. Alice Jankowski und Dr. Günter Marwedel, haben mir die benötigte kollegiale Hilfe vielfach gewährt. Herr Senatsdirektor a. D. Dr. Ludwig Loeffler, der von Anfang 1939 bis zum Sommer 1943 in der jüdischen Gemeinde die Aufgaben eines juristischen Beraters wahrnahm, hat mir durch Auskünfte geholfen, genauere Kenntnisse über die jüdische Gemeindeorganisation und über einzelne Persönlichkeiten zu erlangen. Bei meinen wiederholten Forschungsarbeiten in Israel haben sich dankenswert Dr. Moshe Zimmermann (Jerusalem), Dr. Jacob Eisner (Jerusalem), Gideon Weigert (Jerusalem), Dr. Pinchas Rosenblüth (Jerusalem) und Eli Rothschild (Tel Aviv) zu Auskünften zur Verfügung gestellt. Prof. Dr. Dieter Wuttke (Bamberg) gab die Genehmigung zum Nachdruck eines bereits veröffentlichten Dokuments. Die Einordnung des deutschen Judentums in den geschichtlichen Zusammenhang der Weimarer Zeit habe ich mit Prof. Dr. Walter Bußmann (Karlsruhe) erörtert. Für die Klärung und Zuordnung auftretender Rechtsfragen innerjüdischer und staatlicher Art habe ich den Rat von Bundesrichter Dr.

Jörg Berkemann (Berlin) in Anspruch nehmen können. Diese fachübergreifenden Hilfestellungen haben sich als außerordentlich nützlich erwiesen. Auch dafür habe ich sehr zu danken.

Das Projekt wäre ohne eine umfangreiche finanzielle Unterstützung undurchführbar gewesen. Vor allem die Freie und Hansestadt Hamburg hat wiederholt Haushaltsmittel erheblichen Umfangs zur Verfügung gestellt. Ergänzende finanzielle Unterstützungen haben in einer ersten Phase des Vorhabens das Diaspora Research Center (Tel Aviv) unter Vermittlung von Prof. Dr. Jacob Toury und späterhin in großzügiger Weise die Hamburger Wissenschaftliche Stiftung (Hamburg) gewährt.

Eine umfangreiche Dokumentation bedarf umsichtiger technischer Betreuung. Hierfür danke ich Frau cand. soz. Elke Achtermann für EDV-gestützte Textverarbeitung und die Erstellung der Register sowie Frau Sybille Baumbach, M.A. für archivalische Einzelrecherchen.

Die vorgelegte Dokumentation möge dazu beitragen, das Interesse an der Geschichte der jüdischen Gemeinden in Hamburg, Altona und Wandsbek zu vertiefen und damit zugleich das Andenken an die Hamburger jüdischen Bürger zu erhalten.

Hamburg, im Frühjahr 1987 — Ina S. Lorenz

EINFÜHRUNG

I.
EINLEITENDE BEMERKUNGEN.

Die deutschen Juden sind sowohl als eine religiöse als auch als eine ethnische Minderheit zu verstehen. Im Vordergrund der Betrachtung stand in jüngster Zeit vielfältig die Erörterung des kollektiven Schicksals der deutschen Juden. Das legte Untersuchungen zur Emanzipation und Integration einerseits und zur Diskriminierung und Verfolgung des deutschen Judentums andererseits nahe. Diese forschungspolitische Tendenz wurde dabei nicht zuletzt durch den moralischen Gesichtspunkt verstärkt, die Vernichtung des deutschen Judentums während der nationalsozialistischen Herrschaft in ihren Einzelheiten hervorzuheben und damit zugleich das eigene kollektive und individuelle Handlungsgeschehen zu reflektieren.

Die historische Forschung hat indes ein weiteres zu leisten. Sie hat einen angemessenen Bericht über die tatsächlichen Verhältnisse des deutschen Judentums vor Beginn der nationalsozialistischen Gewaltherrschaft zu geben. Geht man in dieser Weise vor, so entsteht ein Bild, in dem sich das deutsche Judentum voller Lebendigkeit – aber auch zerstritten in der Suche nach alten und neuen Sinngehalten – darstellt. Die jüdische Minorität nahm dabei teil an den allgemeinen politischen und kulturellen Zeitströmungen, und zwar sowohl in ihren pluralistischen Ausdrucksformen als auch in ihren sozialen und ethnischen Bezügen. Die historische, aber auch die sozialwissenschaftliche Forschung hat die zweifache Rolle einer Minderheit als Handlungsträger und als Gegenstand des gesellschaftlichen Umfeldes stets betont. Sie hat dabei der hierfür maßgebenden Bedeutung gerade der innerjüdischen Institutionalisierung weit weniger Beachtung geschenkt. Das gilt vor allem für gemeindesoziologische Fragestellungen.

Die vorliegende Dokumentation stellt für den Zeitraum der Weimarer Republik dar, wie sich die in Hamburg lebenden Juden organisierten. Das ist nicht allein im Sinne einer verbandssoziologischen Betrachtungsweise gemeint. Aber die Frage dürfte berechtigt sein, wie sich eine Minderheit zu institutionalisieren hatte, um dem Druck der Assimilation unter gleichzeitiger Wahrung der religiös-kulturellen Identität standhalten zu können. Abschließende Antworten lassen sich hierauf kaum geben. Wie fast stets, so gab es auch innerhalb der in Hamburg lebenden Juden aufklärerische und restaurative Kräfte, die das Schicksal dieser Bevölkerungsgruppe zu bestimmen suchten. Die Besonderheit der Juden in Hamburg war allerdings, daß man im Verlaufe des 19. Jahrhunderts eine besondere Art des Zusammenlebens geschaffen hatte. Die Zuständigkeit für die religiösen Interessen und Bedürfnisse war rechtlich selbständigen Kultusverbänden überlassen, deren Mitgliedschaft nicht einmal die Zugehörigkeit zur jüdischen Gemeinde zur Voraussetzung hatte. Die Aufgaben der Gemeinde beschränkten sich auf den Bestand gemeinsamer säkularer Angelegenheiten. In dieser als Hamburger System bekannt gewordenen jüdischen Gemeindestruktur hatte das hamburgische Judentum im 19. Jahrhundert mit Scharfsinn und Toleranz eine seine eigenen Angelegenheiten normierende «pluralistische Ordnung» geschaffen, welche es ihm erlaubte, seine religiös-kulturelle Identität weitgehend zu bewahren und zugleich eine ideologische Enge zu vermeiden.[1] Die Dokumentation weist hierzu nachhaltig auf, wie sehr gerade diese Möglichkeit eine wichtige Ursache dafür wurde, daß die

1 Vgl. hierzu Peter L. Berger, Zur Dialektik von Religion und Gesellschaft. Elemente einer soziologischen Theorie, Frankfurt/Main 1973, S. 29 ff.

hamburgischen Juden die sonst so bekannten internen Auseinandersetzungen in erträgliche Bahnen führen konnten. Dies wiederum war eine Voraussetzung dafür, daß sich in Hamburg vor allem auch das liberale Judentum für den Fortbestand jüdischer Gemeindestrukturen einsetzte.

Man kann daher mit guten Gründen das Hamburger System als einen Modellfall der Integration von jüdischer Kulturgemeinde und religiösen Kultusverbänden analysieren, in dem für den einzelnen die Lebensweise in einem religiös-ethnischen Bezugsfeld zugleich Existenz in einem besonderen sozialen und kulturellen Sinne bedeutet. Ein Wertpluralismus, wie er zur Zeit der Weimarer Republik der neuen staatsrechtlichen Ordnung weitgehend entsprach, mußte für jüdische Gemeinden erhebliche Probleme ihrer inneren Legitimation aufwerfen. Das erklärte Bewußtsein, in Konkurrenz mit anderen religiösen oder a-religiösen Lebensformen zu stehen, mußte die Selbstgewißheit der eigenen religiös-kulturellen Lebensweise herausfordern.

Das Hamburger System selbst unterlag damit der Notwendigkeit, von seinen Anhängern nicht nur theoretisch gebilligt, sondern als Teil ihrer eigenen Lebenswirklichkeit dauernd funktionalisiert zu werden. Das wäre ohne das eigene Traditionsverständnis, in dem die Hamburger Juden auch in diesem äußerlich bürokratisch erscheinenden Modell nach wie vor standen, wohl kaum möglich gewesen. Dies läßt sich den aufgenommenen Dokumenten in unterschiedlichen Bereichen entnehmen. Denn der Versuch der Neubestimmung eines teilweise säkularisierten Judentums war insofern von vornherein ambivalent, als er einerseits eine neue objektive und zudem verstandesmäßige Grundlage für die jüdische Existenz einführte, andererseits den Absolutheitsanspruch des religiösen Judentums jedenfalls dadurch fraglich werden ließ, die unangefochtene raison d'être der jüdischen Selbstgewißheit zu sein. Etwas anderes ist indes nicht zu verkennen: Der im Hamburger Judentum sehr differenziert vorhandene Ausbau gesellschaftlicher Institutionen mit unterschiedlich starken oder abgeschwächten Integrationsinhalten dessen, was vor allem während der Weimarer Zeit häufig als «Jüdischkeit» bezeichnet wurde, wirkte sich seinerseits stabilisierend aus. Auch dies verdeutlichen die Dokumente. Dem Angehörigen der Gemeinde war es möglich, die Integrationsbindung an das Hamburger Judentum weitgehend selbst zu bestimmen. Insbesondere war er nicht verpflichtet, sich überhaupt oder zu bestimmten religiösen Lebensformen zu bekennen. Gerade diese auch subjektiv erlebte Offenheit bot den Hamburger Juden die Chance, der ständigen Gefahr der Entfremdung einerseits oder des religiösen Sektierertums andererseits wirksam begegnen zu können.

II.
GESCHICHTLICHE ENTWICKLUNG.

1. Anfänge bis 1860. Die Geschichte der Juden in Hamburg repräsentiert sich nicht allein in der Geschichte der Deutsch-Israelitischen Gemeinde. Das hängt mit der siedlungsstrukturellen Verbundenheit Hamburgs mit seinen früheren Nachbarstädten Altona und Wandsbek zusammen. Die drei Orte bildeten seit 1671 die sog. Dreigemeinde. In Hamburg selbst hatten sich zu Beginn des 17. Jahrhunderts die ersten hochdeutschen, also aschkenasischen Juden niedergelassen, denen die Hamburger Bürgerschaft allerdings keineswegs mit prinzipieller Aufgeschlossenheit gegenüberstand. Eine durchaus andere, übrigens auch wirtschaftspolitisch gegen Hamburg gerichtete, Politik verfolgte die seit 1640 bestehende dänische Herrschaft für Altona. Man war hier bereit, dänische Schutzbriefe großzügig auszustellen, um die Attraktivität Hamburgs zu mindern.[2] Bis zum Ende des 18. Jahrhunderts betrachteten deshalb die Hamburger Juden Altona als Zufluchtsort für den Fall einer möglichen Vertreibung. Zudem gelang es Altona, mit dem Oberrabbinat neben dem religiösen Führungsanspruch eine Jurisdiktionsgewalt zu begründen, die sich im Rahmen der Dreigemeinde auch auf die Hamburger aschkenasischen Juden erstreckte, obwohl für deren rechtliche Stellung das «Reglement der Judenschafft in Hamburg so Portugiesisch – als Hochteutscher Nation» vom 7. 9. 1710 maßgeblich war.[3]

Bedeutender nach Zahl und wirtschaftlichem Einfluß waren in Hamburg allerdings zunächst die im 16. Jahrhundert aus Portugal ausgewanderten sefardischen Juden. Von den aschkenasischen Juden hielten sie sich getrennt, bildeten vielmehr wegen des andersartigen religiösen Ritus eine selbständige Gemeinschaft, die es ihr auch ermöglichen sollte, Sprache und heimatliche Tradition besser zu bewahren. Der staatsrechtliche Status der eingewanderten Juden als Ausländer blieb weitgehend ungeklärt. Auch in Altona entstand im 18. Jahrhundert in ähnlicher Weise eine sefardische Gemeinde, die sich wie in Hamburg in Ritus und in der Sprache von den aschkenasischen Juden bewußt unterschied. Vor allem

2 Vgl. allg. Günter Marwedel, Die Privilegien der Juden in Altona, Hamburg 1976, S. 48 ff.; Peter Freimark, Juden in Hamburg, in: ders. (Hrsg.), Juden in Preußen – Juden in Hamburg, Hamburg 1983, S. 59–80, hier S. 64 ff.

3 Nach Art. 23 des Judenreglements von 1710 waren die Juden gehalten, alle zivilen Rechtssachen vor Hamburger Gerichten auszutragen. Ihnen blieb nur ein eigenes Ehe- und Erbrecht zugesichert. Vgl. Textnachweise bei Johann Klefeker, Sammlung der hamburgichen Gesetze und Verfassungen in bürger- und kirchlichen, auch Cammer-, Handlungs- und übrigen Polizey-Angelegenheiten und Geschäften samt historischen Einleitungen, Bd. II, S. 313 ff.; vgl. ferner Günter Marwedel, Geschichte der Juden in Hamburg, Altona und Wandsbek, Hamburg 1982, S. 18.

in Hamburg konnten die portugiesischen Juden eine prägende wirtschaftliche Stellung erreichen, die zudem faktischen Schutz vor drohender Diskriminierung zu bieten vermochte. Bereits zu Beginn des 18. Jahrhunderts zeigte sich indes, daß die Hamburger und die Altonaer sefardische Gemeinde in ihrer Existenz bedroht sein würden, da wegen der veränderten politischen und wirtschaftlichen Verhältnisse in Europa ein weiterer Zuzug portugiesischer oder spanischer Juden unterblieb. Die meisten Hamburger sefardischen Familien gingen nach Holland zurück. Hier verblieb nur eine kleine Restgemeinde. Die portugiesische Gemeinde Altona wurde 1887 aufgelöst.

Mit Beginn des 19. Jahrhunderts änderte sich die rechtliche und wirtschaftliche Lage der Hamburger Juden wesentlich. Mit etwa 6300 aschkenasischen Juden hatte Hamburg inzwischen die größte hochdeutsche Gemeinde in Deutschland.[4] Nimmt man die portugiesischen Juden hinzu, so waren etwa 6 % der Stadtbewohner oder 5 % der Staatsbevölkerung des Stadtstaates Juden.[5] Durch die völkerrechtliche Eingliederung Hamburgs in das französische Kaiserreich 1810 trat für Hamburg die französische Emanzipationsgesetzgebung in Kraft und damit auch das Napoleonische Dekret über die Organisation des jüdischen Kultus vom 17. 3. 1808.[6] Dies machte zugleich die Auflösung des Assoziationsverhältnisses mit den jüdischen Gemeinden in Altona und Wandsbek erforderlich, da diese der dänischen Souveränität unterworfen blieben. Die Trennung wurde formal durch die Separationsakte vom 26. 4. 1812 vollzogen, die damit zugleich die Gründungsurkunde für die Deutsch-Israelitische Gemeinde Hamburg wurde.[7] Auch nach Beendigung der französischen Okkupation blieb dies unverändert, weil sich ersichtlich die tatsächlichen Verhältnisse nunmehr ganz deutlich zugunsten einer Vorherrschaft Hamburgs geändert hatten. Die den Juden günstige französische Emanzipationsgesetzgebung wurde weitestgehend zurückgenommen.

Eine verfassungsrechtlich gesicherte Gleichstellung konnte erst in den Verfassungsverhandlungen von 1859/60 erreicht werden.[8] Es bedurfte

4 Vgl. Hans Mauersberg, Wirtschafts- und Sozialgeschichte zentraleuropäischer Städte in neuerer Zeit. Dargestellt an dem Beispiel von Basel, Frankfurt a.M., Hamburg, Hannover und München, Göttingen 1960, S. 48.

5 Vgl. Jacob Toury, Soziale und politische Geschichte der Juden in Deutschland 1847–1871. Zwischen Revolution, Reaktion und Emanzipation, Düsseldorf 1977, S. 17.

6 Abgedruckt bei M. M. Haarbleicher, Aus der Geschichte der Deutsch-Israelitischen Gemeinde zu Hamburg, 2. Aufl. Hamburg 1886, S. 63 ff.

7 Zur Namensgebung vgl. G. Marwedel, Privilegien, S. 60 Anm. 122 ; ferner M. M. Haarbleicher, Aus der Geschichte der Deutsch-Israelitischen Gemeinde, 2. Aufl. S. 82 ff.

8 Vgl. hierzu Helga Krohn, Die Juden in Hamburg. Die politische, soziale, kulturelle und politische Entwicklung einer jüdischen Großstadtgemeinde nach der Emanzipation 1848–1918, Hamburg 1974, S. 27 ff.

hierfür allerdings noch der gesetzlichen Umsetzung, um vorhandene Sonderregelungen zu beseitigen und die verfassungsrechtlich vorgesehene Trennung von Staat und Religionsbekenntnis endgültig herbeizuführen. Das gelang nur zögernd. Immerhin stellten die Zulassung der Ziviltrauung (1861) und die Einführung des Zivilstandsregisters (1865) wichtige Voraussetzungen dafür dar, um letzte formale Hindernisse zu beseitigen.[9] Damit war vor allem die rechtliche Möglichkeit der Mischehe, die bereits 1851 durch Senatsverordnung erlaubt worden war, erneut bestätigt und die Kinder aus diesen Ehen wurden als ehelich anerkannt.

2. *Aufhebung des Gemeindezwanges.* Die mit der Emanzipation gewonnene Gleichstellung in den bürgerlichen Rechten sowie im Zivil- und Prozeßrecht war in Folge der Grundrechtsdiskussion der Revolution von 1848 in erster Linie eine individuelle, also auf die Person bezogene. Die sog. Judenfrage hatte darüber hinaus die Zwangsmitgliedschaft in den korporativen Formen des lokalen Zusammenschlusses der Juden gemäß des Parochialprinzips als problematisch aufgewiesen. Das war keine auf Hamburg beschränkte Fragestellung. Die staatliche Ordnung ließ es im Grundsatz nicht zu, daß sich ein Jude gleichsam ohne religiösen Bezug atheistisch verhielt. Diese staatliche Auffassung jüdischer Zwangskorporierung stimmte übrigens mit dem innerjüdischen Verständnis durchaus überein. Für die jüdische Kulturauffassung war die Trennung etwa zwischen jüdischer Kulturtradition und kultusbezogener Religiösität unverständlich. Wer dies verändern wollte, geriet in die Nähe derer, die für den christlich geprägten Charakter des jeweiligen Staatsverbandes eine grundsätzliche Trennung von Staat und Kirche anstrebten. Es ging dann nicht mehr allein darum, die Verschiedenheit des religiösen Bekenntnisses für bedeutungslos zu erklären, sondern die Frage der Konfessionsgebundenheit bereits als solche für unerheblich anzusehen.

Die überkommene Zwangsmitgliedschaft der Juden hatte zwei Konsequenzen: Wer mit der religiösen Ausrichtung seiner Gemeinde inhaltlich nicht einverstanden war, konnte sich entweder einer anderen, ebenfalls religiös gebundenen jüdischen Gemeinde anschließen oder zu einer christlichen Kirche konvertieren. Man muß sich hierzu erinnern, daß es bis in die Mitte des 19. Jahrhunderts den Stand der Konfessionslosigkeit nicht gab. Des weiteren bestand für Juden in Deutschland durchgehend Gemeindezwang. Jeder Jude mußte einer jüdischen Gemeinde angehören. Weder die *Orthodoxie* noch der Staat selbst hatten ein Interesse dar-

9 Vgl. ferner das Gesetz, betreffend die Aufhebung des mosaischen Rechts für Matrimonial-, Testaments- und Erbschaftssachen der hiesigen Israeliten vom 1. 6. 1864, abgedruckt bei M. M. Haarbleicher, Aus der Geschichte der Deutsch-Israelitischen Gemeinde, 2. Aufl., S. 159.

an, diese staatsrechtliche Bindung zu ändern. Für einen Juden ergaben sich daraus folgende Möglichkeiten: Er konnte sich einer anderen Gemeinde mit anderer religiöser Richtung anschließen. Das bedeutete für ihn, den bisherigen Ort zu verlassen und damit die entstandenen Bindungen aufzugeben. Er konnte sich ferner in seiner Gemeinde religiös indifferent verhalten, soweit dies nach dem tatsächlichen Gemeindeleben möglich war. Schließlich wurde ihm die Möglichket eröffnet, aus dem Judentum durch Konversion auszutreten und damit seine bisherige Gemeinde zu verlassen. Der Status, lediglich als ethnische Minderheit ohne religiös-kultusbezogene Lebensführung zu leben, war für ihn dagegen nicht erreichbar.

Dieses tradierte System rechtlicher Zuordnung wurde für die Hamburger Juden in zwei Stufen abgelöst. Für die Struktur der jüdischen Gemeinde und vor allem für das Bewußtsein ihrer Angehörigen sollte dies von bleibender Bedeutung werden. Denn die zum Beginn des 19. Jahrhunderts eher oktroyierte Differenzierung unterschiedlicher religiöser Richtungen half jenes Maß an Toleranz zu entwickeln, das nötig war, um aufgrund gelebter Erfahrung das Risiko des Hamburger Systems auf sich zu nehmen. Das rechtfertigt es, hierauf näher einzugehen.

2.1 Innerjüdische Differenzierung: Tempelverein – 1817. Zu Beginn des 19. Jahrhunderts sah sich das orthodoxe Judentum einer Reformbewegung gegenüber, die wesentliche Impulse der Philosophie der Aufklärung und der revolutionären oder reformierenden Politik verdankte.[10] Die Vorschläge zur Reform des jüdischen Gottesdienstes waren außerordentlich einschneidend: Einführung einer deutschen Predigt, die Liturgie sollte weitgehend der deutschen Sprache folgen und den Choral-Gesang enthalten. Neben der Benutzung des Orgelspiels, wie man es aus den christlichen Kirchen kannte, sollte die Tora in veränderter hebräischer Aussprache gelesen werden. Die traditionelle Bar Mizwa sollte einer Konfirmation eher protestantischer Herkunft weichen.

In Hamburg entwickelten sich entsprechende Bestrebungen. Am 2. Tebet 5578 (11. Dezember 1817) gründeten 66 Gemeindeangehörige den privaten «Neuen Israelitischen Tempelverein in Hamburg».[11] Das Reform-

10 Vgl. zu den Reformbestrebungen u.a. Caesar Seligmann, Geschichte der jüdischen Reformbewegung von Mendelssohn bis zur Gegenwart, Frankfurt 1922.

11 Vgl. Gründungs- und Vereinigungsurkunde des Neuen Israelitischen Tempelvereins in Hamburg. 2. Tebet 5578, 11. Dezember 1817, abgedr. in: Festschrift zum 100jährigen Bestehen des Israelitischen Tempels in Hamburg 1818–1918, S. 11–15; vgl. ferner M. M. Haarbleicher, Aus der Geschichte der Deutsch-Israelitischen Gemeinde, 2. Aufl., S. 183 ff.; vgl. Nikolaus Adolf Westphalen, Hamburgische Verfassung und Verwaltung in ihrer allmählichen Entwicklung bis auf die neueste Zeit, Bd. I, Hamburg 1841, S. 405.

vorhaben war nach durchaus berechtigter Auffassung der Orthodoxie mit dem Chararakter der bestehenden Zwangsgemeinde nicht zu vereinbaren. Gleichwohl trat der Vorstand der Gemeinde weder der Gründung des Vereins noch der erklärten Absicht, alsbald einen Tempel der Reformbewegung zu bauen, mehrheitlich entgegen.[12] Ohne Frage nutzte die Reformbewegung die politische und rechtliche Unsicherheit, die nach Ende der französischen Okkupation zunächst noch bestand. Hätte sich die jüdische Orthodoxie mit ihrem Ziel der Bewahrung der religiösen Einheit durchgesetzt, dann hätten die reformwilligen Juden die Gemeinde und damit den Stadtstaat verlassen müssen, wenn sie ihr Vorhaben nicht aufgeben wollten. Ein Auszug hätte die ökonomische Struktur der jüdischen Gemeinde nachhaltig, die der Stadt immerhin bemerkbar, getroffen, da die Reformbewegung vor allem die Mehrzahl der gebildeten und wohlhabenden jüdischen Familien erfaßte, deren Stellung im Wirtschaftsleben der Stadt als bedeutend anzusehen war.

Der Rat der Stadt hatte an derartigen Folgen, die ihm bei Fortsetzung der innerjüdischen Auseinandersetzungen denkbar erschienen, kein Interesse. Verlor die jüdische Gemeinde ihre zwar noch kleine, aber wirtschaftlich gesicherte Mittelschicht, entfiel damit der innergemeindliche Lastenausgleich, so daß es der Gemeinde faktisch nicht mehr möglich gewesen wäre, der ihr staatlich auferlegten Armenpflege nachzukommen. Der Anteil der Juden am Sozialprodukt der Stadt war nicht unerheblich, was sich nicht zuletzt im Steueraufkommen niederschlug. Eine Reihe von Juden verfügte ferner über gute Beziehungen im Überseehandel und in dem damit verbundenen Reedereigeschäft.[13] Es waren mithin in erster Linie ökonomische Einsichten und Zwänge, welche den Rat der Stadt veranlaßten, in die innerjüdischen Religionsstreitigkeiten einzugreifen. In seinem Senatsconclusum vom 17. 9. 1819 verfügte er daher, daß der Tempelverein von der jüdischen Gemeinde zu tolerieren sei. Voraussetzung sei hierfür, daß keine Trennung von der Gemeinde «weder in politischer, polizeilicher, administrativer und pecuniärer Rücksicht» erfolgen dürfe.[14]

Man kann den städtischen Beschluß von 1819 als den Beginn des Hamburger Systems ansehen. Durch staatlichen Oktroi wurde den religiös

12 Im Jahre 1820 wird berichtet, daß von den neun Gemeindevorstehern fünf «gegenwärtig dem Sytem des Tempelvereins zugethan sind» (StAH Cl VII Lit. Lb. No. 18 Vol. 7a Fasc.3, Nr. 24).

13 Vgl. Mosche Zimmermann, Hamburgischer Patriotismus und deutscher Nationalismus. Die Emanzipation der Juden in Hamburg, Hamburg 1979, S. 137–151.

14 Vgl. Text des Beschlusses bei M. M. Haarbleicher, Aus der Geschichte der Deutsch-Israelitischen Gemeinde, 2. Aufl., S.189; siehe auch StAH Cl VII Lit. Lb. No. 18 Vol. 7a Fasc.3 Nr. 10b, Extractus Protocolli Senatus Hamburgensis. 17. September 1819.

feindlichen Brüdern geboten, zu einer Form gemeindlichen Zusammenlebens zu finden, ohne daß dabei formal die Zwangskorporation aufgehoben wurde. Nach wie vor hatte jeder Jude der Gemeinde anzugehören. Dieser Zwang in modifizierter Art erwies sich für die Entwicklung der jüdischen Gemeinde in der Folgezeit als ungemein fruchtbar: Ihren Angehörigen stand nunmehr rechtlich und faktisch ein Wahlrecht in der inhaltlichen Bezogenheit ihrer religiösen Betätigung zu. Sie konnten sich der liberalen Richtung des Tempelvereins oder der orthodoxen des Synagogenverbandes anschließen. Bei dieser Struktur verblieb es auch, als 1821 Isaac Bernays als erster «aufgeklärter» Rabbiner zum Oberrabbiner für Hamburg gewählt und damit eine orthodoxe Gegenreform im Sinne der sog. Neuorthodoxie eingeleitet wurde. Die Gemeindemitglieder erkannten nämlich alsbald, daß es für sie trotz erheblicher religiöser Divergenzen eine Fülle sozialer und kultureller Gemeinsamkeiten gab, deren Bewältigung sie um ein vielfaches besser nur kooperativ vornehmen konnten, ohne hierbei ihren jeweils eingenommenen religiösen Standort aufgeben zu müssen.[15] Da der politische und gesellschaftliche Druck für eine religiös-ethnische Minderheit bei vorhandener Sondergesetzgebung aufrechterhalten blieb, bot sich hierfür ein breites Spektrum gemeindlicher Tätigkeit. Der staatliche Oktroi führte also in der Gemeinde zu einer religiös-kulturellen Binnendifferenzierung, die den Hamburger Juden in Deutschland eine unterschiedlich beurteilte Sonderstellung einräumte. Daß man damit der in Altona verfolgten Wirtschaftspolitik ein Stück ihrer «liberalen» Fundierung im Hamburger Judentum nahm, sah der Rat der Stadt gewiß mit großem Interesse, da die jüdische Gemeinde in Altona bis zur Auflösung der Dreigemeinde die Hälfte der an die dänische Kämmerei abzuführenden Abgaben von den in Hamburg lebenden Altonaer Schutzjuden erhalten hatte.[16]

2.2 Aufhebung des Gemeindezwanges – 1864. Um im Hamburger Stadtstaat als Jude das Bürgerrecht erreichen zu können, hatte man Mitglied der Deutsch-Israelitischen oder der Portugiesisch-Jüdischen Gemeinde zu sein. Das galt zunächst auch auf der Grundlage der neuen Verfassung vom 28. 9. 1860, nach deren Art. 110 der Genuß der bürgerlichen oder staatsbürgerlichen Rechte durch das religiöse Bekenntnis weder bedingt noch beschränkt sein sollte.[17] Ob sich dieser fortdauernde Zwang für den

15 Vgl. auch die Vereinbarung (Reglement) zwischen dem Vorstand der Deutsch-Israelitischen Gemeinde und dem Tempelverein vom 9. 7. 1820, inhaltlich wiedergegeben bei M. M. Haarbleicher, Aus der Geschichte der Deutsch-Israelitischen Gemeinde, 2. Aufl., S. 189 ff.

16 Vgl. hierzu auch G. Marwedel, Privilegien, S. 60, 65, 375 f.

17 Das ergab sich aus Art. 1 der Provisorischen Verordnung Behufs Ausführung des § 16 der Grundrechte des deutschen Volks in Bezug auf die Israeliten vom 23. 2.

Fortbestand der Deutsch-Israelitischen Gemeinde gleichsam flankierend günstig auswirken würde, war in der Gemeinde selbst stark umstritten. Einem radikal-liberalen Standpunkt der erstrebten Emanzipation entsprach diese Regelung gewiß nicht. Im Jahr 1862 kam es wegen dieser Frage zu erheblichen Auseinandersetzungen, in denen eine beachtliche Minderheit die Auflösung der Gemeinde forderte. Wiederum war es staatliches Eingreifen, welches den Streit beendete. Mit dem Gesetz, betreffend die Verhältnisse der hiesigen israelitischen Gemeinden vom 7.11. 1864 wurde die Zwangsmitgliedschaft beseitigt.[18] Der Deutsch-Israelitischen Gemeinde blieb die Befugnis zugestanden, von ihren Mitgliedern bis zu 1 % des Einkommens als Beitrag zu erheben, um eine nunmehr freiwillige Armen- und Schulpflege zu ermöglichen.

Beiden Gemeinden war gesetzgeberisch auferlegt worden, dem Senat der Stadt kurzfristig ein Gemeinde-Statut vorzulegen. Dies gelang jedenfalls für die Deutsch-Isrealitische Gemeinde nicht. Das lag nicht zuletzt daran, daß das Gemeindestatut «unter Zuziehung von gewählten Gemeinde-Repräsentanten» festzustellen war und sich deren Meinungsbildung als überaus schwierig erweisen sollte: 9 Liberale standen 6 Orthodoxen gegenüber, wenn man die Fraktionierung einmal vereinfacht.[19] Man verständigte sich schließlich dahin, daß die Gemeinde zwei Kultusverbände – den orthodoxen Synagogenverband und den liberalen Tempelverband – mit der ausschließlichen Wahrnehmung des Kultus beauftragte, diesen Verbänden religiöse Autonomie «in allen ihren Angelegenheiten» zukomme und kein Gemeindemitglied gehalten sei, einem der beiden Kultusverbände anzugehören. Die von der Gemeinde erhobene Steuer war nach Wahl des steuerpflichtigen Gemeindemitgliedes, welches einem der Kultusverbände angehörte, zu 10 % einem der beiden Kultusverbände zu überweisen, deren eigene Beitragshoheit ebenfalls satzungsrechtlich bestätigt wurde. Aufgaben gemeindlicher Art sollten das Schulwesen und das Begräbniswesen sein, das Recht auf Benutzung der Synagogen und des rituellen Tauchbades und die Inanspruchnahme der gemeindlichen Kultusbeamten sollten gewährleistet sein. Das Gemeindestatut trat nach staatlicher Genehmigung am 7. 11. 1867 in Kraft.

Dieses verbesserte Hamburger System einer jüdischen Gemeinde hatte die Aufhebung des überkommenen Korporationszwanges gewissermaßen in die gemeindliche Binnenstruktur verlegt und damit die recht-

1849, abgedr. bei M. M. Haarbleicher, Aus der Geschichte der Deutsch-Israelitischen Gemeinde, 2. Aufl., S. 342.

18 Vgl. Kap. 2/Dok. 1.

19 Von den 15 Mitgliedern des Repräsentanten-Kollegiums waren 9 von den steuerzahlenden Mitgliedern gewählt, nämlich 7 Liberale und 2 Orthodoxe. Die übrigen waren delegiert und zwar 2 vom Synagogenverband, 2 vom Tempelverband und 2 von der Armenanstalt (StAH JG 276).

liche Möglichkeit geschaffen, in einer nicht-religiösen Form Angehöriger der Gemeinde zu sein. Das war insofern eine kühne Idee, als damit auch entgegen der jüdischen Überlieferung eine Trennung zwischen religiöser und ethnischer Identität versucht wurde. Als der hamburgische Gesetzgeber die Säkularisierung 1888 dahingehend präzisierte, daß man aus einer staatlich anerkannten religiösen Gemeinschaft ohne gleichzeitige Konversion austreten könne, war damit nochmals bestätigt, daß ein Hamburger Jude der Gemeinde unter Aufgabe des jüdischen Glaubensbekenntnisses angehören konnte.[20] Hamburg hatte damit die einzige deutsche jüdische Gemeinde, in der der Religionsverband auf freiwilliger Mitgliedschaft ohne gleichzeitige religiös-kultusbezogene Verpflichtung beruhte. Die Pflicht zum dauernden Ausgleich war hierfür eine unabdingbare Voraussetzung. Zuvor gelang es der Gemeinde erst 1873, mit dem orthodoxen Synagogenverband, dem durch Übertragung des Oberrabbinates ein religiöser Vorrang erhalten blieb, eine statutenmäßige Trennung durchzuführen.[21]

3. Entwicklung von 1867 bis 1918. Das staatliche Gesetz vom 7. 11. 1864 und das Gemeindestatut vom 7. 11. 1867 sollten für die Neugestaltung der Deutsch-Israelitischen Gemeinde in den kommenden Jahren grundlegend werden.

3.1 Innerjüdische Integration. Die Befürchtung eher konservativer Kreise der Gemeinde, die Aufhebung des Gemeindezwanges werde zu einer Austrittswelle und damit zu einer Minderung des Ansehens der Gemeinde führen, erwies sich als unbegründet. Lediglich 1,2 % der Gemeindeangehörigen verließen noch im ersten Jahr die Gemeinde. In den gemeindlichen Steuerlisten sind für die nachfolgende Zeit jeweils zwischen 10 bis 15 Namen von Austretenden verzeichnet.[22] Auch der damit verbundene Verlust an Beitragsaufkommen war vermutlich gering. Allerdings läßt dies keine Antwort auf die Frage zu, ob alle in Hamburg lebenden Juden zugleich Angehörige der jüdischen Gemeinde waren. Diese auf die Organisationsdichte abzielende Überlegung war für die Gemeinde von erheblicher Bedeutung, weil die Polizeibehörde die Gemeinde auf der Grundlage der neuen Gesetzgebung nicht mehr über den Zuzug von Juden unterrichtete. Immerhin gelang es, den Kreis derjenigen Juden, die der Ge-

20 Siehe das sog. Austrittsgesetz vom 12. 12. 1888 abgedruckt bei A. Wulff, Hamburgische Gesetze und Verordnungen, 2. Aufl. 1903, Bd. 3, S. 494; vgl. auch den Aufsatz von Alfred Bertram, Ist in Hamburg der Austritt aus dem Judentum möglich?, in: Hanseatische Rechtszeitschrift 6 (1923), Sp. 481–490.

21 Vgl. Kap. 10.1/Dok. 1.

22 Vgl. StAH JG 408 u, Generalbericht des Gemeindevorstandes von 1865.

meinde nicht beitraten, überschaubar zu halten.[23] In diesem Sinne blieb die Organisationsdichte in formaler Hinsicht hoch, mochte auch die kulturell-religiöse Motivation gleichwohl abnehmen und damit dem in der zweiten Hälfte des 19. Jahrhunderts sich verstärkenden Säkularisierungsprozeß entsprechen.[24]

Die Umgestaltung der Gemeinde in einen fakultativen Religionsverband war das politische Ziel des liberalen Judentums gewesen. Für die künftige Entwicklung der Gemeinde sollte indes das verbleibende Engagement der liberalen Juden für die jüdische Gemeinde von außerordentlicher Bedeutung werden. Die erreichte staatsrechtliche Emanzipation verstärkte zunächst keineswegs das Bemühen um Assimilation. Vielmehr entsprach es gerade den politisch freisinnigen Vorstellungen der liberalen Juden, daß sich der einzelne durchaus bewußt für eine religiöse oder kultusbezogene Bindung sollte entscheiden können, wenn dies nicht mit Nachteilen etwa im wirtschaftlich-ökonomischen Bereich verbunden war. Diese ethische und zugleich intellektuell-aufklärerische Freiheit sah die große Mehrheit der liberalen Juden in der nunmehr geschaffenen Gemeindestruktur gewährleistet. Für den Fortbestand der Gemeinde sollte dieses Bekenntnis zum Judentum eine ganz wichtige Grundlage für die innerjüdische Bewährung des Hamburger Systems werden. Diese Entscheidung für die jüdische Gemeinde hatte außerdem zur Folge, daß das Entstehen einer jüdischen Orthodoxie mit sektiererischen Tendenzen vermieden wurde, weil ein tragfähiger Ausgleich zwischen gemeindlichem Anspruch auf kulturelle Identität und jüdisch-tradierte Selbstbestimmung einerseits und religiöser Eigenständigkeit und kultusbezogener Glaubensgewißheit andererseits gefunden werden mußte. Das erzwang innerhalb der Orthodoxie ein Mindestmaß an «weltlicher» Toleranz.

Wie sich die Mehrheit der Hamburger Juden zu dieser Zeit selbst sah und welcher Richtung sie sich zugeordnet wissen wollte, läßt sich anhand der vorliegenden Quellen allerdings nur schwer nachzeichnen. Zwar hatte die liberal-reformerische Richtung 1867 zu dem statutengebenden Repräsentanten-Kollegium 7, die orthodox-konservative Richtung dagegen nur 2 gewählte Mitglieder entsenden können. Da der Wahlkampf mit entsprechenden Bezeichnungen geführt worden war, läßt dies sogar auf ein deutliches Übergewicht der erstgenannten Richtung und damit auf eine orthodoxe Opposition schließen. Man darf hierbei aber nicht außer Betracht lassen, daß die Wahlberechtigung nur den gemeindesteuerzahlenden Angehörigen zukam. Das konnte naturgemäß einen erheblichen Einfluß auf das Wahlergebnis haben, wenn die ärmeren,

23 Vgl. hierzu H. Krohn, Die Juden in Hamburg, S. 123 f.
24 Zur sozialpsychologischen Bedeutung dieses Prozesses vgl. etwa P. L. Berger, Zur Dialektik von Religion und Gesellschaft, S. 101 ff.

teilweise weniger gebildeten Juden sich der Orthodoxie zwar stärker zurechneten, einer statutenmäßigen Beitragspflicht wegen fehlenden Einkommens faktisch jedoch nicht nachkommen konnten. In diesem Sinne hat es in der jüdischen Gemeinde immer ein «zensusgebundenes» Wahlrecht gegeben, das erst im Zuge der Diskussion um das Frauenwahlrecht modifiziert wurde. Auf der Grundlage der erhaltenen Steuerlisten der Gemeinde ergibt sich für 1871, daß von den 13 796 Juden in Hamburg nur 1851 beitragszahlende Mitglieder der Gemeinde waren.[25] Nur diese konnten überhaupt auf die innere Willensbildung der Gemeindeorgane Einfluß nehmen. Dieser Anteil von 13,4 % war immerhin um die Jahrhundertwende auf 22,1 % gestiegen.[26] Wenn man die Zahl der mündigen Gemeindeangehörigen zu dieser Zeit auf etwa 5100 schätzt, dann zeigt dieser sich ergebende Anteil von etwa 37,5 % recht genau ein innergemeindliches «Klassenwahlrecht» auf. Das hatte bezeichnende Parallelen zum staatlichen Bürgerrecht und dem damit verbundenen Wahlrecht.

Im Verhältnis zur hamburgischen Gesamtbevölkerung kann eine bemerkbare Wohlhabenheit der Hamburger Juden nachgewiesen werden. Hingegen sind die genaue soziale Schichtung, die religiöse Zuordnung und die politisch-gesellschaftlichen Überzeugungen derjenigen Gemeindeangehörigen, welche der gemeindlichen Beitragspflicht nicht unterlagen, bislang nicht näher ermittelt worden. Dabei stehen die wirtschaftliche Stellung und das Einkommen gerade bei den Juden zum erreichten Bildungsstand in einer deutlichen Wechselbeziehung. Damit ist über das politische Bewußtsein der nicht-wahlberechtigten Gemeindeangehörigen nichts näheres ausgesagt. Für die allgemeine politische Orientierung nimmt Jacob Toury für die Zeit von etwa 1867 bis 1878 an, daß die jüdische Gesamtbevölkerung wie folgt politisch eingestellt war:[27]

konservativ / freikonservativ	4 % bis 5 %
Zentrum / katholisch	1 % bis 2 %
national-liberal	70 % bis 73 %
fortschrittlich	19 % bis 20 %
sozialistisch	1 % bis 2 %

Diese Zahlen zeigen ohne Frage eine deutliche politische Reaktion auf die erreichte rechtliche Emanzipation auf. Für die Gemeinde, soweit sie sich für die Belange aller Juden einsetzte, läßt dies darauf schließen, daß man zur staatlichen Politik keineswegs in einer wie auch immer gearteten grundsätzlichen Opposition stand. Von sozialistischen Zielsetzungen

25 Vgl. H. Krohn, Die Juden in Hamburg, S. 66, 78.
26 Die Zahlen beruhen auf eigenen interpolierenden Schätzungen, die von den persönlichen Steuerzahlern der Gemeinde ausgehen.
27 Vgl. Jacob Toury, Die politischen Orientierungen der Juden in Deutschland von Jena bis Weimar, Tübingen 1966, S. 138 Anm. 81.

hielt man sich fern. Für einen politischen Antisemitismus bot dies alles keinen Anlaß. Man darf annehmen, daß ein erheblicher Teil der ärmeren Juden gerade in dem orthodoxen Synagogenverband eine Vertretung ihrer auch sozial-kulturellen Interessen sehen mußte. Die Struktur der Angehörigen dieses Kultusverbandes weist dies mittelbar auf. Eine Beitragsliste des Verbandes, welche zwischen 1870 und 1873 erstellt wurde, enthält 1120 Namen.[28] Der Verband erhielt 1873 den statutenrechtlich festgelegten Anteil von 10 % des Beitragsaufkommens für 235 Gemeindemitglieder mit einem durchschnittlichen Aufkommen von etwa 34 Mark. Wenn man annimmt, daß nur ein sehr geringer Teil der Mitglieder des Synagogenverbandes nicht gleichzeitig der jüdischen Gemeinde angehörte, so darf man folgern, daß der Verband eine große Zahl von Gemeindemitgliedern hatte, deren Einkommen unterhalb der beitragspflichtigen Einkommensgrenze lag. Ein Vergleich mit dem Beitragsaufkommen, das der Tempelverband in diesem Zeitraum von der Gemeinde erhielt, bestätigt diese Beurteilung.

3.2 Synagogenverband / Kultusverbände. Der im Gemeindestatut vom 7. 11. 1867 gefundene Kompromiß sah vor, daß die Zuständigkeit für den Kultus den beiden Kultusverbänden, dem Synagogenverband und dem Tempelverband, zu überlassen sei. Die Stellung des Synagogenverbandes war statutenrechtlich noch dadurch besonders betont, daß die Gemeinde diesem Verband die beiden Gemeindesynagogen zur Nutzung zu übertragen hatte. Der Synagogenverband hatte hierfür den öffentlichen Gottesdienst, die Fürsorge für das rituelle Bad, für das Schächtwesen, für den Koscherfleischhandel und das Anfertigen der Mazzot – und zwar in allen Bereichen für jeden Angehörigen der Gemeinde – zu übernehmen. Im Gegenzuge sollte der Verband in den nächsten 10 Jahren 10 % der gewinnbringenden Koscherfleischabgabe an die Gemeinde abführen. Ohne daß dies das Gemeindestatut ausdrücklich erwähnte, blieb dem Verband die nunmehr autonome Befugnis zugestanden, das bestehende Oberrabbinat fortzuführen, dessen Inhaber zudem nicht der gemeindlichen Bestätigung bedurfte. Indem sich die Orthodoxie die Würde des Oberrabbiners sicherte, konnte sie in späterer Zeit wiederholt einen «natürlichen» Vorrang gegenüber anderen religiösen Richtungen betonen.

Allerdings kam es zunächst zu schwierigen Auseinandersetzungen zwischen der Orthodoxie und den auf religiöse Neutralität bedachten Gemeindeorganen. Im Bewußtsein der Gemeindeangehörigen verfestigte sich dies als eine Zeit des Streites, der schließlich nur unter der schiedsrichterlichen Tätigkeit des Senates der Stadt beigelegt werden konnte.

28 Vgl. StAH JG 589.

Noch in der Weimarer Zeit ist hierauf immer wieder verwiesen worden, als sich der Synagogenverband 1924 durch eine erneute vertragliche Regelung seinen bestimmenden Einfluß auch gegenüber dem nunmehr dritten Kultusverband, der Neuen Dammtor-Synagoge, sichern wollte.[29] Ausgang der tiefgreifenden Auseinandersetzungen um 1867 war die Notwendigkeit, die alten Gemeindeeinrichtungen zugunsten der orthodoxen Richtung auszugliedern. Man muß sich hierzu vergegenwärtigen, daß die orthodoxe Richtung gleichsam innerhalb der jüdischen Gemeinde bis dahin als die «offizielle» galt, neben der die des Tempelverbandes nur eine formale Duldung erfuhr.

Um die Gründung des Synagogenverbandes zu ermöglichen, hatte der Gemeindevorstand bereits am 12. 12. 1867 ein Provisorisches Regulativ erlassen, nach dem bis zur förmlichen Konstituierung des Verbandes ein vorläufiger Vorstand einzusetzen war. Vorgesehen war, daß dieser Vorstand die Angehörigen der Gemeinde auffordern sollte, einen endgültigen Vorstand zu wählen, der zudem die Statuten des neuen Verbandes feststellen sollte. Nach Genehmigung der Statuten durch Gemeinde und durch Senat sollten dem Verband alsdann im Wege vertraglicher Regelung die satzungsmäßigen Rechte eingeräumt werden. Der provisorische Vorstand erklärte sich indessen als endgültig bestimmt, verkündete am 1. 4. 1868 eine Konstitutionsurkunde des Verbandes und weigerte sich zudem, der Gemeinde entsprechend § 15 des Gemeindestatuts seine Satzung zu Genehmigung vorzulegen. Als der Verband schließlich am 4. 11. 1869 der Gemeinde sein Statut vorlegte, bestritt er unter Hinweis auf die kultusbezogene Autonomie nachdrücklich dessen Genehmigungsbedürftigkeit. Die Gemeinde ihrerseits sah demgegenüber zunächst nur die Gefahr, daß der Verband alles tat, um sich durch Begründung rechtlicher Selbständigkeit der gemeindlichen Aufsicht zu entziehen und eine eigene Gemeinde zu bilden. Gewiß waren es nicht nur Äußerlichkeiten, daß das vorgeschlagene Statut fast wörtlich dem der Gemeinde glich und der Name «Deutsch-Israelitischer Synagogenverband» gerade für auswärtige Juden eine Verwechselung mit dem Gemeindenamen nahelegte. Um zumindest eine personelle Verbindung mit der Gemeinde zu gewährleisten, verlangte man, daß die Verwaltung des Synagogenverbandes nur von Gemeindemitgliedern geführt werden dürfe. Die Gemeinde war voller Argwohn, der Verband werde im Laufe der Zeit versuchen, sich von dem Hamburger System zu lösen und zu einer auch formal selbständigen religiösen Kultusgemeinde heranzuwachsen. Teile der extremen Orthodoxie widersprachen entsprechenden Absichten keineswegs und verlangten außerdem, der Verband sei der Leitung des Rabbiners zu unterwerfen. In der Gemeinde selbst hieß es dagegen, man werde bei einer derartigen Ent-

29 Vgl. hierzu Kap. 10.1/Dok. 18 ff.

wicklung die Synagogengebäude zurückverlangen und wieder ein gemeindliches Rabbinat begründen.[30]

Nur eine wechselseitige Zurückhaltung konnte in der Lage sein, das Hamburger System zum Vorteil aller Juden auszugestalten. Als auch kommissarische Verhandlungen scheiterten, entschloß sich der Gemeindevorstand Ende 1870, den Senat der Stadt um Vermittlung zu bitten. Hierfür bestand eine staatliche Kompetenz, als nach Art. 23 der Hamburger Verfassung vom 28. September 1860 dem Hamburger Staat die Oberaufsicht über die religiösen Gemeinden zustand – eine Regelung, die erst durch die Vorschriften der Weimarer Verfassung abgelöst wurde.[31] Es ist dem Geschick einiger Mitglieder des Senates zu verdanken, daß man im Verlaufe der nächsten beiden Jahre zu einer Annäherung der Standpunkte gelangte. Der Wahlmodus zum Vorstand des Synagogenverbandes wurde auf Vorschlag des Bürgermeisters Gossler dahin geändert, daß mindestens 2 seiner Mitglieder der Gemeinde als Mitglieder, d. h. beitragspflichtig, angehören mußten.[32] Der Verband erklärte zudem sein Einverständnis, seine Statuten der Genehmigung des Senates zu unterwerfen. Dagegen waren der genaue Zweck des Verbandes (§ 2), die Vertretung des Verbandes vor den staatlichen Behörden (§ 42), die Oberaufsicht über den Kultus (§ 45), der An- und Verkauf von Immobilien (§ 55) und die Abänderbarkeit der Statuten (§ 66) jedenfalls formal eher zugunsten des Verbandes gelöst. Am 20. 8. 1873 genehmigte der Senat das Statut des Verbandes. Damit war der Synagogenverband als rechtlicher Teilverband innerhalb der jüdischen Gemeinde konstituiert.

Vielleicht war es mehr die Weisheit des Schiedspruches des Senates, daß er auf eine genaue Klärung des Aufgabengebietes und der Kompetenzen verzichtete. Die Gemeinde nahm gemäß § 35 ihres Statuts vom 4. 11. 1867 für sich nach wie vor in Anspruch, die Gemeinde in jeder Hinsicht nach außen dem Staat, den Gerichten und allen Behörden gegenüber zu vertreten und insbesondere den Kultusverbänden die Befugnis, im eigenen Namen Immobilien erwerben zu können, zu bestreiten. Auch in der Frage, ob die Statuten des Verbandes der gemeindlichen Genehmigung bedürften, interpretierten beide Seiten die Auffassung des Senates unterschiedlich. Der Streit konnte also jederzeit wieder entstehen und ist auch wiederholt – so etwa in der Weimarer Republik 1924 und 1928 – entstanden. Allerdings haben weder die Gemeinde noch der Synagogenverband selbst ernsthaft eine Trennung für möglich gehalten, wenngleich es an Konflikten auch in späterer Zeit dann nicht fehlte, wenn der jewei-

30 Die Darstellung folgt insoweit einem 1928 von dem Gemeindebeamten Dr. Bruno Tannenwald erstellten Aktenauszug, vgl. CAHJP AHW 576.

31 Vgl. zum Aufsichtsrecht des Senates Kap. 2/Dok. 18 und 29.

32 Vgl. § 39 des Statuts vom 20. 8. 1873 – vgl. Kap. 10.1/Dok. 1.

lige Oberrabbiner eine Frage zu einer solchen von religiöser Bedeutung erklärt hatte. Das Hamburger System bedurfte damit auch in dieser Phase seiner Entwicklung der tatkräftigen Unterstützung des Senates der Stadt, dessen Engagement im vorliegenden Falle schwerlich von nur ökonomischen Interessen geleitet gewesen sein dürfte. Es ist andererseits dem innerjüdischen Frieden der Gemeinde zugute gekommen, daß man in dem 1851 gewählten Oberrabbiner Dr. Anschel Stern einen Mann des Ausgleichs gefunden hatte, der – entsprechend seinem Anstellungsvertrag – jederzeit den Umstand im Auge zu behalten hatte, «dass die Gemeinde, die ihn in ihrer Gesammtheit anstellt, in religiöser Hinsicht aus sehr verschiedenen Elementen zusammengesetzt ist».[33]

Der Synagogenverband dürfte in dieser Zeit um 1200 Mitglieder, der liberale Tempelverband um 600 bis 700 Mitglieder gehabt haben.[34] Dabei ist der Begriff des Gemeindeangehörigen und der des Mitgliedes nicht gleichbedeutend, da sowohl die Gemeinde als auch die Kultusverbände hierfür einen genauen satzungsrechtlichen Unterschied festgelegt hatten. Frauen und Kinder konnten weder «Mitglied» der Gemeinde noch der Kultusverbände sein, so daß man zur Bestimmung der konfessionsgebundenen Organisationsdichte auf Schätzungen angewiesen ist. Darauf wird in der Erörterung der demographischen und sozialen Struktur der Gemeinde zur Zeit der Weimarer Republik zurückzukommen sein. Die Mehrheit der Gemeindeangehörigen war jedenfalls keinem der beiden Kultusverbände zugeordnet. Gleichwohl konnte die Orthodoxie ihren Einfluß weitgehend wahren: Beschneidungen, Trauungen und Beerdigungen wurden zumeist im orthodoxen Ritus vorgenommen. Die von der Gemeinde eingerichteten Anstalten des Armenwesens, die beiden Waisenhäuser, das gemeindliche Krankenhaus und die Schulen, auch soweit sie von der Gemeinde getragen wurden, entsprachen durchgehend orthodoxen Anforderungen. Vor allem mit der orthodox geführten Talmud Tora-Schule für Jungen sicherte sich der Synagogenverband im Schul- und Erziehungswesen einen bestimmenden Einfluß, dem sich zu entziehen, der Gemeinde bis zu ihrer Auflösung nicht gelang. Die Gemeinde erreichte damit die in § 23 des Statuts vorausgesetzte Autonomie im Schulwesen zu keinem Zeitpunkt, obwohl sie hierfür nahezu ein Drittel ihres Etats aufzubringen pflegte.

Der Stabilität des verbesserten Hamburger Systems kam es entgegen, daß der Tempelverband in der zweiten Hälfte des 19. Jahrhunderts durch eine konservative Politik der Rejudaisierung bestimmt wurde. Die zu-

33 Vgl. M. M. Haarbleicher, Aus der Geschichte der Deutsch-Israelitischen Gemeinde, 2. Aufl., S. 403 zu § 9 der Rabbinatsbestellung vom 8. 10. 1851.

34 Vgl. die Mitglieder-Aufstellungen in StAH JG 573 (ca. 1900), JG 571 Fasc. III (1868–1920) und JG 605 (1910).

nächst begonnene Annäherung an protestantische Gottesdienstformen wurde zugunsten des üblichen «polnischen Minhag» der ost-aschkenasischen Lesart zurückgenommen.[35] Zugleich gab man die sefardische Aussprache wieder auf und näherte sich damit der in den jüdischen Familien gebräuchlicheren aschkenasischem Ausdruckweise. Die Ursachen dieser Entwicklung sind nur schwer zu ergründen, finden vielleicht in dem Zeitgeist des vorherrschenden restaurativen Bewußtseins eine erste Erklärung, da sich die Mehrzahl der Mitglieder des Tempelverbandes deutsch-nationaler Politik zurechnete. Es läßt sich jedenfalls verallgemeinernd sagen, daß die in der ersten Hälfte des 19. Jahrhunderts deutlich reformerische Zielsetzung aufgegeben wurde und dies der Stabilisierung des Hamburger Systems mittelbar zugute kam.

Dennoch hat die religiöse Rejudaisierung des Tempelverbandes nicht verhindert, daß 1894 auf Privatinitiative hin ein weiterer Kultusverband gegründet wurde, der sich zunächst den Namen «Synagoge vor dem Dammtor» gab.[36] Äußerer Anlaß war die Weigerung des Synagogenverbandes, eine neue Synagoge im Stadtteil Harvestehude/Rotherbaum zu errichten, in den sich in der zweiten Hälfte des 19. Jahrhunderts die Wohngebiete der Hamburger Juden schwerpunktmäßig verlagert hatten.[37] Die neue Synagoge folgte einem «gemäßigten konservativen» Ritus, dessen Abweichungen zur Synagogen- und Gebetsordnung des Synagogenverbandes stets nur geringfügig blieben. Kennzeichnend hierfür sind die wiederholten Bemühungen auch in späterer Zeit, durch eine Fusion beider Kultusverbände die satzungsrechtliche Anerkennung der «Neuen Dammtor-Synagoge» als dritten Kultusverband zu verhindern.[38] Als der Synagogenverband 1906 auf dem Bornplatz seine neue Hauptsynagoge errichtete, war zwar der ursprüngliche Anlaß der Spaltung entfallen, der neue Kultusverband hatte jedoch inzwischen ein Eigenleben erlangt, auf das seine Mitglieder nicht mehr verzichten wollten. Der Verband beantragte jedenfalls 1907, als das Gemeindestatut einer Revision unterzogen werden sollte, seine satzungsrechtliche Anerkennung, die er erst 1924 zu erlangen vermochte. Als vorläufigen Kompromiß konnte er nur erreichen, daß die Zulassung weiterer Kultusverbände mindestens 300 Gemeindesteuer zahlende Gemeindemitglieder zur Voraussetzung haben sollte.[39]

35 Vgl. Leon Kornitzer, 120 Jahre Kultmusik im Hamburger Tempel, in: Festschrift zum hundertzwanzigjährigen Bestehen des Israelitischen Tempels in Hamburg, Hamburg 1937, S. 25–34; Caesar Seligmann, Hundertzwanzig Jahre Hamburger Tempel, ebd., S. 7–13.

36 Vgl. hierzu H. Krohn, Die Juden in Hamburg, S. 140 f.

37 Vgl. Kap. 1/Dok. 6 und 8.

38 Vgl. Kap. 10.3/Dok 77.

39 Vgl. § 2 Satz 2 der Verfassung der Hamburger Deutsch-Israelitischen Gemeinde von 1908, abgedr. Kap. 2/Dok 2.

Der Grund für diese Regelung war die vom Synagogenverband geäußerte Befürchtung, anderenfalls würden etwa auch die ostjüdischen Gemeindeangehörigen einen eigenen Kultusverband bilden und dies werde insgesamt zu einer Zersplitterung führen. Nur so ist die Bindung des Quorums an die Beitragspflicht zu verstehen – eine Bedingung, welche die «armen ostjüdischen» Glaubensbrüder gerade nicht erfüllen konnten. Die Vorstellung war verbreitet, ein größerer Anteil von Ostjuden könne der erstrebten und zumeist bereits erreichten sozialen und wirtschaftlichen Integration der Hamburger Juden hinderlich sein. Man sah in den Ostjuden eher die osteuropäischen Auswanderer, die man zum Verlassen der Stadt ermuntern wollte. Ein Teil der Ostjuden hat sich angesichts dieser abwehrenden Haltung der Hamburger Juden im aufnahmebereiteren Altona niedergelassen und damit für die dortige jüdische Gemeinde letztlich schwere finanzielle Belastungen ausgelöst.[40]

3.3 Spannungen / Streitfragen. In der Zeit bis zum Ersten Weltkrieg festigte sich das Hamburger System. Die von den Gemeindeorganen verfolgte Politik des Ausgleichs, der Mäßigung in Streitfragen und die auch von den liberalen Juden gebilligte Dominanz orthodoxer Vorstellungen in den gemeindlichen Einrichtungen zeitigten bei den religiös gebundenen und den übrigen Gemeindeangehörigen ein Gefühl hoher Akzeptanz. Als 1888 der Gesetzgeber seine Austrittsgesetzgebung vereinfachte, traf dies die Gemeinde kaum.[41] Dem inneren Frieden der Gemeinde war es förderlich, daß der Synagogenverband in seinen Oberrabbinern Anschel Stern (bis 1888) und Mordechai Amram Hirsch (bis 1909) Persönlichkeiten gefunden hatte, welche die Enge einer extremen Orthodoxie und hierauf gestützte separatistische Gedanken zugunsten religiöser Offenheit zu vermeiden wußten. Entsprechendes galt für die Rabbiner des Tempelverbandes, später auch für die religiöse Führung der Neuen Dammtor-Synagoge. Welche Bedeutung dies für das Zusammenleben in der Gemeinde hatte, läßt sich an den Schwierigkeiten ablesen, die sich mit der Person des 1909 gewählten Oberrabbiners Dr. Samuel Spitzer verbinden sollten.

Gleichwohl blieb die Gemeinde von einigen schwerwiegenden Auseinandersetzungen, denen durchaus krisenhafte Bedeutung zukam, nicht verschont. Ein grundlegender Streit entzündete sich im Bereich des in der Zuständigkeit der Gemeinde liegenden Begräbniswesens. Zwar oblag die Durchführung der Beerdigung traditionell sog. Beerdigungsgesellschaften, die Gemeinde hatte jedoch für das Friedhofsgelände zu sorgen. Jüdisches Recht verlangt, daß die Grabstätte zu «ewigem» Eigentum des

40 Vgl. allg. Kap. 17 sowie Kap. 26.4/Dok. 34 ff.
41 Vgl. für die Weimarer Zeit Kap. 9/Dok. 1 ff.

Toten erworben wird. Die Gemeinde hatte diese Aufgabe ihren Angehörigen seit jeher abgenommen und gerade damit gegenüber vielen Juden erst ihre faktische Existenzberechtigung auch nach der Neuorganisation der Gemeinde im Hamburger System begründet. Als der Senat der Stadt daher der Gemeinde deren Antrag auf Erwerb eines Geländes als Eigentum in dem seit 1868 geplanten Zentralfriedhof Ohlsdorf 1875 ablehnte, stieß dies auf den erbitterten Widerstand der orthodoxen Juden. Man verlangte von den Gemeindeorganen, jeden vom Senat angebotenen Kompromiß abzulehnen. Eingeholte rabbinische Gutachten bekräftigten die Maßgeblichkeit des jüdischen Rechtes auch insoweit. Der Senat – unterstützt von der Bürgerschaft – beharrte andererseits darauf, daß eine eigentumsrechtliche Übertragung ausgeschlossen sei. Die orthodoxen Juden begannen daraufhin mit Verhandlungen über einen eigenen Begräbnisplatz auf preußischem Gebiet, so daß eine Spaltung der Gemeinde nicht mehr auszuschließen war.

Nach mehrjährigen Bemühungen um einen Kompromiß entschloß sich der Senat gegenüber der Gemeinde zu einer außergewöhnlichen Geste, die er der katholischen Gemeinde vorenthielt. Die Deutsch-Israelitische und die Portugiesisch-Jüdische Gemeinde erhielten im Wege des konkordatsähnlichen Vertrages vom 1. 6./26. 7. 1882 einen abgegrenzten Bereich des Zentralfriedhofs «zum Beerdigen ihrer Gemeindeangehörigen und unter der Zusicherung eingeräumt, daß dieser Begräbnisplatz ihnen, auch nachdem das gesammte Terrain in Ohlsdorf aufgehört hat als Friedhof zu dienen, nur im Falle dringender Not und nur im Wege der Gesetzgebung, nicht aber durch Verwaltungsmaßregeln soll entzogen werden können».[42] Die Gemeinden erhielten außerdem die vertragliche Zusicherung, daß belegte Grabstellen weder geräumt noch neu belegt werden würden. Damit war insgesamt eine Rechtslage geschaffen worden, die einer Eigentumsübertragung in ihrer rechtlichen Sicherheit kaum nachstand. Die Gemeinde hatte demgegenüber nur die Verpflichtung übernommen, Juden, die der Gemeinde nicht angehörten, auf Verlangen der Angehörigen ebenfalls zu beerdigen. Damit wollte der Senat den Charakter eines städtischen allgemeinen Friedhofes durchsetzen. Wer als Jude anzusehen war, blieb aber der Entscheidung der Gemeinde vorbehalten, die zudem eine Abgabe von nicht geringer Höhe erheben durfte. Im Reglement für den Begräbnisplatz der Deutsch-Israelitischen Gemeinde in Ohlsdorf vom 19. 5. 1905 bekräftigte der Senat diese Rechtslage.[43] Der Gemeinde eröffnete das Monopol im Begräbniswesen übrigens stets eine wichtige Einnahmequelle.

Als liberale Juden die Beisetzung der Asche in Urnenform verlangten,

42 Vgl. Kap. 8/Dok. 2
43 Vgl. Kap. 8/Dok. 4.

widersprach dieser Forderung der Oberrabbiner des Synagogenverbandes nachdrücklich mit dem Hinweis, daß eine derartige, als heidnisches Brauchtum anzusehende Bestattungsart mit religionsgesetzlichen Regeln unvereinbar sei. Wiederum schien die gemeindliche Aufgabe eines einheitlichen Begräbniswesens für alle Hamburger Juden ernsthaft gefährdet. Es zeigt die Phantasie zur kompromißhaften Streitbeendigung, daß erneut eine befriedigende Lösung erreicht wurde, nachdem die Orthodoxie die Beisetzung der Aschenreste auf einem abgesonderten Platz zugestanden hatte. 1909 hatten sich die staatlichen Gerichte mit der Frage zu befassen, ob die Asche eines Verstorbenen auf seinem zu Lebzeiten reservierten Platz neben dem Grab des Ehegatten bestattet werden dürfe. Die Gerichte bejahten dies, worauf der Oberrabbiner seinerseits verlangte, daß die Urnenbestattung in diesem Falle äußerlich nicht kenntlich sei.[44] Die Gemeinde war bereit, den Vorstellungen namentlich des Synagogenverbandes auch in diesem Falle zu folgen, obwohl die Rabbiner des Tempelverbandes und die liberale Neue Beerdigungsgesellschaft der Israeliten gegen Feuerbestattungen keine Bedenken erhoben, sie vielmehr durchführten. Wie ernst die Gemeinde die ihr aufgetragene Sorge um dauernde Totenruhe nahm, zeigt ihr hartnäckiges Bemühen, bei der teilweisen Auflösung des innerstädtischen jüdischen Friedhofs «am Grindel» die Forderungen der Religionsgesetze beachtet zu wissen. Sie war hierbei zu beträchtlichen finanziellen Opfern bereit.[45]

Die Hamburger Juden waren während des Wilhelminischen Kaiserreiches davon überzeugt, in einer Phase nationaler Erneuerung zu leben, die ihnen einen «deutsch-jüdischen» Weg zuwies. Die patriotischen Predigten des Rabbiners des Tempelverbandes David Leimdörfer oder das in der Talmud Tora-Schule unter seinem Direktor Josef Goldschmidt vertretene Bildungsideal lassen hieran keinen Zweifel. In der Ortsgruppe des 1893 gegründeten «Centralvereins deutscher Staatsbürger jüdischen Glaubens» und in der «Gabriel-Riesser-Vereinigung» vertrat man die Ansicht, daß ausschließlich die rechtliche und gesellschaftliche Gleichstellung des einzelnen Juden das Verhältnis des Judentums zur Gesamtbevölkerung zu bestimmen habe. Die Idee eines eigenen jüdischen Volkes war damit unverträglich. Es bedeutete daher eine erhebliche Unruhe in der Gemeinde, als vermutlich im Frühjahr 1899 in Hamburg und Altona eine gemeinsame Zionistische Ortsgruppe gebildet wurde, welche die von Theodor Herzl vertretenen Ziele eines national-jüdischen Staates

44 Vgl. das Urteil des Landgerichtes Hamburg vom April 1909, das Urteil des Hanseatischen Oberlandesgerichtes vom Juli 1910 und das Urteil des Reichsgerichtes vom März 1911, in: StAH JG 626; vgl. auch das Schreiben der Gemeinde vom 15. 11. 1928, Kap. 8/Dok. 20.

45 Vgl. Kap. 8/Dok. 17 und 23.

der jüdischen Öffentlichkeit nahebringen wollte.[46] Daneben bildete sich bald mit den Hamburger Mitgliedern des Misrachi als religiös-orthodoxen Zionisten eine weitere Gruppe. Die vorhandenen Quellen geben zu erkennen, daß die Zionisten sich nicht in die bislang bestehenden politisch-ideologischen und kultusbezogenen Gruppierungen der Gemeinde einordnen ließen, vielmehr gleichsam eine neue Bewegung mit durchaus radikaler Zielsetzung darstellten, deren einzige Schwäche die unterstellte politische Utopie zu sein schien. Gleichwohl kam ihnen in der Gemeinde zunehmend die Funktion einer innerjüdischen Opposition zu. Man mußte erst lernen, in diesem Gegensatz von orthodoxen und liberalen, nicht selten der endgültigen Assimilation zuneigenden Juden sowie zionistisch gesonnenen Juden wiederum einen angemessenen Ausgleich zu finden. Das gelang nur zögernd. Noch 1909 lehnten die Gemeindeorgane eine Einladung ab, an dem in Hamburg tagenden IX. Zionistischen Weltkongress teilzunehmen oder die auswärtigen Delegierten überhaupt nur zu begrüßen.[47] Die Hamburger Zionisten kritisierten die Gemeinde vor allem in deren Schul- und Erziehungspolitik, da die jüdischen Schulen «beinahe nur als weltliche Schulen mit eingegliedertem Religionsunterricht angesprochen werden» könnten.[48] Da man sich von deutsch-jüdischen «Halbheiten» trennen wollte, begannen die Zionisten dem umfangreichen Vereinsleben der Hamburger Juden jeweils eigene zionistische Vereinigungen entgegenzusetzen. Eine Verschärfung trat 1913 ein, als der Centralverein – als Antwort auf die sog. Posener Resolution der ZVfD – die «jüdische Frage» in dem Sinne für entschieden erklärte, daß man sich von demjenigen Zionisten, der ein deutsches Nationalgefühl leugne und sich nur «als Gast in fremdem Wirtsvolk» fühle, trennen müsse.[49] Die Auseinandersetzungen, welche durch die von den Zionisten erlangte Balfour-Deklaration (1917) eine veränderte Grundlage erhielten, verloren ihren teilweise aggressiven Charakter erst, als man sich um die Jahreswende 1919/1920 zur Wahl des neuen Repräsentanten-Kollegiums mit der Orthodoxie und den Liberalen auf eine gemeinsame Wahlliste einigen konnte. Die Zionisten erreichten damit ihre innergemeindliche Respektierung.[50]

46 Zum Gründungsdatum der Zionistischen Ortsgruppe vgl. H. Krohn, Die Juden in Hamburg, S. 164, Anm. 505.

47 Vgl. H. Krohn, Die Juden in Hamburg, S. 139, Anm. 424, S. 164 f.

48 Armin Blau, Gedanken über jüdische Erziehung, in: Misrachi. Festschrift hrsg. anläßlich des 25jährigen Bestehens der Misrachi-Weltorganisation vom Zentralbüro des Misrachi für Deutschland, Berlin 1917, S. 77 ff.

49 Zur sog. Posener Resolution, nach der jeder Zionist verpflichtet ist, die Übersiedlung nach Palästina in sein Lebensprogramm aufzunehmen, vgl. Kurt Blumenfeld, Erlebte Judenfrage. Ein Vierteljahrhundert deutscher Zionisten, Stuttgart 1962, S. 90. Vgl. zur Reaktion auf die antizionistische Resolution des CV Jehuda Reinharz, Dokumente zur Geschichte des deutschen Zionismus 1882–1933, Tübingen 1981, S. 108 ff.

50 Vgl. Kap. 3/Dok. 3 und 4.

III.
RECHTLICHE EINORDNUNG DER DEUTSCH-ISRAELITISCHEN GEMEINDE

1. Staatsrechtliche Einordnung vor 1918/1919. Im allgemeinen wird die Deutsch-Israelitische Gemeinde als eine Körperschaft des öffentlichen Rechts angesehen. Dies entspricht dem Selbstverständnis der Gemeinde, wie es in den Vorschlägen zur Reform der Gemeindeverfassung seit 1921 wiederholt zum Ausdruck kommt.[51] Auch die staatliche Verwaltung zweifelt nicht an diesem rechtlichen Status der Gemeinde.

Diese Rechtslage ist keineswegs eindeutig. Der hamburgische Staat hatte der Gemeinde vor dem Inkrafttreten der Weimarer Reichsverfassung vom 11. 8. 1919 den Charakter einer öffentlich-rechtlichen Körperschaft formal nicht verliehen. Über die Bedingungen zur Bildung neuer religiöser Gemeinschaften hatte nach Art. 110 Abs. 5 der hamburgischen Verfassung vom 28. 9. 1860 ein Gesetz zu entscheiden. Auch Art. 96 Abs. 2 der revidierten Verfassung vom 13. 10. 1879 ändert hieran nichts. Ein derartiger gesetzgeberischer Akt, der einen gemeinsamen Beschluß von Senat und Bürgerschaft erforderte, erging nicht. Damit blieb der Status der Gemeinde staatsrechtlich zunächst ungeklärt. Andererseits ermächtigte die in Art. 23 der Verfassung enthaltene Aufsichtsbefugnis den Senat – ohne daß dies in Zweifel gezogen wurde –, die Gemeindestatuten einem staatlichen Genehmigungsvorbehalt zu unterstellen. Hiervon machte der Senat auch Gebrauch, als er die Gemeindestatuten von 1867 förmlich genehmigte. Die Satzung kennzeichnet die Gemeinde als einen «Verband von in der Stadt Hamburg und deren Gebiet – mit Ausnahme des Amtes Ritzebüttel – ansässigen Juden». Die vom Senat ebenfalls genehmigte Satzung von 1908 wiederholt dies. Der etwas farblose Ausdruck eines Verbandes läßt nicht ohne weiteres die Annahme zu, daß die Gemeinde die Rechtsstellung einer Körperschaft des öffentlichen Rechts besitzen sollte.

Für die rechtliche Beurteilung dürfte deshalb vor allem das Gesetz, betreffend die Verhältnisse der hiesigen israelitischen Gemeinden vom 7. 11. 1864 maßgebend sein, mit dem die Zwangsmitgliedschaft beendet wurde.[52] Das Gesetz nimmt den Fortbestand der Gemeinde als selbstverständlich an und verleiht ihr die ausdrückliche Befugnis, ihre Mitglieder der gemeindlichen Steuerpflicht zu unterwerfen. Man kann daher in diesem Gesetz die in Art. 110 der Verfassung von 1860 geforderte gesetzgeberische Entscheidung sehen. In der Staatspraxis werden beide jüdischen Gemeinden ersichtlich als vergleichbare kirchenrechtliche Korporationen behandelt. Der Senat findet sich 1882 zur Regelung der geschil-

51 Vgl. Kap. 2/Dok. 12.
52 Vgl. Kap. 2/Dok. 1.

derten Friedhofsfrage dazu bereit, mit beiden Gemeinden einen konkordatsähnlichen Vertrag zu schließen, der in seiner eingeschränkten Abänderbarkeit unter den Vorbehalt der bürgerschaftlichen Gesetzgebung gestellt wird. Das hamburgische Gesetz, betreffend den Austritt aus einer staatlich anerkannten religiösen Gemeinschaft vom 12. 12. 1888 wird ausnahmslos auf beide jüdische Gemeinden angewandt. Dem entspricht es auch, daß die Gesetzgebung 1914 den beiden christlichen Kirchen und den jüdischen Gemeinden die Möglichkeit einräumt, die Gemeindesteuer durch staatliche Behörden veranlagen und erheben zu lassen.[53] Das alles deutet auf eine wohlwollende staatsrechtliche Akzeptanz der jüdischen Gemeinden hin. Diese gefestigte Staatspraxis führt nach dem Inkrafttreten der Weimarer Verfassung dazu, die Deutsch-Israelitische Gemeinde als einen sog. altkorporierten Verband im Sinne des Art. 137 Abs. 5 Satz 1 WRV 1919 anzusehen.[54]

Für die Deutsch-Israelitische Gemeinde war dabei stets von erheblicher Bedeutung, daß der Senat und die ihm nachgeordneten Behörden das alleinige Vertretungsrecht der Gemeinde gegenüber den Kultusverbänden und anderen jüdischen Einrichtungen beachteten. Man sah es als eine Gefährdung des Hamburger Systems an, wenn die Kultusverbände eine eigene Rechtsfähigkeit in Anspruch nehmen würden. Der Tempelverband hatte 1843 die Anerkennung seiner Rechtsfähigkeit durch den Senat erreicht.[55] Die Neue Dammtor-Synagoge, der man zunächst die Anerkennung verweigerte, hatte sich 1912 als privatrechtlicher Verein in das amtsgerichtliche Register eintragen lassen und damit Rechtsfähigkeit erworben. Die Rechtsfähigkeit des Synagogenverbandes blieb zunächst ungeklärt, weil gerade in ihr die Gemeinde eine große Versuchung dieses Kultusverbandes sah, sich aus der Gemeinde zu lösen. Noch in den 20er Jahren war die Rechtsfähigkeit des Synagogenverbandes umstritten. Die Gemeinde meinte, daß die rechtliche Qualifizierung dieses Kultusverbandes die Frage bestimmen könne, ob seine Satzungsänderungen ihrer Genehmigung bedürften.[56] Da der Senat dem Synagogenverband bereits vor Inkrafttreten des BGB die Befugnis erteilt hatte, Grundstücke und

53 Vgl. Kap. 4/Dok. 1.

54 Art. 137 Abs. 5 WRV 1919 lautet: «Die Religionsgesellschaften bleiben Körperschaften des öffentlichen Rechts, soweit sie solche bisher waren. Anderen Religionsgesellschaften sind auf ihren Antrag gleiche Rechte zu gewähren, wenn sie durch ihre Verfassung und die Zahl ihrer Mitglieder die Gewähr der Dauer bieten. Schließen sich mehrere derartige öffentlichrechtliche Religionsgesellschaften zu einem Verbande zusammen, so ist auch dieser Verband eine öffentlichrechtliche Körperschaft.»

55 Vgl. auch § 1 der Satzung des Israelitischen Tempel-Verbandes zu Hamburg (1924), Kap. 10.2/Dok. 50.

56 Vgl. hierzu den Vorgang 1926/1928, in: StAH JG 584 – Schreiben von N. M. Nathan vom 18. 2. 1926 und Bericht über die Sitzung vom 25. 2. 1928.

Hypotheken grundbuchrechtlich im eigenen Namen zu erwerben, wurde zumeist die Auffassung vertreten, der Synagogenverband habe nach § 5 des Hamburgischen Ausführungsgesetzes zum Bürgerlichen Gesetzbuch (hmbAGBGB) kraft Gesetzes mit dem 1. 1. 1900 den Rechtscharakter eines privat-rechtlichen Vereins erhalten. Im rechtlichen Sinne bestand das Hamburger System damit aus vier rechtlich selbständigen juristischen Personen. Die Kultusverbände wird man in ihrem Verhältnis zur Deutsch-Israelitischen Gemeinde als religionsgesellschaftliche Teilverbände anzusehen haben. Bei dieser Rechtslage konnte in der Tat zweifelhaft sein, ob die Gemeinde die Kultusverbände auf den in § 15 ihrer Verfassung von 1908 ausdrücklich enthaltenen Genehmigungsvorbehalt und damit auf eine Befugnis zur Aufsicht verweisen durfte. Synagogenverband und Tempelverband hatten gegen diese statutarische Bestimmung gegenüber dem Senat der Stadt seinerzeit Einwendungen erhoben.

Die vorhandenen Quellen lassen nicht erkennen, daß der Senat zu irgendeinem Zeitpunkt versucht hat, die offizielle Politik der Gemeinde auf alleinige Vertretung zu mißachten. Natürlich gab es zwischen den Kultusverbänden und den staatlichen Behörden unmittelbare Kontakte zur praktischen Regelung auftretender Fragen. Hierzu bot sich häufig das Mittel der Verhandlung in gemischten Kommissionen, an denen Vertreter der Kultusverbände beteiligt wurden. In die inneren Angelegenheiten griffen die staatlichen Behörden jedoch nicht ein. Allerdings machte der Senat wiederholt von seiner Befugnis Gebrauch, jüdischen Institutionen oder Einrichtungen das grundbuchrechtliche Recht auf Erwerb von Grundeigentum und Hypotheken zu verleihen. Das hatte zur Folge, daß neben der Gemeinde selbständige juristische Personen entstanden. Die Gemeinde sah auch dadurch ihren Anspruch auf rechtliche Suprematie gefährdet.

Staatliche Aufsicht wurde dann erkennbar, wenn sich jüdische Einrichtungen etwa im Erziehungswesen, in der Krankenpflege oder in der Wohlfahrts- und Armenpflege der Beachtung der allgemeinen Gesetze zu unterwerfen hatten. In derartigen Fällen blieben aber die religiösen Besonderheiten dieser Einrichtungen unangetastet. Daß man über die Rechtsverhältnisse der jüdischen Einrichtungen sowohl von seiten der Gemeinde als auch von der des Staates nicht immer die erforderliche Klarheit besaß, zeigt ein Vorgang aus dem Jahre 1930, als man bei Prüfung der von der Talmud Tora-Schule beantragten Subvention bemerkte, daß die Rechtsfähigkeit dieser Schule nicht geklärt war, und die Gemeinde bei der Landesjustizverwaltung um Genehmigung der Schule als selbständiger Stiftung nachsuchen mußte.[57] Immerhin hatte man der

57 Vgl. den Antrag der Talmud Tora-Schule in Hamburg vom 5. 2. 1930, in: StAH OSB II, Bd. 215 Nr. 1 Bd. 2; vgl. auch Kap. 5.1/Dok. 24.

Schule durch Senatsdekret vom 13. 9. 1876 die wichtige Befugnis zum Erwerb von Grundeigentum und Hypotheken bereits erteilt. Danach hätte die Rechtsfähigkeit der Schule kaum zweifelhaft sein können.

2. *Weimarer Reichsverfassung (Art. 137).* Die kirchenpolitische Konzeption der Weimarer Reichsverfassung stellt einen Kompromiß zwischen Zentrum und Sozialdemokratie dar.[58] Man schwankt zwischen staatsrechtlicher Selbständigkeit der Kirchen und gleichzeitiger staatlicher Fürsorge, wie sie etwa im Status der öffentlich-rechtlichen Körperschaft, in dem Besteuerungsrecht oder in dem Recht auf Anstalts- und Heeresseelsorge zum Ausdruck kommt. Gleichzeitig ist das genaue Verhältnis von Reichsgewalt und Landesgesetzgebung zunächst ungeklärt. Dies begründet anfänglich erhebliche Unsicherheiten sowohl für die Gemeinde als auch für die staatlichen Instanzen.

Die vorläufige Verfassung vom 26. 3. 1919 bestätigt die staatliche Oberaufsicht des hamburgischen Senates über die «religiösen Gemeinschaften». Die Weimarer Reichsverfassung betont demgegenüber die Eigenständigkeit der nunmehr Religionsgesellschaften genannten Verbände.[59] Als die Gemeinde im September 1919 ihre Satzung ändert, beantragt sie entsprechend der alten Rechtslage die Genehmigung des Senates.[60] Die oppositionellen Zionisten nehmen ebenfalls mit Selbstverständlichkeit an, daß die Genehmigungsbedürftigkeit unverändert bestehe, als sie sich an den Senat mit dem Hinweis wenden, die Gemeinde habe das gemeindliche Wahlrecht nicht entsprechend staatlicher Regeln reformiert.[61] Selbst der Senat – gewiß befangen in den Vorschriften der vorläufigen Verfassung – erkennt zu diesem Zeitpunkt noch nicht, daß Art. 137 Abs. 3 Satz 1 WRV 1919 eine vorkonstitutionelle Aufsichtsbefugnis inzwischen beseitigt hat und spricht die beantragte Genehmigung aus.

Die Änderung der verfassungsrechtlichen Ausgangslage wird erst Ende 1922 erkannt. Die Gemeinde beschließt eine Reform ihres Steuererhebungsrechtes. Sie will zum einen die Gemeindesteuer durch das Finanzamt in der Form von Zuschlägen zur Einkommensteuer erheben lassen.[62] Zum anderen soll die Besteuerung jeden «im Bezirk der Ge-

58 Vgl. E. R. Huber, Deutsche Verfassungsgeschichte, Bd.VI, Die Weimarer Reichsverfassung, 1981, S. 122 ff., S. 867 ff.; Max P. Birnbaum, Staat und Synagoge 1918–1938, Tübingen 1981, S. 27 ff.

59 Vgl. Art. 137 Abs. 3 WRV 1919, der lautet: «Jede Religionsgesellschaft ordnet und verwaltet ihre Angelegenheiten selbständig innerhalb der Schranken des für alle geltenden Gesetzes. Sie verleiht ihre Ämter ohne Mitwirkung des Staates oder der bürgerlichen Gemeinde.»

60 Vgl. Kap. 2/Dok. 9.

61 Vgl. Kap. 2/Dok. 10.

62 Vgl. hierzu näher Einführung S. CVI.

meinde ansässigen Israeliten» erfassen, mit Ausnahme derjenigen, die der Gemeinde nicht beitreten wollen. Das letztere ist nichts anderes als eine abgeschwächte Form des alten Parochialrechtes, also der Befugnis, alle Konfessionsangehörigen eines Gebietes kraft Wohnsitzbegründung in Anspruch zu nehmen. Durch beide Maßnahmen will die Gemeinde ihre Einnahmen spürbar verbessern. Als die Gemeinde beim Senat die Genehmigung der Satzungsänderung beantragt, äußert sich der Vorstand der Justizverwaltung gutachterlich dahin, daß ein Recht zur Oberaufsicht des Staates und damit eine Genehmigungsbefugnis des Senates entfallen sei.[63] Auch entsprechende Vorbehalte des Gesetzes vom 7. 11. 1864 seien mit der Reichsverfassung unvereinbar. Das Gutachten verneint zugleich die Möglichkeit der Gemeinde, das erstrebte Parochialrecht – da nicht bereits traditionell bestehend – nunmehr einzuführen. Die Gemeinde verfolgt daraufhin dieses Ziel nicht weiter.[64] Der Vorgang zeigt, daß Art. 137 WVR 1919 auch den staatlichen Behörden Schwierigkeiten der Interpretation bereitete.

Die Verfassung der Deutsch-Israelitischen Gemeinde vom 8. 12. 1924 bezeichnet die Gemeinde ausdrücklich als eine Körperschaft des öffentlichen Rechts. Der rechtliche Status der Kultusverbände bleibt nach wie vor undeutlich. Die Satzung bezeichnet sie als «selbständige, unabhängig von der Gemeinde geleitete Verbände», deren Satzung der Genehmigung des Vorstandes der Gemeinde bedarf. Diese satzungsrechtliche Konstruktion steht in gewissem Widerspruch zu der rechtlichen Selbständigkeit der Kultusverbände gegenüber dritten Personen. Die Verbände nehmen mit Selbstverständlichkeit die Befugnis in Anspruch, die Dienstverhältnisse ihrer Amtsträger selbst zu regeln. Sie beanspruchen, ihr Kultus- und Verwaltungsvermögen als «res sacrae» zu behandeln und damit dem profanen Bereich zu entziehen. Dies alles legt die Frage nahe, ob die Kultusverbände im Sinne des Art. 137 Abs. 3 WRV 1919 als eigenständige Religionsgesellschaften anzusehen sind. Hätte man dies zu bejahen, so wäre nach dem verbleibenden Status der Gemeinde selbst zu fragen. Vor allem würde dies bedeuten, den Kultusverbänden die volle religionsrechtliche Autonomie einschließlich des Besteuerungsrechtes zuzuerkennen.

Die Kultusverbände haben wiederholt beklagt, daß ihre Autonomie vor allem auch in finanzieller Hinsicht gefährdet sei. Die vorhandenen Quellen lassen indes nicht erkennen, daß von irgendeiner Seite die Frage aufgeworfen wurde, wie die Verbände im Hinblick auf Art. 137 WRV 1919 eigentlich zu beurteilen seien. Dies hätte kritisch werden können,

63 Vgl. Kap. 2/Dok. 18.
64 Vgl. Kap. 2/Dok. 19 und 20.

wenn sich ein Reichsverband sowohl orthodoxer als auch liberaler Prägung gebildet hätte. Entsprechende Bestrebungen bestanden.[65] Eine etwa 1922 entstandene Denkschrift, die von orthodoxer Seite verfaßt ist, schlägt vor, die Gemeinde solle alsdann beiden Verbänden beitreten.[66] Der Staat hatte vermutlich kein Interesse daran, für mehrere jüdische «Teilgemeinden» ein staatliches Besteuerungsverfahren durchzuführen. Dies mag es erklären, daß er die Rechtskonstruktion des Hamburger Systems im Hinblick auf das Besteuerungsrecht des Art. 137 Abs. 6 WRV 1919 nicht problematisierte. Die Kultusverbände ihrerseits wußten wohl doch, daß eine Inanspruchnahme des Art. 137 Abs. 6 WRV 1919 für eigene Ziele das Ende der Deutsch-Israelitischen Gemeinde hätte bedeuten können. Selbst die nach Art. 137 Abs. 5 Satz 3 WRV 1919 rechtlich erreichbare Konstruktion eines Zusammenschlusses der Kultusverbände zu einer Körperschaft des öffentlichen Rechts, hätte mutmaßlich einen Verlust an innerjüdischer Integration bedeutet. Ein erheblicher Teil der Angehörigen der Gemeinde wäre keinem der drei Kultusverbände beigetreten. So darf die Deutsch-Israelitische Gemeinde auch vor dem Hintergrund der Weimarer Kirchenrechtsartikel als ein rechtliches Unikat angesehen werden.

IV. SOZIO-DEMOGRAPHISCHE STRUKTUREN DER GEMEINDE

1. Die jüdische Bevölkerung in Hamburg. Eine jüdische Gemeinde, die sich im Hamburger System institutionalisieren wollte, bedurfte einer gewissen Mindestzahl an Angehörigen, um eine innerjüdische Fraktionierung in verbandsmäßigen Strukturen darstellen zu können. Die Hochdeutsche Israeliten-Gemeinde Altona war hierzu bereits zahlenmäßig

65 Vgl. hierzu Hirsch Benjamin Auerbach, Die Geschichte des «Bund gesetzestreuer jüdischer Gemeinden Deutschlands» 1919–1938, Tel-Aviv 1972; Max P. Birnbaum, Staat und Synagoge, S. 27 ff.; Ismar Freund, Die Rechtsstellung der Synagogengemeinden in Preußen und die Reichsverfassung, Berlin 1926; Wilhelm Harmelin, Grundzüge der Geschichte und Verfassungen der öffentlich-rechtlichen religionsgesellschaften Oberverbände des deutschen Judentums, iur. Diss., Leipzig 1926; Esriel Hildesheimer, Die Versuche zur Schaffung einer jüdischen Gesamtorganisation während der Weimarer Republik, in: Jahrbuch des Instituts für Deutsche Geschichte, VIII (1979), Tel-Aviv 1979; Manfred Saalheimer, Der jüdische Reichsverband. Über eine öffentlich-rechtliche Gesamtorganisation der deutschen Juden, München 1930; Siegwart Wertheimer, Die Bedeutung des Artikels 137 der Reichsverfassung für die israelitischen Religionsgesellschaften, Karlsruhe 1929.

66 Vgl. Denkschrift betreffend die Verhältnisse der Deutsch-Israelitischen Gemeinde zu Hamburg und ihrer Kultusverbände unter besonderer Berücksichtigung von Art. 137 RV (1922), in: StAH Cl VII Lit. L b No. 18 Vol. 7 a Fasc. 35.

kaum in der Lage. Die Situation der Hamburger Juden war hingegen günstig, mochte auch ihr prozentualer Bevölkerungsanteil mit Beginn der zweiten Hälfte des 19. Jahrhunderts stetig abnehmen. Aus den vorhandenen statistischen Erhebungen läßt sich folgendes Bild gewinnen:[67]

Jahr	Bevölkerung insgesamt	Juden absolut	Juden Prozent
1811	132 007	6 429	4,87 %
1871	338 974	13 796	4,07 %
1880	453 869	16 024	3,53 %
1885	518 620	16 848	3,25 %
1890	622 530	17 877	2,87 %
1895	681 632	17 308	2,54 %
1900	768 349	17 949	2,34 %
1905	874 878	19 602	2,24 %
1910	1 014 664	18 932	1,87 %
1916	947 542	17 275	1,82 %
1917	------		
1918	------		
1919	1 050 380	18 500*	1,76 %
1920	1 091 074	18 750*	1,72 %
1921	------	19 000*	
1922	1 137 227	19 250*	1,69 %
1923	1 143 744	19 500*	1,70 %
1924	1 147 135	19 750*	1,72 %
1925	1 152 523	19 904	1,73 %
1926	1 167 462	20 749	1,78 %
1927	1 190 794	20 500*	1,72 %
1928	1 207 505	20 300*	1,68 %
1929	1 226 309	19 900*	1,62 %
1930	1 231 692	19 600*	1,59 %
1931	1 224 005	19 300*	1,58 %
1932	1 213 319	19 100*	1,57 %
1933	1 196 883	16 855	1,41 %

67 Zusammenstellung nach: J. Toury, Soziale und politische Geschichte der Juden in Deutschland, S. 17; D. Weigert, Die jüdische Bevölkerung Hamburgs, in: ZDSJ, 1919, Heft 5–7, S. 67; die erste hinreichend exakte Zählung betrifft das Jahr 1811, vgl. H. Mauersberg, Wirtschafts- und Sozialgeschichte zentraleuropäischer Städte, S. 48; vgl. ferner Kap. 1/Dok. 1, 2, 6. Die Daten wurden aufgrund der Angaben in den Statistischen Jahrbüchern der Freien und Hansestadt Hamburg überprüft und ergänzt, berechnet jeweils nach der Wohnbevölkerung, nicht nach der ortsanwesenden Bevölkerung (vgl. Jahrbuch für die FHH, 1925, S. 9); in den Jahren 1917, 1918, 1921, 1930 bis 1932 haben keine Zählungen stattgefunden. Die mit * versehenen Zahlen beruhen auf eigenen Schätzungen, vgl. weiter unten.

Die angegebenen Daten zeigen, daß die jüdische Gemeinde in dem hier dokumentierten Zeitraum von einer Gesamtzahl von etwa knapp 20 000 Personen ausgehen konnte, die sich in der umfassenden Volkszählung vom 16. 6. 1925 entweder ausdrücklich oder durch eine entsprechende Angabe als Mitglieder einer jüdischen Religionsgemeinschaft bezeichnet hatten. Zugleich hatte sich der in der zweiten Hälfte des 19. Jahrhunderts für die Gesamtbevölkerung eingetretene starke Wanderungsgewinn, der auch jüdische Zuwanderer betraf, nahezu abgeflacht. Nach Angaben für 1910 waren nur 52,3 % der Hamburger Juden in der Stadt geboren; aus den umliegenden Gebieten kamen 9,84 % aus Schleswig-Holstein, 3,96% aus der Provinz Hannover, 4,67% aus Berlin und 4,40% aus Österreich-Ungarn. Der Anteil der russischen Juden – die polnischen eingeschlossen – betrug lediglich 1,22 %.[68] Der jüdischen Gemeinde wuchs damit auch die Aufgabe einer Integrationsleistung zu, da sich die zugewanderten Juden zumeist der Gemeinde oder jedenfalls einem ihrer Kultusverbände anschlossen. Eine vergleichbare integrative Leistung hatten übrigens die jüdischen Schulen zu erbringen.

1.1 Organisationsdichte. Die angeführten statistischen Daten beruhen auf behördlichen Erhebungen. Sie besagen nicht, ob und in welcher Weise sich die Hamburger Juden in der Gemeinde und in den drei Kultusverbänden organisierten, nachdem der Gemeindezwang aufgehoben worden war. Ein Verzeichnis der Gemeinde von 1912 weist 473 Namen von Juden auf, die nicht der Gemeinde angehörten.[69] Das entspräche einer sehr hohen Organisationsdichte von vermutlich 95 %, wenn man von einer gleichhohen Dunkelziffer derjenigen Juden ausgeht, die der Gemeinde auch namentlich unbekannt blieben. Indes ist eine derartige Annahme zweifelhaft und für eine abschließende Beurteilung nicht verläßlich.

Es ist daher versucht worden, aus der Steuerpflicht nachprüfbare Rückschlüsse auf die Organisationsdichte der Hamburger Juden zu ziehen.[70] Da die Gemeindesteuer seit 1924 auf der Grundlage des Art. 137 Abs. 5 der Weimarer Reichsverfassung nach Maßgabe der «bürgerlichen Steuerlisten» erhoben wurde, erlaubt dies eine genaue Übersicht über die Zahl der steuerpflichtigen Juden. Hierzu gibt R. E. May 1927 folgende Zusammenstellung wieder:[71]

68 Vgl. D. Weigert, Die jüdische Bevölkerung Hamburgs, S. 79–81.
69 Vgl. StAH JG 708.
70 Vgl. H. Krohn, Die Juden in Hamburg, S. 124; G. Marwedel, Geschichte der Juden in Hamburg, S. 39; B. Z. Ophir, Zur Geschichte der Hamburger Juden, S. 88.
71 Vgl. näher Kap. 1/Dok. 5.

	Mitglieder des Verbandes überhaupt	steuerzahlende Mitglieder	Steuereinnahmen (Mark)
Synagogenverband	1700	436	131 800
Neue Dammtor-Synagoge	400	107	33 400
Tempelverband	700	326	149 800
Mitglieder der Kultusverbände insgesamt	2800	869	315 000
Steuerzahler, die keinem Kultusverband angehören		4087	467 000
zusammen		4956	782 000
Gemeindemitglieder		8000	

Aus der amtlichen Bevölkerungsstatistik weiß man andererseits, daß am Stichtag des 16. 6. 1925 in Hamburg 9679 jüdische Männer und 10 225 jüdische Frauen lebten.[72] Läßt man den geringen Anteil portugiesischer Juden unberücksichtigt, so liegt es nahe, aus der angegebenen Zahl der Gemeindemitglieder von 8000 und der ermittelten Zahl aller in Hamburg lebenden und sich bei der statistischen Befragung auch insoweit selbst zugeordneten Juden von 19 904 auf die Organisationsdichte der jüdischen Gemeinde folgern zu wollen. Das würde zu einer fehlerhaften statistischen Interpretation führen. Der von May zugrunde gelegte Ausdruck «Mitglied» darf mit dem des «Gemeindeangehörigen» oder des «Verbandsangehörigen» nicht gleichgesetzt werden. Die satzungsrechtlichen Bestimmungen der Gemeinde und der Kultusverbände unterscheiden dies sorgfältig. Unter Mitglied wird nur der wahlberechtigte, grundsätzlich beitragspflichtige Jude, nicht aber auch die jeweiligen Familienangehörigen verstanden. Die Vergleichbarkeit wird noch dadurch erschwert, als nach den Statuten der Kultusverbände nicht erforderlich war, zugleich der jüdischen Gemeinde anzugehören. Vernachlässigt man diese Besonderheit als mutmaßlich geringfügig und unterstellt die gleichbedeutende Verwendung desselben Begriffs des Mitgliedes in allen vier Verbandseinheiten, so läßt sich mit der gebotenen Vorsicht immerhin eine relative Vergleichbarkeit herstellen. Danach würden in einer ersten Annäherung 35 % der Gemeindemitglieder zugleich Mitglieder der drei Kultusverbände gewesen sein. Das wäre eine sehr geringe konfessionelle Organisationsdichte, die durch den Anteil von nur 17,5 % der gemeindesteuerpflichtigen Mitglieder der Kultusverbände an der Gesamtzahl aller steuerpflichtigen Gemeindemitglieder eine zusätzliche Bestätigung zu erfahren scheint.

72 Wichtig für die Beurteilung ist die statistische Frage, die sich auf die Feststellung der äußeren Zugehörigkeit zu einer Religions- bzw. Weltanschauungsgemeinschaft, nicht aber auf die Angabe des religiösen Bekenntnisses bezog, vgl. auch Kap. 1/Dok. 6.

Tatsächlich ist die im obigen Zahlenspiegel angegebene Zahl von 8000 Gemeindemitgliedern zweifelhaft und von May nicht näher belegt.[73] Wenn diese Juden entweder kein steuerpflichtiges Einkommen hatten oder ihr sehr geringes Einkommen keine gemeindliche Beitragspflicht auslöste, dann ist es zweifelhaft, in welcher Weise ihre Gemeindemitgliedschaft im Verfahren der Steuerveranlagung überhaupt festgestellt wurde. Jedenfalls läßt sich bereits immanent ausschließen, daß die von May mitgeteilte Zahl im Sinne der Gemeindeangehörigkeit zu verstehen ist. Denn die Annahme, die genannte Zahl von 8000 erfasse alle Angehörigen der jüdischen Gemeinde, würde bedeuten, daß alsdann hiervon 61,95 % Gemeindesteuern zahlen würden. Eine derartige Steuerquote ist mit dem mutmaßlichen Anteil an nichterwerbstätigen Ehefrauen, an schulpflichtigen Kindern und an Personen, die allein wegen ihres Alters aus dem Erwerbsleben ausgeschieden sind, bereits rechnerisch unvereinbar.

Man kann es als einen quellenmäßigen Glücksfall bezeichnen, daß eine auf den Stichtag des 10. 10. 1926 erstellte Kartei der jüdischen Gemeinde erhalten geblieben ist.[74] Mit ihr lassen sich die bisherigen interpretatorischen Zweifel beseitigen. Die Kartei enthält für jeden Haushalt genaue Angaben über die Namen seiner Angehörigen, deren Geburtsdaten und berufliche Tätigkeit und die Wohnadresse. Eine vorgenommene Auszählung ergibt für die beiden jüdischen Gemeinden folgendes Bild:

	Haushaltungsvorstand		hierbei:		
	männlich	weiblich	Ehefrauen	Kinder	Sonstige
allgemein	6476	3183	3688	6908	494
Anstalten	36	36			
Gefängnisse	33	1			
Hotels	50	3	1		
Cuxhaven	12	1	9	14	1
Versorgungsheim	38	36			
Krankenhäuser	2	3			
Auswärtige	48	48	12	20	
Summe	6697	3311	3710	6942	495
Portugiesische Gemeinde	43	22	27	57	2
Hamburger Juden insgesamt	6740	3333	3737	6999	497

73 N. M. Nathan, Das Statistische Jahrbuch für die Freie und Hansestadt Hamburg 1925, GB v. 10.10. und 3.12. 1926 (vgl. Kap. 1/Dok. 4), gibt für das Jahr 1924 eine Zahl von 8002 «besteuerte Mitglieder in der Gemeinde überhaupt» an.

74 Gemeindemitglieder-Kartei von 1926 im Staatsarchiv Hamburg.

Danach hatte die Deutsch-Israelitische Gemeinde 1926 unter Vernachlässigung der angeführten besonderen Bereiche 20 749 Angehörige, die in 9659 selbständigen Haushalten lebten. Die von May angeführte Zahl von 8000 Gemeindemitgliedern erfaßt damit vermutlich nur die Zahl der «besteuerungsfähigen» Gemeindeangehörigen, was zugleich einen direkten rechnerischen Vergleich mit den angegebenen Mitgliedszahlen der Kultusverbände verbietet. Läßt man die zeitliche Verschiebung zwischen der amtlichen Statistik vom 16. 6. 1925 und dem gemeindlichen Erhebungsdatum des 10. 10. 1926 unberücksichtigt, dann ergibt sich eine nahezu vollständige Organisationsdichte in dem Sinne, daß alle sich als Juden bezeichnenden Personen auch den beiden jüdischen Gemeinden angehörten. Man wird dies als Erfolg der gemeindlichen Politik der innerjüdischen Pluralität zu werten haben. Andererseits zeigt diese Berechnung nicht auf, wie hoch der Anteil der assimilierten Juden ist, die auch als solche nicht mehr in Erscheinung treten wollen.

1.2 Geburtenrate / Sterberate. Der Fortbestand der jüdischen Gemeinde scheint angesichts der Zahl ihrer Gemeindeangehörigen kaum ernsthaft gefährdet zu sein. In der Gemeinde sah man dies kritischer, da vor allem zwei bemerkbare Tendenzen die Zukunftsaussichten einer auf eine Mindestgröße angewiesenen jüdischen Gemeinde negativ beeinflussen konnten. Die demographische Analyse ergab nämlich, daß das Wachstum der jüdischen Bevölkerung seit einiger Zeit stagnierte und damit eine zahlenmäßige Verminderung möglich wurde. Hierbei konnte sich die assimilatorische Wirkung der Mischehe noch verstärkend auswirken. Beide Gesichtspunkte betrachtete man in der Gemeinde mit nicht geringer Sorge. Man sah sehr genau, daß es einer kleineren Gemeinde auf Dauer nicht möglich sein werde, einen innergemeindlichen religiösen, kulturellen und sozialen Pluralismus darzustellen, der vor allem für jüngere Gemeindeangehörige hinreichend attraktiv sein würde. Hinzu kam, daß das großstädtische Leben in Hamburg zahlreiche soziale und berufliche Kontakte bot, welche für die jüdische Jugend immer die Möglichkeit der schrittweisen Assimilation etwa in der Form der Mischehe enthielten. Auf den letzteren Aspekt soll in einem anderen Zusammenhang eingegangen werden.

Der relative Rückgang der jüdischen Bevölkerung wird zumeist auf eine deutlich geringere Geburtenhäufigkeit im Vergleich zur hamburgischen Gesamtbevölkerung zurückgeführt. In den wiedergegebenen Dokumenten wird dies ausführlich behandelt. Sie ergeben, daß die meisten jüdischen Ehen in einem späteren Alter geschlossen und daß sie im Durchschnitt kinderärmer sind. Es besteht eine seit etwa 1895 zu beobachtende gleichmäßige Abnahme der Kinderhäufigkeit. Ganz eindeutig sind die kausalen Beziehungen allerdings nicht. Immerhin zeigt eine statistische Auswertung für das wiederholt angegebene Basisjahr 1925, daß die jüdische Geburtenrate dann über der der Gesamtbevölkerung liegt, wenn man fragt, wie viele Geborene auf 100 gebärfähige Frauen im Alter zwischen 14 bis 45 Jahre kamen.[75] Rechnerisch stehen 11,40 von jüdischen Müttern Geborene dann 10,15 Geborenen der Gesamtbevölkerung gegenüber, jeweils eheliche und nichteheliche Geburten zusammengefaßt. Dennoch mußte die demographische Entwicklung die Gemeinde mit Sorge erfüllen. Die statistische Auswertung für die Jahre 1908 und 1913 – also für die Vorkriegszeit – hatte nämlich ergeben, daß nur etwa 1,4 % bis 1,48 % der Geborenen einen jüdischen Vater hatten und dies den Anteil der Juden an der Gesamtbevölkerung prozentual unterschritt.[76]

Ein statistischer Vergleich der Geburtenrate zeigt einen Geburtenrückgang als eine erste Ursache für die erkennbare Stagnation der jüdischen Bevölkerungszahl.[77] Um die Jahrhundertwende entfallen auf jeweils 1000 Personen bei den Hamburger Juden etwa 15 Geburten, bei der Gesamtbevölkerung dagegen etwa 30 Geburten. Die Geburtenhäufigkeit in der Gesamtbevölkerung ist zu diesem Zeitpunkt also doppelt so hoch. Mitte der 20er Jahre hat sich die Geburtenrate in der Gemeinde mit etwa 14 Geburten auf 1.000 Juden kaum verändert. Ihr hat sich die Geburtenrate der Gesamtbevölkerung inzwischen angenähert. Bei den Juden hat sich mithin mehr als eine Generation früher als bei der Gesamtbevölkerung die Zahl der Geburten stark vermindert. Das ist Ausdruck großstädtischer Sozialisation, wie sie für eine stark erwerbsorientierte Mittel- und Oberschicht typisch ist. Die demographische Struktur entspricht damit der beruflichen Gliederung der Hamburger Juden.[78]

Nach 1925 verringert sich die Geburtenrate nochmals auf durchschnittlich 10 Geburten je 1000 Juden. Ein nochmaliger Rückgang der Geburtenrate ist auch für die Gesamtbevölkerung festzustellen. Für diesen Zeitraum sind Einflüsse der wirtschaftlichen Depression wahrscheinlich.

Es ergibt sich folgendes Bild:

Geburten auf jeweils 1000 Personen

Jahr	Juden	Gesamtbevölkerung
1871		35,30
1880		39,31
1885	20,8 (?)	35,99

75 Vgl. Kap. 1/Dok. 11.

76 Vgl. Kap. 1/Dok. 1.

77 Angaben nach: Kap. 1/Dok. 1 und Dok. 15; die Häufigkeit der jüdischen Geburten für den Zeitraum 1924 bis 1928 wurde auf der Grundlage der Geburtenzahl S. XLVIII und der geschätzten Zahl der Hamburger Juden S. XLII annäherungsweise berechnet.

78 Vgl. hierzu Einführung S. CVI.

Geburten auf jeweils 1000 Personen

Jahr	Juden	Gesamtbevölkerung
1890	20,4 (?)	36,88
1895	19,6 (?)	35,13
1900	15,0 (?)	30,19
1905	13,8 (?)	26,80
1910	14	24,00
1911	14	22,73
1912	14	22,42
1913	15	22,16
1914	14	21,79
1915	11	16,92
1916	8	11,86
1917	7	9,78
1918	7	10,35
1919	10	15,82
1920	16	20,75
1921	18	18,51
1922	16	16,14
1923	16	14,71
1924	16	14,78
1925	14	15,29
1926	11	14,20
1927	11	13,75
1928	9	14,22
1929		13,98
1930		13,89
1931		12,73
1932		11,53
1933		11,74

Die abnehmende Geburtenzahl war ein Kennzeichen der jüdischen Bevölkerungsentwicklung, wie sie in Deutschland allgemein – auch als eine Folge der immer späteren Eheschließung – festgestellt werden kann.[79] Sie wurde zunächst durch ein höheres Lebensalter als das der Gesamtbevölkerung ausgeglichen. Dies beruhte auf zwei Faktoren. Es bestand im Vergleich zur Gesamtbevölkerung ein besonders günstiges Maß der Säuglings- und Kindersterblichkeit, und zwar auch im Hinblick auf Totgeburten und auf außerehelich registrierte Geburten. In dieser durchschnittlich geringeren Sterblichkeitsquote lag stets eine gewisse immanente,

79 Vgl. J. Toury, Soziale und politische Geschichte der Juden, S. 21; A. Teilhaber, Der Untergang der deutschen Juden, 2. Aufl. 1921, S. 64 ff.

also dauerhafte Kompensation zu der abnehmenden Geburtenrate. Dieses statistisch gut nachweisbare Phänomen läßt sich weitgehend auf eine bessere medizinische Hygiene im jüdischen Bevölkerungsanteil zurückführen, die wiederum in einem Zusammenhang mit verbessertem Bildungsstand und günstigeren Einkommensverhältnissen steht.[80] Daß die verhältnismäßig niedrige jüdische Geburtenrate nicht alsbald zu einem stärkeren Absinken des jüdischen Bevölkerungsanteils führte, beruhte außerdem auf einer deutlich höheren Lebenserwartung der großstädtischen Juden. Auch dieser Zusammenhang wird in den dokumentierten Aufsätzen wiederholt nachgewiesen. Die damit eintretende Verschiebung der Alterstruktur konnte zwar ein Absinken des jüdischen Bevölkerungsanteils ebenfalls verhindern oder mildern, verursachte aber tendenziell zugleich eine zunehmende Überalterung der Gemeinde.[81] Die so erreichte Kompensation ist allerdings nur eine relative, weil von der absoluten Lebenserwartung begrenzt. Das vermag man zu erkennen, wenn man Geburten- und Sterbezahl miteinander bilanziert und damit nach dem Überschuß fragt. Es ergibt sich dann folgendes Bild:[82]

Bilanz der jüdischen Bevölkerung in Hamburg

Jahr	Geburtenzahl (jüd. Mutter)	Sterbezahl	Überschuß der jüdischen Bevölkerung absolut	Überschuß der Gesamtbevölkerung absolut[83]
1920	316	312	+ 4	+ 6119
1921	358	282	+ 76	+ 5602
1922	317	340	− 23	+ 2119
1923	350	297	+ 33	+ 1510
1924	313	309	+ 4	+ 2632
1925	278	296	− 18	+ 3486
1926	218	271	− 53	+ 2713
1927	228	289	− 61	+ 1532
1928	187	325	−138	+ 2421
1929				+ 1385
1930				+ 2513
1931				+ 857
1932				+ 26
1933				− 214

80 Vgl. Nachweise in Kap. 1/Dok. 8, 10, 12.

81 Vgl. Nachweise Kap. 1/Dok. 3 und 12.

82 Vgl. Kap. 1/Dok. 11. Überschuß der Gesamtbevölkerung errechnet nach Statistisches Jahrbuch für die FHH,1925, S. 61; 1926/27, S. 65; 1927/28, S. 55; 1928/29, S. 65; 1929/30 S. 77; 1930/31 S. 13, 64; 1931/32 S. 9; 1932/33 S. 9; 1933/34 S. 9.

Diese deutliche Zunahme einer negativen Überschußberechnung mußte die Gemeinde in der Tat beunruhigen, denn die Entwicklung zeigte deutlich, daß auch eine bemerkenswert höhere Lebenserwartung der Hamburger Juden nur für einen begrenzten Zeitraum in der Lage sein würde, die demographische Entwicklung zu stabilisieren. Außerdem mußte eine zunehmende Überalterung dazu führen, die relative Beitragsfähigkeit der Gemeindeangehörigen künftig zu mindern, da der Anteil derjenigen, die nicht mehr erwerbstätig waren, steigen würde. Daß sich in der Hamburger Gesamtbevölkerung eine entsprechende Tendenz abzeichnete, bestätigt erneut, wie sehr im jüdischen Bevölkerungsanteil nur eine allgemeine Entwicklung zeitlich vorverlagert war. Innerhalb des jüdischen Bevölkerungsanteils trat damit eine Strukturveränderung rascher ein, als sie in der Gesamtbevölkerung zunächst sichtbar wurde. Dies läßt sich übrigens auch für andere Bereiche, etwa der Bildung, der Berufs- und Erwerbsstruktur, der Familiengröße oder der konfessionellen Zuordnung in entsprechender Weise aufzeigen.

Dieser Befund wird durch eine statistische Berechnung nachdrücklich bestätigt, wenn man die jüdische Altersgliederung näher untersucht und sie zur Altersstruktur der Hamburger Gesamtbevölkerung in Beziehung setzt. In dem dokumentierten Beitrag von H. Philippsthal ist dies für das Basisjahr 1925 geschehen, so daß darauf verwiesen werden kann.[84] Die dort angegebenen Zahlen lassen sich in ihrer Aussagekraft noch erhöhen, wenn man die Altersgliederung nicht nur innerhalb der jeweils betrachteten Vergleichsgruppe und damit relativ, sondern die Vergleichsgruppen zueinander in Beziehung setzt. Dann zeichnet sich für die Hamburger Juden für das Jahr 1925 folgendes Bild ab.[85] (s. Seite LI)

Die Zusammenstellung gibt die deutliche Verschiebung der Altersstruktur für jene Prozentsätze wieder, welche den durchschnittlichen jüdischen Bevölkerungsanteil an der Gesamtbevölkerung übersteigen. Das ist mit Beginn der Gruppe der 45- bis 50jährigen mit Werten von oberhalb von 2 % durchgehend der Fall. Die Lebenserwartung der Hamburger Juden ist deutlich höher, als es ihrem Anteil an der Gesamtbevölkerung entspricht. Da der Anteil der Juden an der Gesamtbevölkerung insgesamt gering ist, tritt durch die Gleichsetzung der Gesamtbevölkerung, in der der jüdische Bevölkerungsanteil bereits enthalten ist, mit der

83 Die angegebenen Zahlen der Bevölkerungsentwicklung gelten nur für die Stadt Hamburg, vgl. Statistisches Jahrbuch für die Freie und Hansestadt Hamburg 1933/34, S. 9.
84 Vgl. Kap. 1/Dok. 11.
85 Errechnet nach Statistisches Jahrbuch für die FHH, 1925, S. 355; vgl. auch Kap. 1/Dok. 11.

Altersgliederung der Juden im Vergleich

Altersstufe	Gesamtbevölkerung in Hamburg			Jüdischer Bevölkerungsanteil in Hamburg					
	männlich	weiblich	zusammen	männlich		weiblich		zusammen	
				absl.	%	absl.	%	absl.	%
bis 5	36.443	34.791	71.234	678	1.86	633	1.82	1.311	1.84
5 — 10	27.051	26.351	53.402	408	1.51	386	1.46	794	1.49
10 — 15	42.890	42.062	84.952	623	1.45	574	1.36	1.197	1.41
15 — 20	45.241	49.150	94.391	707	1.56	700	1.42	1.407	1.49
20 — 25	49.361	53.332	102.693	831	1.68	775	1.45	1.606	1.56
25 — 30	45.238	56.332	101.570	855	1.89	838	1.49	1.693	1.67
30 — 35	41.963	54.864	96.827	784	1.87	819	1.49	1.603	1.66
35 — 40	43.960	49.823	93.783	738	1.68	820	1.65	1.558	1.66
40 — 45	42.985	43.645	86.630	719	1.67	778	1.78	1.497	1.73
45 — 50	38.820	39.528	78.348	787	2.03	828	2.09	1.615	2.06
50 — 55	31.327	31.480	62.807	718	2.29	788	2.50	1.596	2.40
55 — 60	26.298	26.283	52.581	589	2.24	673	2.56	1.262	2.40
60 — 65	19.132	20.446	39.578	485	2.54	539	2.64	1.024	2.59
65 — 70	12.197	15.490	27.687	318	2.61	412	2.66	730	2.64
70 — 75	7.137	10.696	17.833	206	2.89	292	2.73	498	2.79
75 — 80	3.267	6.155	9.422	111	3.40	181	2.94	292	3.10
80 — 85	1.284	2.741	4.025	38	2.96	107	3.90	145	3.60
85 — 90	327	835	1.162	14	4.28	30	3.59	44	3.79
über 90	42	159	201	3	7.14	9	5.66	12	5.97
zusammen	514.963	564.163	1.079.216	9.612	1.87	10.182	1.80	19.794	1.83
ledig	248.961	253.157	502.118	4.718		4.303		9.021	
verh.	245.916	245.050	490.966	4.526		4.321		8.847	
verw.	14.256	55.696	69.950	298		1.435		1.753	
gesch.	5.830	10.260	16.090	70		123		193	

nicht-jüdischen Bevölkerung keine statistisch auffällige Verschiebung ein. Die geringere Geburtenrate mußte für den Fortbestand der jüdischen Gemeinde nicht wirklich besorgniserregend beurteilt werden, wenn man in ihr den Zusammenhang mit dem verbesserten sozialen Status der Gemeindeangehörigen erkannte.

2. Assimilierungstendenzen. Mit der in der Mitte des 19. Jahrhunderts erreichten rechtlichen Gleichstellung und der Aufgabe des Parochialprinzips war für die Juden die formale Möglichkeit geschaffen, den Weg der bewußten Assimilation zu gehen. Wie man sich verhalten sollte, war unter ihnen umstritten und hing nicht zuletzt von den Nachteilen ab, welche die Gesellschaft für eine soziale, politische und ökonomische «Karriere» nach wie vor für den Fall bereitstellte, daß sich ein Jude nicht zur Aufgabe seiner bisherigen Identität entschloß. Die Bindung an Tradition und Religiösität des einzelnen stand dabei in einem ambivalenten Verhältnis zu dem erreichten Stand einer «offenen Gesellschaft». Je entwickelter nämlich dieser gesamtgesellschaftliche Status war, um so weniger entstand das Bedürfnis nach Assimilation, um so leichter war diese andererseits zu vollziehen. Die rechtliche Gleichstellung erwies sich unter diesen Voraussetzungen nur als eine notwendige Bedingung einer möglichen Säkularisierung des Judentums, wie insbesondere die gegen Ende des 19. Jahrhunderts erneut aufgenommene innerjüdische Diskussion um zionistische Ziele bis in die 20er Jahre hinein zeigte.

Das Hamburger System mit seiner Tendenz zur partiellen Entkonfessionalisierung konnte sich ebenfalls außerordentlich ambivalent verhalten. Die Möglichkeit zu einem religiös indifferenten Leben als Jude konnte sich als Mittel bewähren, den Prozeß des Verlustes an tradierter Identität aufzuhalten, zumindest nachhaltig zu verzögern. Das war die Hoffnung, welche sowohl die orthodoxen als auch die liberalen Juden mit dem System verbanden. Dieses innerjüdische Pluralismusmodell konnte den einzelnen andererseits zu einer veränderten Sinngebung jüdischen Lebens führen und sich damit lediglich als eine Zwischenphase zur endgültigen Aufgabe jüdischer Lebensweise und jüdischen Bewußtseins darstellen. In einer großstädtischen Umgebung mit der Notwendigkeit sozialer und ökonomischer Kooperation mit der nicht-jüdischen Bevölkerung war dies jedenfalls eine denkbare Entwicklung.

Es ist daher gut zu verstehen, wenn innerhalb der Hamburger Juden diese ambivalente Struktur mit Sorgfalt beobachtet wurde. Der Erfolg integrativer Anstrengungen war nach Auffassung der jüdischen Führungselite davon abhängig, ob zwischen sektiererischer Enge und innerjüdischer Pluralität ein angemessener Ausgleich gefunden werden konnte, der für die Hamburger Juden die jüdische Gemeinde nicht nur als eine noch benötigte lobbyistische Organisationsform rechtfertigte, sondern sie als eine gruppenbezogene Referenzebene im Sinne glaubensmäßiger oder kulturell-ethnischer Notwendigkeit legitimierte. Da sich das Bewußtsein der Gemeindeangehörigen und ihre Verbundenheit mit der Gemeinde nur schwer unmittelbar erfassen ließen, war man auf indizielle Daten angewiesen, um die stets befürchtete Assimilation einschätzen zu können. Die wiedergegebenen Dokumente lassen hierfür zwei getrennte Bereiche erkennen: Neben der Zuordnung zu einem der Kultusverbände ging es um sichtbare rituelle Handlungen wie etwa Beschneidung, Bar Mizwa oder Trauung in religiöser Form, aber auch um den Besuch der Synagogen, die Zahl der dort gemieteten Plätze oder den Verzehr koscherer Lebensmittel. Derartige religiös indizierte Verhaltensweisen schufen für den einzelnen und für die Hamburger Juden insgesamt das, was man in der Sozialpsychologie eine gemeinsame «Sinnwelt» zu nennen pflegt.[86] Wichtiger war für die Gemeinde allerdings die Zahl der Austritte und die Zahl der Mischehen, also eher Epiphänomene des Verlustes entsprechender Sinnwelten. Beides traf die jüdische Gemeinde in ihrer Gesamtheit und wurde daher zutreffend als eine «formale» Gefahr für den Fortbestand gewertet. Während sich die Zahl der Austritte durchaus in Grenzen hielt, bereiteten die Mischehen der Gemeinde große Sorge, wie die sorgfältige Auswertung der dokumentierten Statistik durch Angehörige der Gemeinde beweist.

2.1 Die Mischehenfrage. Die zivile interkonfessionelle Eheschließung war ein Ergebnis der rechtlichen Emanzipation. In Hamburg wurde die formale Möglichkeit der immer etwas abwertend als «Mischehe» bezeichneten Ehe erstmals durch die Provisorische Verordnung, die Ehen zwischen Christen und Juden betreffend, vom 25. 9./24. 10. 1851 geschaffen.[87] Der eine Christin heiratende Jude mußte hierfür das Bürgerrecht erwerben, was mit finanziellen Schwierigkeiten verbunden war.[88] Erst das Gesetz über Eheschließung und Geburtsregister vom 1. 7. 1861 und das Gesetz über Civilstandsregister und Eheschließung vom 17. 11. 1865 führten zu dem uneingeschränkten Recht der Zivilehe.[89] Nach dem Inkrafttreten der Weimarer Reichsverfassung gab es selbstverständlich keine irgendwie gearteten rechtlichen Beschränkungen. Vielmehr entsprach es gerade der religiösen Kultusfreiheit im besonderen Maße, ob die Gemeinde oder ihre Kultusverbände ihrerseits aus der Heirat mit einem Nichtjuden statutenmäßige Folgerungen ziehen wollten.

86 Vgl. Peter L. Berger, Zur Dialektik von Religion und Gesellschaft, S. 29 ff., 79 ff.
87 Vgl. M. M. Haarbleicher, Aus der Geschichte der Deutsch-Israelitischen Gemeinde, 2. Aufl., S. 350.
88 Vgl. W. Eckardt, Privilegien und Parlament, S. 29 ff.
89 Vgl. Einführung S. XIX.

Satzungsrecht. Die Mischehe bedeutet für den einzelnen Juden einen entscheidenden Schritt. Für die Gemeinde stellt die Mischehe dagegen das kollektiv vermittelte Bewußtsein in Frage, nach wie vor in dem jüdischen Traditionszusammenhang zu leben. Das gilt nicht nur im Hinblick auf die Zuordnung des nicht-jüdischen Ehepartners. Zudem besteht die Gefahr, daß die Kinder, welche in dieser Ehe geboren werden, dem Judentum verloren gehen. Man wird daher die Bedeutung der Mischehenfrage für das Selbstverständnis der Gemeinde kaum unterschätzen dürfen. Das gilt insbesondere für die Zeit des politischen Antisemitismus. Ein jüdisches Gemeindeleben, das neben religiöser Gebundenheit zugleich die Organisationsform einer ethnischen Minderheit darstellen will, wird daher der Mischehe nicht gleichgültig gegenüberstehen. Dies gilt um so mehr, als es jüdischer Überzeugung entspricht, in dem Familienverband einen wichtigen traditionsbildenden Faktor zu sehen. Ein Teil des religiös-rituellen Verhaltens hat sich gerade in der Familie zu vollziehen, wie es beispielsweise die Feier des Sabbats oder die Beachtung der Speisevorschriften verlangen.

Sowohl die Gemeinde als auch die Kultusverbände stehen aus diesem Grunde vor der schwierigen Entscheidung, in welcher Weise sie auf die Mischehe reagieren sollen. Unterschiedliche Konzeptionen boten sich an. Man konnte auf die Mischehe mit dem Verlust der Mitgliedschaft sanktionierend antworten. Das war eher präventiv, um das Mitglied gerade davon abzuhalten, eine Mischehe einzugehen. Eine derartige Lösung setzte dabei voraus, daß der Verlust an sozialer Zugeordnetheit zur jüdischen Gemeinschaft als noch schwerwiegender empfunden wurde als der Verzicht auf eine Ehe mit einem nicht-jüdischen Partner. Einer anderen Konzeption konnte gerade daran gelegen sein, die Integrationsfähigkeit der jüdischen Gemeinde unter Beweis zu stellen. Sie würde die Mischehe in Grenzen tolerieren und eine Diskriminierung zu vermeiden suchen.

Die Gemeinde und die Kultusverbände haben unterschiedliche Lösungen entwickelt, deren Effektivität in der einen oder anderen Richtung sich nur schwer beurteilen läßt. Die Gemeindesatzung behandelt Jude und Jüdin unterschiedlich. Eine Jüdin wird Angehörige der Gemeinde, wenn sie einen gemeindeangehörigen Juden heiratet, so daß ihr ursprünglich nur die Eheschließung die Gemeindeangehörigkeit vermittelt. Erst mit der Satzungsreform von 1908 erhält sie die Befugnis, auch ohne Eheschließung in die Gemeinde aufgenommen zu werden. Sie verliert ihre Gemeindeangehörigkeit, wenn sie einen Mann heiratet, welcher der Gemeinde nicht angehört.[90] Dabei ist es satzungsrechtlich

90 Siehe § 7 lit. c) der Gemeindeverfassung von 1908 (vgl. Kap. 2/Dok. 2) und § 3 lit. b) der Gemeindeverfassung von 1924 (vgl. Kap. 2/Dok. 26).

gleichgültig, ob dieser Mann Jude ist oder nicht. Diese Regelung betrifft formal also nicht nur die Ehe glaubensverschiedener Ehepartner. Die Gemeinde verliert eine gemeindeangehörige Jüdin vielmehr auch, wenn deren Ehe einen der Gemeinde nicht angehörenden Juden betrifft und damit eine Mischehe im üblichen Sinne nicht gegeben ist. Man wird die Satzungsbestimmungen zudem dahin zu verstehen haben, daß eine verheiratete Jüdin für sich – also ohne ihren Ehemann – die Aufnahme nicht erreichen kann. Die Aufnahme des Mannes kann andererseits nur erfolgen, wenn der Nachweis der Zugehörigkeit zum Judentum erbracht wird. Dieser Nachweis läßt sich zwar durch ein Zeugnis eines der Kultusverbände führen, setzt aber für den nicht-jüdischen Mann den vollzogenen Übertritt zum Judentum voraus. Das dürfte außerordentlich selten gewesen sei. Die satzungsrechtlichen Bestimmungen der Gemeinde erlauben damit in ihrem Zusammenspiel nicht, daß die Jüdin in einer Mischehe Gemeindeangehörige bleibt. Sie wird vielmehr aus der Gemeinde ausgeschlossen, ohne daß es darauf ankommt, ob sie ihre Kinder im jüdischen Glauben erziehen will.

Heiratet dagegen ein Jude eine Frau, welche der Gemeinde nicht angehört, so bleibt seine Gemeindeangehörigkeit hiervon unberührt. Die Gemeindeverfassung ist also insoweit «männlich» ausgerichtet, als sich die Gemeindeangehörigkeit der Familie nach der Zugehörigkeit des Mannes bestimmt. Das gilt auch dann, wenn der Mann eine Mischehe eingeht. Das Verhalten der Frau wird also grundsätzlich anders beurteilt als das des Mannes. Für sie wird die eingegangene Mischehe mit dem Verlust der Zugehörigkeit zum institutionellen Judentum sanktioniert, so daß es für sie schwieriger sein soll, sich für eine Ehe mit einem nicht-jüdischen Manne zu entscheiden. Das ist im Hinblick auf den in den 20er Jahren bestehenden «rechnerischen» Überschuß an Frauen im heiratsfähigen Alter ein gewiß harter Standpunkt. In der Reform der Gemeindestatuten von 1924 wird erweiternd normiert, daß die Aufnahme eines Juden oder einer Jüdin, die in Mischehe leben, verweigert werden darf.[91]

Die Angehörigkeit im Synagogenverband ist in vergleichbarer Weise geregelt. Auch hier verliert eine Jüdin ihre Verbandszugehörigkeit, wenn sie einen Mann heiratet, der dem Verband nicht angehört.[92] Ob der Ehemann Jude ist und der Gemeinde angehört, ist hierfür unerheblich. Sie kann die Verbandsangehörigkeit nur wieder erwerben, wenn der Ehemann seinerseits dem Synagogenverband beitritt. Einem Proselyten ist

91 Vgl. § 5 Abs. 1 in Verbindung mit § 27 Abs.2 der Gemeindeverfassung von 1924 (Kap. 2/Dok. 26).

92 Vgl. § 8 des Statuts des Deutsch-Israelitischen Synagogen-Verbandes von 1873 (Kap. 10.1/Dok. 1) und § 7 der Statuten des Hamburger Deutsch-Israelitischen Synagogenverbandes von 1927 (vgl. Kap. 10.1/Dok. 55; A. Wulff, Hamburgische Gesetze und Verordnungen, 3. Aufl., Bd. 4, S. 740).

dies nur möglich, wenn er ein bestätigendes Attest des Oberrabbiners vorlegt. Ein verbandsangehöriger Jude, der eine Nichtjüdin heiratet, verliert ebenfalls seine Zugehörigkeit zum Synagogenverband. Allerdings ergibt sich dies aus den satzungsrechtlichen Bestimmungen nur mittelbar. Der Verlust der Verbandsangehörigkeit tritt nämlich stets dann ein, wenn bei einer staatlichen Eheschließung die jüdischen Eheschließungsgesetze unbeachtet bleiben. Das ist nach orthodoxen Vorstellungen insoweit der Fall, als die Ehe eines Juden mit einer Nichtjüdin untersagt ist. Die orthodoxe rabbinische Auslegung führt dies auf Deut. 7,3 f. zurück. Das bedeutet im Ergebnis, daß der orthodoxe Synagogenverband eine Mischehe in keiner Form duldet und damit gegenüber der gemeindlichen Lösung eine strengere Auffassung vertritt.

Die beiden anderen Kultusverbände sind in der Mischehenfrage deutlich toleranter. Sie folgen damit der Auffassung der ersten deutschen Rabbinerversammlung von 1844 in Braunschweig, nach der die Ehe eines Juden mit Angehörigen der monotheistischen Religion nicht verboten sei. Die Neue Dammtor-Synagoge umgeht die Fragestellung formal, indem sie satzungsrechtlich zwischen aktiver und passiver Einzelmitgliedschaft unterscheidet, letztere Form auch für die Jüdin vorsieht. Die Mitgliedschaft geht durch Mischehe nicht verloren, es sei denn bei Übertritt zu einer anderen Religion.[93] Damit wird sogar hingenommen, daß der andere Ehepartner einem anderen Kultusverband angehört. Noch weitergehend ist zunächst die Mitgliedschaft des Tempelverbandes ausgestaltet. Aktives Mitglied kann jeder Jude oder jede Jüdin werden, ohne daß die Heirat hierauf irgendeinen Einfluß hat.[94] Die Satzungsänderung von 1929 trifft hierzu eine wichtige Einschränkung, indem nunmehr Voraussetzung ist, daß man einer «israelitischen Gemeinde in Groß-Hamburg» angehört. Da die Verfassung der hamburgischen Gemeinde die Angehörigkeit einer Jüdin, die in einer Mischehe lebt, nicht zuläßt, bedeutet dies, daß der Tempelverband seit 1929 nur noch die Mischehe des Mannes, der mit einer Nichtjüdin verheiratet ist, hinnimmt. Damit ist die Parallelität zur gemeindlichen Regelung hergestellt. Die Motive dieser Änderung sind nicht bekannt, dürften aber in einer Zunahme orthodoxer Tendenzen zu suchen sein, wie sie für den Tempelverband gegen Ende der 20er Jahre kennzeichnend ist. Sie steht im Zusammenhang mit der Intensivierung religiösen Lebens, um die sich der seit Anfang 1928 amtierende Rabbiner Bruno Italiener mit erheblichen Erfolgen bemüht.[95] Die Satzung von 1929 über-

93 Vgl. §§ 3, 7 der Satzung der NDS von 1912 (vgl. Kap. 10.3/Dok. 71).

94 Vgl. § 3 der Satzung des Israelitischen Tempel-Verbandes von 1924 (Kap. 10.2/Dok. 50) und § 3 der Satzung von 1929 (Kap. 10.2/Dok. 59).

95 Vgl. B. Z. Ophir, Zur Geschichte der Hamburger Juden, S. 88; vgl. ferner Kap. 10.2/Dok. 56.

trägt dem Rabbiner ausdrücklich die Entscheidung, ob er für eine Trauung die religionsgesetzlichen Erfordernisse als gewahrt ansehen will. Das erlaubt dem Tempelverband insgesamt eine gewisse Annäherung an die strengere Auffassung des Synagogenverbandes, ohne daß Einzelheiten hierzu normiert werden. Die verbleibende, aber eben nur theoretische Möglichkeit, daß andere jüdische Gemeinden – also in Altona, Wandsbek, Harburg-Wilhelmsburg – eine Mischehe tolerieren könnten, wirkt sich angesichts deren ebenfalls restriktiver Bestimmungen nicht aus.

Das Satzungsrecht sowohl der Gemeinde als auch der beiden führenden Kultusverbände ist gegenüber der Mischehe repressiv eingestellt. Es benachteiligt die Frau, welche sich zur Mischehe entschließt. Sie wird vor die Alternative gestellt, zwischen Gemeinde- und Kultuszugehörigkeit und der Ehe mit einem Nicht-Juden zu wählen. Der Ausschluß aus dem Judentum trifft auch die in dieser Mischehe geborenen Kinder. Sicherlich sieht man eine derartige Regelung vor allem in ihrer präventiven Wirkung, die um so entschiedener beabsichtigt zu sein scheint, als nach jüdischer Tradition gerade die Geburt durch eine jüdische Mutter die Zugehörigkeit zum Judentum vermittelt. Die Gemeinde bestimmt abweichend davon, daß die Gemeindeangehörigkeit auch auf Kinder eines jüdischen Vaters «von selbst» übergeht, sofern der Abkömmling dem Judentum angehört. Gerade dies verstärkt jedoch nochmals die Diskriminierung der in Mischehe lebenden Jüdin.

Statistik. Die Mischehe muß angesichts dieser satzungsrechtlichen Ausgangslage in ihrer statistischen Analyse differenziert betrachtet werden. Zwar begründet die Ehe, die ein gemeindeangehöriger Jude mit einer Nicht-Jüdin eingeht, die Gefahr der Assimilation zumindest der folgenden Generation, wenn es der Gemeinde nicht gelingt, die satzungsrechtlich eröffnete Integration auch zu verwirklichen. Dazu erlauben die vorhandenen Quellen kaum nähere Einsichten. Immerhin belegen die Auseinandersetzungen über die Frage, ob die vom Rabbiner des Tempelverbandes in das Judentum aufgenommne Proselytin auch vom Synagogenverband als Jüdin und ihre Kinder als jüdisch anzuerkennen seien, mittelbar, daß jedenfalls der Tempelverband eine Politik der Integration verfolgte. Das Oberrabbinat des Synagogenverbandes lehnte demgegenüber jeden Kompromiß strikt ab.[96]

Gegenüber der Zeit vor dem Ersten Weltkrieg ist eine steigende Zahl von Eheschließungen zwischen Juden und Nicht-Juden erkennbar. Bestimmt man als eine Mischehe eine Ehe, in der nur ein Partner im Zeitpunkt der Eheschließung dem Judentum angehört, so ist für den Zeit-

96 Vgl. etwa Kap. 5.3/Dok. 58.

raum von 1925 bis 1933 ein Anwachsen der Mischehen festzustellen. Etwa jede zweite Ehe, an der ein Jude oder eine Jüdin beteiligt ist, führt zu einer Mischehe. Innerhalb eines Zeitraumes von etwa 10 Jahren zeigt sich damit bei ungefähr 25 % der heiratswilligen jüdischen Jugend die verstärkte Neigung, sich durch eine Eheschließung mit einem Nicht-Juden von der Gemeinde zu lösen. Gerade dieser beträchtliche Prozentsatz verdeutlicht die auch gemeindepolitische Relevanz der liberalen Haltung der Rabbiner des Tempelverbandes, mit der Aufnahme von Nicht-Jüdinnen in den Kultusverband großzügig zu verfahren. Die systemimmanente Schwäche im Hamburger Modell besteht darin, daß die Gemeinde auf die integrative Hilfe der ihr zugeordneten Kultusverbände verwiesen ist, die ihrerseits diese Hilfe nur über den Weg der religiösen Bindung vermitteln können, wenn sie dies überhaupt wollen.

Wählt man als Stichjahr 1925, so stehen in der jüdischen Gemeinde 3782 rein jüdischen Ehen 984 Mischehen in dem gekennzeichneten Sinne gegenüber.[97] Das stellt einen Prozentsatz von 20,6 dar. Hiervon sind allein 595 Mischehen, in denen der Mann Jude ist. Der satzungsrechtlich relevante Anteil der Mischehe beträgt danach nur 8,2 % aller Ehen, in denen zumindest ein Ehepartner Jude ist. Diese Berechnung täuscht jedoch über die tatsächlich eingetretene Entwicklung, die der Gemeinde in der Tat Anlaß zur Besorgnis geben mußte. Die Rekonstruktion der verfügbaren Daten ergibt folgendes Bild:[98]

Eheschließungen zwischen Juden und Nicht-Juden

Jahr	Zahl aller Ehen, an denen ein Jude beteiligt	rein jüdische Ehen	Mischehen jüd. Mann	Mischehen jüd. Frau	Mischehen in insgesamt %	Prozentsatz satzungsrechtlich %	Trauungen religiöser Ritus
1919-1924					24.50		
1925	215	120	56	39	44.19	18.14	84
1926	164	86	38	40	47.56	24.39	62
1927	182	98	55	29	46.15	15.93	59
1928	179	89	58	32	50.28	17.88	51
1929	151	71	52	28	52.98	18.54	45
1930	190	89	63	38	53.16	20.00	57
1931	153	67	51	35	56.21	22.88	50
1932	150	75	46	29	50.00	19.33	48
1933	163	70	67	26	57.06	15.95	50
1934	128	77	29	12	32.03	9.38	—
insges.	1.675	842	505	308	49.73	18.39	506

97 Vgl. Nachweis bei H. Philippsthal, Die Konfession im Rahmen der Hamburger Statistik (Kap. 1/Dok. 11).

98 Die Angaben sind zusammengestellt nach den Statistischen Jahrbüchern für die FHH, 1925 S. 33; 1926/27, S. 33; 1928/29 S. 28 f.; 1929/30 S. 38 f.; 1930/31 S. 21 ff.; 1931/32 S. 14; 1932/33 S. 14; 1933/34 S. 14; 1934/35 S. 22. Ergänzende Zahlen nach R. E. May, Die Entwicklung der jüdischen Mischehe und ihre Wirkung auf die jüdische Gemeinde, (Kap. 1/Dok. 15); vgl. auch B. Z. Ophir, Zur Geschichte der Hamburger Juden, S. 89.

Das Datenmaterial ist in mehrfacher Hinsicht aufschlußreich: Die Zahl der Mischehen erreicht seit Mitte der 20er Jahre durchgehend 50 % aller Ehen, an denen ein jüdischer Partner beteiligt ist. Fragt man allerdings, wie viele Juden, die in dem angegebenen Zeitraum heiraten, einen nichtjüdischen Partner wählen, dann sind dies dagegen nur etwa 1/3. Die Daten erlauben auch die Aussage, daß die Mischehe tendenziell von jenen Juden eingegangen wird, die einem Kultusverband nicht angehören. Erfaßt man nur die Zeit bis 1933, so läßt sich nämlich festhalten, daß von insgesamt 765 rein jüdischen Eheschließungen 506 in religiöser Form vorgenommen wurden, also recht genau 2/3. Dem stehen für denselben Zeitraum 772 Mischehen gegenüber. Es stellt ein verhältnismäßig einfaches Rechenexempel dar, wann bei einer jährlichen Mischehenquote von 50 % und gleichbleibender Geburtenrate die Gemeinde und die ihr zugeordneten Kultusverbände nicht mehr über genügend Angehörige verfügen würden, um ein Mindestmaß an «heiratsfähiger» Gruppenstruktur zur Gründung rein jüdischer Ehen aufweisen zu können. Da nur die Mischehe, welche eine Jüdin eingeht, zum Verlust der Gemeindeangehörigkeit führt, konnte sich die Gemeinde angesichts des deutlich geringeren Prozentsatzes von durchschnittlich 18,39 in ihrer satzungsrechtlichen Politik der Prävention sogar bestätigt fühlen. Dem Verhalten der Männer konnte sie demgegenüber vermutlich wenig entgegensetzen.

Die Statistik weist also nach, daß die Männer eher als die Frauen eine Mischehe eingehen. Damit verschärft sich für die heiratswillige Jüdin das Problem, innerhalb der Gemeinde einen Partner zu finden. Andere Daten deuten als Ergebnis außerdem an, daß die Zahl der ledigen Jüdinnen prozentual leicht steigt. Gelingt es dagegen, die Mischehe, die der jüdische Mann eingeht, in die Gemeinde zu integrieren, dann ist die Gefahr für den Fortbestand der jüdischen Gemeinschaft deutlich gemindert. Das statistische Material erlaubt hierzu nur begrenzte Rückschlüsse. Ersichtlich veranlaßt die Mischehe den jüdischen Mann nicht, aus der Gemeinde auszutreten. Das zeigen die noch zu erörternden Austrittszahlen. Mit der gebotenen Vorsicht vor Verallgemeinerungen läßt dies darauf schließen, daß die nicht-jüdische Ehefrau den gesellschaftlichen Status der Ehe nicht bestimmend beeinflußt, sondern eher passiv teilt. Sie ist gleichwohl nicht in der jüdischen Tradition aufgewachsen und wird daher selbst bei angenommener Absicht nur bedingt in der Lage sein, ihre Kinder in diesem Sinne zu erziehen. Ob die Religionsschulen der Kultusverbände hierfür hinreichend Ersatz bieten können, mag zweifelhaft sein. Jedenfalls wird das Bemühen der liberalen Juden verständlich, jüdische Erziehung auch institutionell zu stützen und sich für einen Religionsunterricht in staatlichen Schulen einzusetzen.

Soziale Zuordnung. Die vorhandenen Quellen lassen nicht näher erkennen, welche soziale Schichtung in der Mischehe dominant ist. Baruch Z. Ophir berichtet hierzu, es habe sich zumeist um Ehepartner gehandelt, die sich politisch von der Mitte bis nach links orientierten, nur in seltenen Fällen hätten die Ehepartner den oberen Mittelschichten angehört.[99] Eine konfessionelle Bindung sei in Arbeiterkreisen weniger ausgeprägt gewesen. Daß die religiöse Bindung sowohl des jüdischen als auch des nicht-jüdischen Ehepartners bedeutsam ist, wird man nicht bezweifeln können. Interessant dürfte sein, daß sich die Geburtenrate der Mischehe anders als in der rein jüdischen Ehe darstellt. Die statistischen Daten erlauben hierfür eine Berechnung der durchschnittlichen Kinderzahl, wobei in grober Vereinfachung die Zahl der jährlich geschlossenen Ehen den in dem jeweiligen Jahr erfolgten Geburten gegenübergestellt wird. Geht man in dieser Weise vor, so zeigt sich:

Zahl der Kinder je Ehe / Mischehe (vereinfacht)

Jahr	rein jüdische Ehe	Mischehe mit jüdischer Mutter	Mischehe mit christlicher Mutter	Gesamt bevölkerung
1910	2,19	0,65	1,15	2,70
1911	1,80	1,03	1,19	2,51
1912	2,05	0,96	1,25	2,42
1913	2,45	1,19	1,07	2,50
1914	2,41	1,00	0,94	2,09
1915	4,86	1,48	1,16	2,48
1916	2,67	0,80	1,32	2,17
1917	2,64	0,79	0,63	1,71
1918	1,60	0,41	1,26	1,43
1919	0,80	0,70	0,54	1,13
1920	1,07	0,91	0,47	1,33
1921	1,62	1,05	0,68	1,42
1922	1,49	0,56	0,44	1,17
1923	1,66	0,41	0,52	1,17
insgesamt	1,66	0,82	0,79	1,75

Die durchschnittliche Geburtenrate der rein jüdischen Ehe ist doppelt so hoch wie die der Mischehe. Die Zahlen ergeben zugleich eine Kinderlosigkeit jüdisch-christlicher Mischehen von zumindest etwa 30 %.[100]

99 Vgl. B. Z. Ophir, Zur Geschichte der Hamburger Juden, S. 91.
100 Ähnliche Werte in: Jüdisches Lexikon, Bd. IV/1, Sp. 220.

Da im allgemeinen die Geburtenrate mit dem höheren sozialen Status sinkt, spricht dies gegen die Annahme, die Mischehe finde ein Schwergewicht in der Schicht der Arbeiterschaft. Angesichts des geringen Anteils der Juden, die als Arbeiter tätig sind, ist die Plausibilität der Annahme auch insoweit zu bezweifeln.[101] Die Berufsstatistik weist nämlich für das Jahr 1929/30 lediglich einen Arbeiteranteil von allen jüdischen männlichen Erwerbstätigen von 6,3 % aus.[102] Man wird daher nach anderen Zusammenhängen zu suchen haben. Gerade die geringere Geburtenrate deutet nachdrücklich auf stärker individuelle Verhaltensweisen beider Ehepartner hin, ebenfalls eher ein Kennzeichnen höheren sozialen Status. Die Zunahme der Mischehe dürfte letztlich auf eine geänderte Einstellung der nicht-jüdischen Frau zurückzuführen sein, die sich eher bereit findet, eine Mischehe einzugehen. Dies läßt sich belegen, wenn man die jüdische Mischehe in ihrer inter-konfessionellen Zusammensetzung analysiert:[103]

Inter-konfessionelle Zusammensetzung der Mischehe

Jüdischer Mann/		Frau		(jeweils in %)			Mann	
Jüdische Frau heiratet	jüd.	ev.	kath.	sonst.	jüd.	ev.	kath.	sonst.
1919-1924	70,8	24,2	2,7	2,3	79,6	15,3	2,1	3,0
1925	68,18	24,43	2,84	4,55	75,47	16,35	3,15	5,03
1926	69,17	27,50	1,67	1,67	—	—	—	—
1927	64,06	31,37	1,96	2,61	77,16	17,32	3,15	2,37
1928	60,55	29,25	6,12	4,08	73,55	17,36	1,65	7,44
1929	57,72	35,77	4,88	1,63	71,72	18,18	3,03	7,07
1930	58,55	33,55	3,95	3,95	70,09	20,47	2,36	7,09
1931	56,78	35,59	4,24	3,39	65,69	25,49	1,96	6,86
1932	61,98	31,40	1,65	4,96	72,12	16,35	3,85	7,69
1933	—	—	—	—	—	—	—	—

Diese zunehmende Entkonfessionalisierung auch der christlichen Tradition läßt sich an dem Rückgang der kirchlichen Eheschließungen eindrucksvoll nachweisen. Während um 1900 noch 87,4 % evangelisch-lutherische Eheleute auch kirchlich getraut werden, beträgt diese Zahl beispielsweise 1928 nur noch 54,1 %.[104] Diese Entkonfessionalisierung dürfte eine wichtige Voraussetzung für die großstädtische Mischehe sein. Das Verhältnis zur nicht-jüdischen Umwelt ist also nicht mehr nur das

101 Vgl. auch R. E. May, Betrachtungen zur sozialen und Berufsgliederung der jüdischen Bevölkerung Hamburgs (Kap. 1/Dok. 9).

102 Vgl. Kap. 1/Dok. 13 sowie Statistisches Jahrbuch für die FHH, 1929/30, S. 28 f.

103 Zusammengestellt und errechnet nach den Statistischen Jahrbüchern für die FHH, 1925, S. 33; 1926/27, S. 33; 1928/29 S. 28 f.; 1929/30 S. 38 f.; 1930/31 S. 21f f.; 1931/32 S. 14; 1932/33 S. 14.

104 Vgl. Statistisches Jahrbuch für die FHH, 1928/1929, S. 399.

einer konfessionellen Konfrontation. Bedeutsamer wird vielmehr das gemeinsame deutsche Kulturbewußtsein, so daß für den nicht-jüdischen Ehepartner die Akkulturation seines jüdischen Partners keine grundsätzliche Fragestellung nur der religiösen Zuordnung ist.

2.2 Austritt. Der Austritt aus der jüdischen Gemeinde ist der rechtlich strikte Weg bewußter Aufgabe jüdischer Tradition. Das Hamburger System bietet im allgemeinen keinen Grund, aus religiösen Motiven die Gemeinde zu verlassen. Niemand wird als Gemeindeangehöriger zu religiösem Verhalten gezwungen.

Rechtsgrundlagen. Seit dem Gesetz vom 7. 11. 1864 ist ein Austritt jederzeit möglich.[105] Die Gemeindeverfassungen von 1908 und von 1924 anerkennen dies in Übereinstimmung mit dem Austrittsgesetz vom 12. 12. 1888. Rechtliche Erschwernisse bestehen nicht. Allerdings ist umstritten, inwieweit zwischen der Gemeindeangehörigkeit und der Zugehörigkeit zum Judentum ein Junktim besteht. Die Gemeinde vertritt hierzu zunächst sehr bestimmt die Auffassung, daß der Austritt nicht gleichbedeutend mit der Aufgabe des jüdischen Glaubens sei.[106] In ihrer Reform der Verfassung erweitert die Gemeinde 1924 die Regelung über den Verlust der Gemeindeangehörigkeit um den Fall des Austritts aus dem Judentum.[107] Wie dieser sich innerhalb Hamburgs überhaupt vollziehen kann, bleibt unklar.

Insbesondere die sozialdemokratische Politik dringt darauf, in Hamburg den Austritt in seinem formalen Verfahren möglichst zu erleichtern. Hier war vor dem Ersten Weltkrieg der Austritt vor der Aufsichtsbehörde für die Standesämter förmlich zu erklären.[108] Nach einer Verordnung des hamburgischen Arbeiter- und Soldatenrates vom 24. 12. 1918 soll die mündliche Erklärung gegenüber dem Standesbeamten genügen, die schriftliche Austrittserklärung zulässig sein. Die Verordnung wird im Zuge der politischen Entwicklung in Hamburg jedoch nicht vollzogen, so daß man sich zu Beginn des Jahres 1919 in der Bürgerschaft um eine gesetzliche Regelung bemüht. Mit Gesetz, betreffend den Austritt aus einer staatlich anerkannten religiösen Gemeinschaft vom 15. 12. 1919 wird bestätigt, daß die Austrittserklärung nicht gegenüber der Religionsgemeinschaft, sondern zur Niederschrift des Standesbeamten mündlich abzugeben ist.[109] Das Austrittsalter wird auf das vollendete 14. Lebensjahr

105 Vgl. Kap. 2/Dok. 1.
106 Vgl. Kap. 9/Dok. 1, 3 und 5.
107 Vgl. § 3 Satz 1 lit. d) in Kap. 2/Dok. 26.
108 Vgl. § 2 des sog. Austrittsgesetzes abgedr. bei A. Wulff, Hamburgische Gesetze und Verordnungen, 2. Aufl., Bd.3, S. 495.
109 Vgl. Kap. 9/Dok. 2 Anm. 11; siehe auch A. Wulff, Hamburgische Gesetze und Verordnungen, 3. Aufl., Bd. 4, S. 655 f.

festgelegt, was der späteren reichsgesetzlichen Regelung des Gesetzes über die religiöse Kindererziehung vom 15. 7. 1921 entspricht.

Statistik. Die Zahl der aus der Gemeinde Austretenden ist bemerkenswert gering, und zwar sowohl im Hinblick auf die Gesamtzahl der Gemeindeangehörigen als auch im Vergleich zur evangelisch-lutherischen Kirche (1928: 1,14 %). Die Gemeinde dokumentiert die Zahl der Ausgetretenen wie folgt:[110]

Zahl der Gemeindeaustritte

Jahr	Zahl der steuerpfl. Gemeinde-mitglieder	Zahl der aus der Gemeinde austretenden Personen	prozentualer Anteil
1914	4163	..	..
1915	4227	..	..
1916	4380	..	..
1917	4424	..	..
1918	4996	14	0,28
1919	4996	61	1,22
1920	5541	45	0,81
1921	6306	23	0,36
1922	6935	15	0,22
1923	6935	13	0,19
1924	8902	17	0,19
1925	9489	20	0,21
1926	9747	40	0,41
1927	10 000	28	0,28
1928	10 000	34	0,34
1929	10 000	45	0,45
1930	10 000	12	0,12
1931	10 000	81	0,81
1932	10 000	97	0,97
1933	6300	87	1,38
1918–1932		545:15 =	36,33

Der berechnete prozentuale Anteil hat als Vergleichsbasis die Zahl der gemeindesteuerpflichtigen Gemeindemitglieder. Wählt man dagegen die höhere Zahl der Gemeindeangehörigen, vermindert sich die Austritts-

110 Vgl. Nachweise im Statistischen Jahrbuch für die FHH, 1928/29, S. 406; 1929/30, S. 426; 1930/31, S. 421; 1931/32, S. 245; 1932/33 S. 237; 1933/34 S. 250. Die Daten der Jahrbücher stimmen nicht überein. Es wurden jeweils die höheren Austrittszahlen zugrunde gelegt.

quote. Allerdings sind die von der Gemeinde dem Statistischen Landesamt zur Verfügung gestellten Daten insoweit nicht eindeutig, als unklar bleibt, ob sich der Austritt auf die Mitgliedschaft oder auf die Gemeindeangehörigkeit bezieht. Es dürfte wohl zunächst der Praxis entsprochen haben, daß die Erklärung des Austritts zugleich für die Ehefrau und für die minderjährigen Kinder galt.[111] Nach dem Austrittsgesetz vom 15. 12. 1919 muß demgegenüber die Austrittserklärung ausdrücklich für jede Person gesondert abgegeben werden, was erst 1924 in die Gemeindestatuten aufgenommen wird. Insoweit enthält die obige Zusammenstellung der Austrittszahlen nicht aufklärbare Unschärfen. Die für das Jahr 1919 deutlich erhöhte Austrittszahl entspricht übrigens einer vergleichbaren Reaktion bei den anderen Religionsgemeinschaften. Betrachtet man die Zeit von 1918 bis 1930, so treten im Jahresdurchschnitt lediglich 28 Personen aus der Gemeinde förmlich aus.

2.3 Beweggründe. Die vorhandenen Quellen weisen Beweggründe, die Gemeinde durch Austritt zu verlassen, nur selten auf. Die seit 1924 genauere Erfassung der gemeindlichen Beitragspflicht mag ein Motiv sein, sich der Beitragslast durch Austritt zu entziehen. Umgekehrt wird die gemeindliche Pflicht, für einen Begräbnisplatz zu sorgen, für manchen bestimmend gewesen sein, nicht auszutreten. Das läßt sich an dem Bemühen einiger Austretender erkennen, diese Berechtigung durch finanzielle Zuwendungen möglichst aufrechtzuerhalten.[112] Daß die Gemeinde aufgrund des Vertrages vom 19. 6./26. 7. 1882 ohnehin verpflichtet ist, jeden in Hamburg verstorbenen Juden auf dem jüdischen Teil des Zentralfriedhofs Ohlsdorf bestatten zu lassen, scheint zumeist wenig bekannt zu sein.[113]

Die seit 1930 steigenden Austrittszahlen lassen sich nur eingeschränkt auf eine verstärkte assimilatorische Tendenz zurückführen. Ohne Frage bewirkt der zunehmende Antisemitismus, daß sich etwa der in einer Mischehe lebende jüdische Partner bewußter Gedanken über seinen Verbleib in der Gemeinde macht, als er dies vielleicht früher getan hatte. Das mag ihn auch zu dem Entschluß geführt haben, aus der Gemeinde auszutreten. Die erreichbaren Quellen können dies nicht näher belegen, bestätigen nur den durch den politischen Antisemitismus ebenfalls ausgelösten Solidarisierungseffekt.[114] Die Gemeinde erlebt vielmehr um die Jahreswende 1930/1931 eine Austrittsbewegung von Teilen der Orthodoxie. Damit sollte gegen gemeindliche Politik demonstriert werden, wie sie sich nach Meinung der Orthodoxie in der Regelung des Frauenwahl-

111 Vgl. die Verfassungsberatungen von 1921, Kap. 2/Dok. 15.
112 Vgl. Kap. 9/Dok. 11.
113 Vgl. Kap. 8/Dok. 2.
114 Vgl. das Eintrittsschreiben in Kap. 9/Dok. 15.

rechtes und in der finanziellen Förderung des Tempelneubaus beispielhaft ausdrückte. Man wirft den Gemeindeorganen vor, die traditionelle Trennung von Kultus und Gemeinde und damit die Balance innerhalb des Hamburger Systems nachhaltig mißachtet zu haben.[115] Durchaus prominente Funktionsträger des Synagogenverbandes verlassen die Gemeinde. Aus diesem Grunde darf jedenfalls die für das Jahr 1931 angegebene Austrittszahl nicht nur im Sinne assimilatorischer Beweggründe verstanden werden. Die im Jahr 1933 erklärten Austritte sind Resultat der politischen Konfrontation. Ob sie lediglich die formale Folgerung der durch eine Mischehe bereits eingeleiteten Assimilation sind, läßt sich auf der Grundlage des derzeitigen Quellenstandes nur vermuten.

V.
SOZIALE GEBUNDENHEITEN.

1. Innerstädtische Siedlungsstrukturen. Die jüdische Bevölkerung siedelt im hamburgischen Stadtgebiet nicht diffus, sondern durchaus konzentriert, ohne ein Ghetto auszubilden.[116] Noch in der ersten Hälfte des 19. Jahrhunderts wohnt der ganz überwiegende Teil der jüdischen Bevölkerung im inneren Stadtgebiet der Altstadt und der Neustadt Hamburgs, aber auch in den Vorstädten St. Georg und St. Pauli. Die innerstädtische Siedlungsweise wird wesentlich durch die auf Handel ausgerichtete Berufstätigkeit bestimmt. Zudem ist es den Juden untersagt, Grundeigentum zu erwerben, so daß sie auf die ihnen angebotenen und zunächst behördlich regulierten Mietverhältnisse für Wohnung und Geschäftsraum angewiesen sind. Eine Änderung ist zwar im Zuge der Emanzipationsgesetzgebung, die seit 1842 den Erwerb von Grundeigentum erlaubt, möglich, hiervon wird jedoch auch vom wohlhabenden Teil der Hamburger Juden zunächst wenig Gebrauch gemacht.[117] Eine jüdische Siedlungsdichte links der Alster entsteht zu keinem Zeitpunkt, obwohl die Grundstückspreise hier deutlich geringer als im Westen der Stadt sind. Im Jahre 1871 wohnen etwa 3/4 aller Hamburger Juden in der Altstadt oder in der Neustadt, während dies 1925 nur noch 7 % sind. Innerhalb zweier Generationen ändert sich die innerstädtische Siedlungsstruktur bei nahezu konstanter Zahl vollkommen. Die Hamburger Juden werden von einer innerstädtischen Wanderungsbewegung erfaßt.

115 Vgl. das Austrittsschreiben vom 30. 10. 1930 (Kap. 9/Dok. 17) und das Austrittsschreiben vom 25.11.1930 (Kap. 9/Dok. 18).

116 Vgl. zum folgenden Ina S. Lorenz, «Ahasver geht nach Eppendorf» – Zur Stadtteilkonzentration der Hamburger Juden im 19. und 20. Jahrhundert, in: Informationen zur modernen Stadtgeschichte, 1987, H.1, S. 23–29.

117 Vgl. Rath- und Bürgerbeschluß vom 1. Dezember 1842, nachgewiesen bei M. M. Haarbleicher, Aus der Geschichte der Deutsch-Israelitischen Gemeinde, 2. Aufl., S. 148.

Mit dem Beginn des letzten Drittels des 19. Jahrhunderts verlagert sich die jüdische Wohnbevölkerung zuerst in die neuen Stadtviertel Rotherbaum, Harvestehude und Eimsbüttel. Diese Wanderungsbewegung entspricht in ihrer Tendenz dem Verhalten der Gesamtbevölkerung, für die allerdings durch einen überproportionalen außerstädtischen Zuzugsgewinn die stärkere Notwendigkeit besteht, neue Wohngebiete zu begründen. Um 1900 leben in den vier Stadtteilen Innere Stadt, St. Pauli, Rotherbaum und Harvestehude bereits 83,6 % aller Hamburger Juden.[118] In den beiden letztgenannten Stadtteilen wächst der jüdische Bevölkerungsanteil an der dortigen Gesamtbevölkerung innerhalb nur einer Generation auf 17,87 % und auf 13,93 %. Das heißt, daß um die Jahrhundertwende im Stadtteil Rotherbaum nahezu jeder fünfte Bewohner Jude ist.

In der Zeit bis 1925 verändert sich die örtliche Verteilung nochmals, wenngleich nicht mehr mit so deutlicher Tendenz wie in der Generation zuvor. Die Zahl der Juden in der inneren Stadt und im Stadtgebiet von St. Pauli verringert sich erneut. Im Gebiet von Harvestehude wächst nochmals der Anteil der jüdischen Bevölkerung, jedoch nur geringfügig. Auch im Stadtteil Rotherbaum leben nach wie vor sehr viele Juden. Verändert haben sich die Wohnverhältnisse im Stadtteil Eppendorf, in dem nunmehr 15,4 % aller Hamburger Juden wohnen. Damit hat erneut eine Verschiebung der von den Juden bevorzugten Wohngebiete stattgefunden. Wählt man als Bezugsebene nur das Gebiet der Stadt (ohne die ländlichen Gebiete des Stadtstaates Hamburg), dann leben in den obengenannten drei Stadtteilen Rotherbaum, Harvestehude und Eppendorf 13,64 % der städtischen Wohnbevölkerung, dagegen 70,17 % aller in der Stadt wohnenden Juden. Die letztgenannte Zahl erhöht sich auf 77,67 %, wenn man das angrenzende Gebiet von Eimsbüttel hinzurechnet. In den Stadtteilen von Rotherbaum und Harvestehude bilden die Juden auch absolut im Verhältnis zur nicht-jüdischen Bevölkerung einen erheblichen Anteil. Die folgende Zusammenstellung verdeutlicht dies.[119]

Jüdische Bevölkerung nach Stadtteilen (1925)

Stadtteil	Prozentsatz aller Juden	Prozentsatz der Juden an der Gesamtbevölkerung	nur städtische Wohnbevölkerung in % Juden	nur städtische Wohnbevölkerung in % Gesamtbevölkerung
Rotherbaum	24,0	15,23	26,75	2,91
Harvestehude	23,6	15,89	26,31	2,74
Eppendorf	15,4	3,54	17,11	7,99
Zwischensumme	63,0	8,51	70,17	13,64
Innere Stadt	7,3	1,72	8,17	7,87
Eimsbüttel	6,7	1,03	7,50	12,06
Rest (Staat/Stadt)	23,0	0,35	14,16	65,89

Man sieht anhand dieser Zahlen deutlich, wie sehr sich die Hamburger Juden auf das Gebiet von Rotherbaum und Harvestehude konzentrieren. Der Stadtteil Eppendorf wird eher von jüngeren jüdischen Familien bevorzugt. Das läßt sich aus dem relativ höheren Anteil der Kinder unter 14 Jahren bei gleichzeitigem absoluten Zuzugsgewinn ableiten.[120] Eine der wesentlichen Ursachen für diese um die Jahrhundertwende beginnende zweite jüdische Binnenwanderung, die sich teilweise mit der ersten, noch nicht abgeschlossenen überlagert, dürfte in dem billigerem Mietzinsniveau in den Stadtteilen Eppendorf und Eimsbüttel liegen, das es gerade für jüngere Familien leichter macht, einen Haushalt zu gründen. Beispielsweise beträgt im Jahr 1927 die durchschnittliche Bewohnerzahl (Bevölkerungsdichte) je bebautem Grundstück in Eimsbüttel 49,8 %, in Eppendorf 39,5 %, dagegen in Harvestehude nur 17,6 % und in Rotherbaum nur 29,5 %.[121] Zugleich erhöht sich von 1900 bis 1925 im Stadtteil Eppendorf die Zahl der Haushalte um das nahezu Vierfache, während sie in dieser Zeit in den Stadtteilen Harvestehude und Rotherbaum nicht einmal das Doppelte erreicht. Betrachtet man außerdem die Steuerquote je Einwohner, dann wohnen in den Stadtteilen Rotherbaum und Harvestehude die wohlhabenden Bürger Hamburgs, so daß die Hamburger Juden überdurchschnittlich zahlreich in den reichen Stadtvierteln und unterdurchschnittlich wenig in den armen Stadtviertel leben. Das sind zwar naturgemäß Vereinfachungen, da über die konkrete Steuerquote der jüdischen Bevölkerung in ihrer lokalen Zusammensetzung kaum etwas bekannt ist. Immerhin läßt sich nicht sagen, daß die Hamburger Juden überwiegend in «ärmeren» Stadtteilen leben. Ihre tatsächliche Siedlungsstruktur verrät also auch äußerlich den Anspruch, zur Mittelstufe der hamburgischen Gesamtbevölkerung gerechnet zu werden.

Der Bereich des religiös-kulturellen Lebens zentriert sich ebenfalls seit der Jahrhundertwende auf den Stadtteil Rotherbaum mit Teilen von Harvestehude und hier vor allem auf das Straßengebiet Grindelallee, Grindelhof, Rappstraße, Dillstraße, Durchschnitt, Rentzelstraße, Rutschbahn, Bundesstraße, Bornstraße, Heinrich-Barth-Straße, Rothenbaumchaussee, Hallerstraße, Hartungstraße, Hochallee, Brahmsallee. Es läßt sich abschätzen, daß in diesem Bereich um 1900 bereits etwa 40 % aller im städtischen Teil der Stadt lebenden Juden wohnen, so daß der für dieses Gebiet häufig verwandte Ausdruck «Klein-Jerusalem»

118 Vgl. R. E. May, Der Auszug der Juden aus der inneren Stadt Hamburg (Kap. 1/Dok. 8).
119 Errechnet nach dem Statistischen Jahrbuch für die FHH, 1925, S. 362.
120 Vgl. die Zusammenstellung bei E. R. May, Der Auszug der Juden aus der inneren Stadt Hamburg (Kap. 1/Dok. 8).
121 Vgl. Statistisches Jahrbuch für die FHH, 1927/28, S. 11.

zunehmend seine innere Berechtigung erfährt. Diese Verlagerung jüdischer Wohnbereiche hat naturgemäß Konsequenzen für die Frage, ob die im 19. Jahrhundert gebauten Synagogen noch zeitgemäß ihre Funktion erfüllen können, wenn ein erheblicher Anteil der gläubigen Juden inzwischen in anderen Stadtteilen lebt. Die Gemeinde hatte 1859 ihre erste repräsentative Hauptsynagoge an den Kohlhöfen in der Neustadt errichtet.[122] Zuvor hatte der Tempelverein 1844 in der Poolstraße und damit ebenfalls in der Neustadt eine neue Synagoge eingeweiht.[123] Die Lokalisierung dieser und anderer kleinerer Synagogen entsprechen gegen Ende des 19. Jahrhunderts immer weniger dem tatsächlichen Siedlungsbereich der Hamburger Juden, so daß die Idee des sich in dieser Zeit bildenden dritten Kultusverbandes – der Neuen Dammtor-Synagoge – eine Synagoge «vor dem Dammtor» und damit in den neuen Wohnbereichen Rotherbaum und Harvestehude zu errichten, in der jüdischen Gemeinde lebhafte Erörterungen auslöst. Der Name des neuen Verbandes steht gleichsam für das Problem und für das Programm. Als im Jahre 1895 der neue, von der Gemeinde förmlich noch nicht anerkannte Kultusverband seine Synagoge in der Beneckestraße einweihen kann, ist dies fast symbolhaft für die eingetretenen Veränderungen.

Die Gemeinde zieht alsbald die Folgerungen aus der Verlagerung jüdischer Wohngebiete, indem sie 1902 von der Finanzdeputation der Stadt ein Gelände am Bornplatz für den Bau einer Synagoge erwirbt.[124] Die 1906 eingeweihte Synagoge ist die erste ihrer Art in Hamburg, die sichtbar auf freiem Platz errichtet wird und damit jüdisches Selbstbewußtsein im Sinne architektonischer Umsetzung ausdrückt. Das Bauvolumen ist mit insgesamt 1300 Sitzplätzen und einer Tagessynagoge von weiteren 120 Plätzen beeindruckend. Ein Gebäude für das Oberrabbinat des Synagogenverbandes schließt sich an. Als 1910/1911 neben der Bornplatz-Synagoge die Talmud Tora-Schule gebaut wird, ist damit am Grindelhof und Bornplatz ein neues Zentrum jüdischen Lebens entstanden, das seinerseits verstärkt den weiteren Zuzug der Hamburger Juden nach sich zieht. Das gilt vor allem für die Hamburger Juden orthodoxer Richtung, während die der liberalen oder mit religiös-indifferenter Lebensweise eher die Wohngebiete in Harvestehude und Eppendorf zu bevorzugen scheinen. Jedenfalls befinden sich in einem Verzeichnis der koscheren

122 Vgl. I. Stein, Jüdische Baudenkmäler, S. 51 ff.

123 Vgl. hierzu das Senatsdekret vom 27.2.1843, das dem Tempel-Verein die Erlaubnis zum Grundstückserwerb in Abweichung vom Judenreglement von 1710 erteilte, siehe M. M. Haarbleicher, Aus der Geschichte der Deutsch-Israelitischen Gemeinde, 2. Aufl., S. 405; Alfred Bertram, Die Kulturverbände [!] der Deutsch-Israelitischen Gemeinde in Hamburg, in: Hanseatische Rechts-Zeitschrift, 1922, Sp. 331 ff.

124 Vgl. I. Stein, Jüdische Baudenkmäler, S. 76 ff.

Fleisch- und Geflügelhandlungen, die unter der Aufsicht des Oberrabbinats stehen, nahezu alle Geschäfte nur innerhalb des oben gekennzeichneten «engeren» Gebietes.[125] Der liberale Tempelverband kann erst 1931 einen neuen Tempel in der Oberstraße einweihen, also bezeichnenderweise außerhalb des engeren Gebietes des Rotherbaums und an der Peripherie des «jüdischen Kerngebietes», wenngleich man ursprünglich als Standort die Hallerstraße vorgesehen hatte.[126]

Von manchen wird die Konzentration jüdischer Wohnbereiche als ein «freiwilliges Ghetto Rotherbaum» empfunden, wie dies R. E. May 1928 in einer statistischen Untersuchung ausdrückt.[127] Das gibt eher den Befund an, erklärt indes kaum die näheren Ursachen für dieses sichtbare Verhalten der Zusammengehörigkeit. Vor allem das kleinere Gewerbe und der kleinere Handel zentrieren sich in diesem Gebiet, so daß für einige Bereiche die Situation einer jüdischen Binnenversorgung entsteht. Daß eine derartige Dichte jüdischen Lebens der Gefahr der Assimilierung entgegenwirkt, liegt auf der Hand.

2. Berufliche und wirtschaftliche Entwicklung. Eine für das Jahr 1907 geführte konfessionelle Berufsstatistik zeigt, daß der selbständige Mittelstand in Handel und Industrie die ökonomische Grundlage der Hamburger Juden darstellt.[128] Vereinfacht man die statistischen Daten etwas, so läßt sich dies auch für die Zeit der Weimarer Republik in entsprechender Weise gut belegen. Die Hamburger Juden bevorzugen eindeutig den Handel, hierbei den Geschäftsbereich des Waren- und Produktenhandels einschließlich des selbständigen Handwerks, des Geld- und Kredithandels, die Handelsvermittlung und die kommissionäre Tätigkeit. Dagegen bleibt der Verkehrsbereich nahezu unberührt. Der engere Bereich des Hafens nebst See- und Küstenschiffahrt, Binnenschiffahrt oder Reederei und Schiffsbefrachtung findet nicht das Interesse jüdischer Berufswahl. In Bezug auf die Hamburger Gesamtwirtschaft zentriert sich gleichwohl die Erwerbstätigkeit der Juden auf den Bereich, der für Hamburgs Stellung im Verhältnis zur gesamten Volkswirtschaft typisch ist, denn das Bruttosozialprodukt der Stadt wird zu einem wesentlichen Teil im Bereich von Handel und Verkehr erwirtschaftet.

125 Vgl. Jahrbuch für die jüdischen Gemeinden Schleswig-Holsteins und der Hansestädte, 1929/1930, S. XV.

126 Vgl. I. Stein, Jüdische Baudenkmäler, S. 97 f.; H. Hammer-Schenk, Synagogen in Deutschland, S. 534 f.; S. Urias, Zur Geschichte des Tempel-Neubaus, in: Festschrift zum 120jährigen Bestehen des Israelitischen Tempels in Hamburg 1817 bis 1937, S. 34 ff.

127 Vgl. R. E. May, Der Auszug der Juden aus der inneren Stadt Hamburg (Kap. 1/Dok.8).

128 Vgl. Kap. 20/Dok. 1; vgl. auch H. Krohn, Die Juden in Hamburg, S. 71 ff.

Auch wenn die Hamburger Juden im Handel eine Sonderstellung dadurch einnehmen, daß mehr als die Hälfte aller jüdischen Erwerbstätigen in diesem Bereich tätig ist, so erlaubt dies nicht ohne weiteres die Annahme einer dominierenden Rolle. Für eine Monopolisierung ist der absolute Anteil zu gering, wie eine Zusammenstellung jüdischer Erwerbstätigkeit verdeutlicht:[129]

Erwerbstätigkeit in ausgewählten Bereichen

(in Prozentsätzen)

Jahr	Industrie		Handel/Verkehr		Beamte/freie Berufe	
	Juden	Gesamtbevölkerung	Juden	Gesamtbevölkerung	Juden	Gesamtbevölkerung
1895	17,25	1,24	55,48	4,38	7,48	2,84
1907	17,33	1,07	53,93	3,42	7,62	2,57
1925	11,70	0,64	60,12	2,47	5,47	1,60

Bei aller Unschärfe derartiger Erhebungen im einzelnen, läßt sich deutlich ein Schwerpunkt der jüdischen Erwerbstätigkeit im Handel erkennen. Denn selbst im Bereich der Industrie erreicht der Anteil jüdischer Erwerbstätiger nicht einmal die Hälfte des Bevölkerungsdurchschnitts von etwa 30 % (1925). Der Anteil der Juden im Bereich der freien Berufe ist verhältnismäßig hoch. Beamte hat es unter den Juden kaum gegeben. Eine nähere Analyse ermöglichen die vorhandenen Statistiken hierzu allerdings nicht. Man hat ferner zu berücksichtigen, daß die relative Abnahme gegenüber der Gesamtbevölkerung auf die Stagnation der jüdischen Bevölkerung und auf deren zunehmende Überalterung zurückzuführen ist. Denn innerhalb der Hamburger Juden steigt zur gleichen Zeit der Anteil derjenigen, die von Pension, Renten oder Vermögen leben, von 12,40 % (1895) über 13,94 % (1907) auf 16,10 % (1925). Ob dies auch auf eine gewisse Schicht wohlhabender Juden hinweist, die privatisierend von ihrem Vermögen leben, erscheint zweifelhaft.[130]

Die Zuordnung zu einzelnen Berufsfeldern sagt noch nicht abschließend darüber etwas aus, ob in selbständiger oder in abhängiger Stellung gearbeitet wird. Die Tätigkeit der Hamburger Juden besitzt einen unbezweifelbaren Hang zur beruflichen Selbständigkeit, so daß man von einem geradezu typischen Verhalten dieses Bevölkerungsteils sprechen

129 Die Daten für die Jahre 1895 und 1907 sind der Aufstellung ZDStJ, 1919, H. 5–7, S. 91 ff. entnommen, teilweise abgedruckt in Kap. 20/Dok. 1. Dabei ist die Gesamtbevölkerung näherungsweise aus der Summe der Evangelischen, der Katholiken und der Juden gebildet worden. Die Daten für das Jahr 1925 sind aus ZDStJ, 1931, Nr. 6, S. 97 ff., teilweise abgedruckt in Kap. 1/Dok. 13.

130 So H. Krohn, Die Juden in Hamburg, S. 73.

kann. Eine Fülle von biographischen Zeugnissen belegt dies in unterschiedlicher Weise. Der Stand des Arbeiters, des Angehörigen in einem Hilfsgewerbe des Handels mit faktischer Abhängigkeit oder des Gelegenheitsarbeiters wird gemieden. Das gelingt naturgemäß in einer Wirtschaftsstruktur wie der in Hamburg vergleichsweise leichter als in ländlichen Gebieten. Wenn man sich schon in abhängige Stellung begeben muß, dann wird der Status des Angestellten angestrebt, was auch zumeist gelingt, so daß der jüdische Lohnempfänger der angestellte Arbeitnehmer ist, der damit an dem in der Weimarer Zeit noch vorhandenen Sozialprestige dieser Form der erwerbsgebundenen Abhängigkeit teilnimmt. Auch hier ist also die Mentalität des Mittelstandes unverkennbar. Gerade diese innerjüdische Zielsetzung gibt andererseits Anlaß, gegenüber den vorhandenen statistischen Daten zurückhaltend zu sein, wenn man die nachfolgende Zusammenstellung analysiert:[131]

Berufliche Gliederung der erwerbstätigen Juden (1925)

	absolut	Prozent der erwerbstätigen Juden	Gesamtbevölkerung Anteil in Prozent	
			Juden	Gesamtbev.
Selbständig	4.584	49,9	4,90	15,94
Angestellte/Beamte	3.631	39,5	1,95	31,78
Arbeiter	611	6,7	0,24	42,78
Mithelfende Angeh.	195	2,1	1,19	2,80
Hausangestellte	169	1,8	0,43	6,70
Summe	10.234	100,0	1,75	100,00

Für die Hamburger Juden ist also kennzeichnend, daß sie die industrielle Arbeitswelt aus eigenem Erleben nicht oder doch nur mit wenigen Ausnahmen kennen. Der Anteil von etwa 600 jüdischen Arbeitern prägt nicht das soziale und politische Bewußtsein der jüdischen Gemeinde, so daß es auch von daher verständlich ist, daß man als Jude kaum in den typischen Arbeitervierteln wie Barmbek, Hamm oder Billwärder Ausschlag wohnt. Die berufliche Orientierung ist vielmehr ausgerichtet auf den weiteren Aufstieg, den man sich nur in selbständiger Erwerbstätigkeit oder zumindest in einer angestellten Stellung vorstellen kann. Daß dies eine gute Allgemeinbildung und eine berufliche Qualifikation bedingt, wird erkannt und nachhaltig gefördert. In der jüdischen Gemeinde

131 Daten nach ZDStJ, 1931, Nr. 6, S. 97 ff., teilweise abgedruckt in Kap. 1/Dok. 13; Jakob Lestschinsky, Das wirtschaftliche Schicksal des deutschen Judentums, S. 128 ff., abgedruckt in: Kap. 20/Dok. 4; Statistisches Jahrbuch für die FHH, 1927/28, S. 17.

besteht ein breiter Konsens darüber, daß zur Verwirklichung dieser Ziele erhebliche finanzielle und persönliche Anstrengungen gerechtfertigt sind. Das Bewußtsein ist das der aufstrebenden, teilweise arrivierten Mittelschicht, deren Motivation dadurch bestärkt wird, daß ein sichtbarer Kreis innerhalb der jüdischen Gemeinde eine gewisse Wohlhabenheit bereits erreicht hat. Die berufliche Zusammensetzung des Repräsentanten-Kollegiums der Gemeinde spiegelt dies einprägsam wider.[132] Daß der antisemitische Vorwurf einer «Verjudung der Wirtschaft» unbegründet ist, belegen die angegebenen Daten mit großer Eindeutigkeit, mögen sie auch die individuelle wirtschaftliche Leistung und den damit verbundenen Einfluß nicht aufweisen. Man war natürlich im hamburgischen Wirtschaftsleben um dynamische Geschäftstüchtigkeit bemüht, vielleicht nicht selten mit einem Maße an kaufmännischem Erfolg, der beim nicht-jüdischen Geschäftsmann Verärgerung auslöste.

Mit dem konjunkturellen Abschwung seit etwa 1928 macht sich bemerkbar, daß Teile der jüdischen Erwerbstätigkeit nicht in der Weise in die hamburgische Gesamtwirtschaft integriert sind, daß man gleichsam von einer wirtschaftlichen Assimilation sprechen kann. Es zeigt sich jetzt, daß man in den guten Jahren zwar mit jedermann Geschäfte gemacht, aber doch eine gewisse «jüdische» Zusammenarbeit nicht unterlassen hat. Die in der Dokumentation nachgewiesenen Aufrufe zur jüdischen Solidarität, die Versuche der Selbsthilfe einschließlich der aufgenommenen jüdischen Berufsberatung und -vermittlung sind beeindruckend, aber auch kennzeichnend. Sie stellen zugleich den Versuch dar, die jüdische Mittelstandspolitik neu zu definieren. Das religiöse Gebot, den Sabbat zu heiligen, stürzt viele arbeitslose Juden in einen schweren Konflikt, gilt aber zugleich als ein Element integrativer Bewährung der Gemeinde. Eine fatalistische Ergebenheit widerspricht in jedem Falle jüdischer Vorstellung, und mit Hartnäckigkeit unternimmt man deshalb selbst in finanziell schwierigster Zeit, das Schulwesen der Gemeinde möglichst rasch auszubauen. Jüdische Selbsthilfe, seit jeher an einem hohen Bildungsstand ausgerichtet, gilt auch jetzt als taugliches Mittel, die krisenhafte Lage aus eigener Kraft zu überwinden, zumindest die Auswirkungen zu mindern. Die Haushaltspolitik der Gemeinde in den Jahren seit 1929 spiegelt vielleicht deutlicher als alles andere wider, worin die Hamburger Juden ihre Hoffnungen und die gegebenen Notwendigkeiten sehen.[133] Zudem legt man wegen der allgemeinen Wirtschaftskrise der jüdischen Jugend eine berufliche Umschichtung nahe. Die Beachtung der sabbatfreien Berufstätigkeit scheint stärker als zuvor zu verlangen, den Wunsch nach einem kaufmän-

132 Vgl. unten S. LXXXV
133 Vgl. Kap. 4.2/Dok. 25 ff.; Kap. 20/Dok. 9, 12, 15.

nischen Beruf zumindest kurzfristig aufzugeben. Von nur spekulativem Interesse bleibt die Frage, wie sich eine derartige Berufsumschichtung auf das religiöse Leben der Gemeinde und auf das jüdische Selbstbewußtsein auf Dauer ausgewirkt hätte. Die Gesetzgebung, die mit der nationalsozialistischen Herrschaft einsetzt, läßt die freie Gewerbe- und Berufstätigkeit der Juden nicht mehr zu.

3. Soziale Stratifikation. Das städtische Siedlungsverhalten und die Berufs- und Erwerbsstruktur der Hamburger Juden geben gewichtige Hinweise, wie der soziale und wirtschaftliche Einordungsprozeß dieses Bevölkerungsteiles zu beurteilen ist. Aus den Einkommensverhältnissen und aus dem Bildungsstand lassen sich weitere Gesichtspunkte für die soziale Schichtung im Vergleich zur Gesamtbevölkerung entnehmen. Die vorhandenen Daten erlauben in einer zusammenfassenden Würdigung die Folgerung, daß die Juden Hamburgs zur Zeit der Weimarer Republik der mittleren bis gehobenen Mittelschicht zuzurechnen sind.

3.1 Aufstieg der Elterngeneration. Der soziale Aufstieg setzt bei den Hamburger Juden um die Mitte des 19. Jahrhunderts ein, wie sich aus der Verringerung der unterstützungsbedürftigen Schichten und dem gleichzeitigen Ansteigen eines jüdischen Mittelstandes ablesen läßt.[134] Die Eltern und die Großeltern der Juden mittleren Alters, wie sie in der Weimarer Zeit das Leben der jüdischen Gemeinde prägen, kommen also nicht mehr aus ärmlichen Verhältnissen. Die meisten von ihnen sind vielmehr in ökonomischer Sicherheit und in rechtlich geordneten Verhältnissen aufgewachsen. Ihren Eltern ist es möglich, erhebliche Mittel für den guten Bildungsstand ihrer Kinder aufzuwenden. Man kann vermuten, daß in dieser leistungsorientierten Schicht das Bewußtsein des sozialen und beruflichen Erfolges bestimmend ist. Dieser soziale Aufstieg ist gerade im Verhältnis zur nicht-jüdischen Bevölkerung so deutlich, daß die Ursachen nicht nur in der Emanzipationsgesetzgebung des 19. Jahrhunderts gesehen werden können. Jacob Toury rekonstruiert folgenden Befund:[135]

Soziale Stufungen der Juden (1837-1861)	1837/1840		1860/1861
	Nicht-Juden	Juden	Juden
gesichertes Einkommen	20 %	33,0 %	63,0 %
Minimum	20 %	33,0 %	9,5 %
dürftiges Einkommen	60 %	13,8 %	19,3 %
Armut		20,2 %	8,2 %

134 Vgl. H. Krohn, Die Juden in Hamburg, S. 74 ff.; J. Toury, Soziale und politische Geschichte der Juden in Deutschland, S. 100 ff.

135 Vgl. J. Toury, Soziale und politische Geschichte der Juden in Deutschland, S. 108 Tabelle 49; H. Krohn, Die Juden in Hamburg 1800–1850, S. 50 f.

Den Hamburger Juden gelingt es, diesen Aufstieg in «bürgerliche Verhältnisse» in der nachfolgenden Generation nicht nur zu stabilisieren, sondern die verbliebene Gruppe der Armen nochmals zu senken und damit die jüdische Gemeinde insgesamt stärker am sozialen Aufstieg zu beteiligen. Das läßt sich nach Maßgabe der städtischen Steuerpflicht und der gemeindlichen Steuerlisten ermitteln.[136]

Steuerstufen der Juden (1871 und 1897)

	1871		1897	
	Juden	Gesamtbevölkerung	Juden	Gesamtbevölkerung
Höchststufe	...	1,07 %	1,00 %	1,39 %
Oberstufe	26,74 %	11,23 %	25,70 %	9,87 %
Mittelstufe	43,21 %	25,60 %	28,40 %	14,75 %
Unterstufe	30,06 %	62,09 %	44,90 %	73,99 %
Summe	100,01 %	99,99 %	100,00 %	100,00 %

Die anteilsmäßige Verteilung der Steuerzahler zeigt jeweils günstigere Durchschnittswerte für die Hamburger Juden im Vergleich zur Gesamtbevölkerung, bestätigt also die Stabilität des sozialen Aufstiegs, soweit hierfür das besteuerbare Einkommen indikatorisch ist. Daß sich der Anteil der Unterstufe vergrößert, jener der Mittelstufe vermindert hat, beruht nahezu ausschließlich auf der seit 1870 einsetzenden allgemeinen Erhöhung des Einkommens.[137] Neue Bevölkerungsgruppen wachsen in die Steuerpflicht nach Einkommen hinein. Bis 1897 verdoppelt sich so die Zahl der jüdischen Steuerpflichtigen (genau: 216 %). Ein Vergleich der Zahl der im Jahre 1895 erwerbstätigen Juden (3610) mit der Zahl der für das Jahr 1897 im gemeindlichen Steuerschätzungsregister verzeichneten Gemeindeangehörigen (3521) zeigt zwar eine kleine Unstimmigkeit.[138] Die Daten erlauben in ihrer übereinstimmenden Größenordnung jedoch den Schluß, daß praktisch alle erwerbstätigen Hamburger Juden über ein besteuerungsfähiges Einkommen verfügten. Auch bestätigt sich die These, daß die Hamburger Juden gegen Ende des 19. Jahrhunderts ganz überwiegend den Aufstieg in die hinreichend gesicherte untere bis mittlere Mittelschicht vollzogen hatten.

Ohne Zweifel half ihnen die – wenn auch stark schwankende – wirtschaftliche Konjunktur in der zweiten Hälfte des 19. Jahrhunderts, den

136 Vgl. hierzu näher H. Krohn, Die Juden in Hamburg, S. 78 ff.

137 Vgl. R. E. May, Kosten der Lebenshaltung und Entwicklung der Einkommensverhältnisse in Hamburg seit 1890, München/Leipzig 1915.

138 Die Daten sind dem Steuerschätzungsregister der jüdischen Gemeinde 1897–1899 entnommen (StAH JG 428 Bd.1); vgl. ZDStJ, 1919, H.5–7 S. 91 ff., abgdr. Kap. 20/Dok. 1. Siehe auch H. Krohn, Die Juden in Hamburg, S. 78 f.

sozialen und wirtschaftlichen Betätigungswillen zu verwirklichen. Dennoch bedurfte es erheblichen Kapitaleinsatzes, um nicht selten ehrgeizige Ziele zu verwirklichen. In Hamburg wirken sich das 1816 gegründete Israelitische Vorschuß-Institut und die Jüdische Darlehenskasse außerordentlich günstig aus.[139] Über den Anteil der Juden am Bankgeschäft hat man wiederholt, häufig nur in politischer Absicht spekuliert. Allerdings gibt es auch seriöse Untersuchungen, die einen «jüdischen Einfluß» jedenfalls im Bereich des mittleren und kleineren Privatbankgeschäftes aufweisen.[140] Immerhin stieg der jüdische Anteil der im Bereich Geld- und Kredithandel Tätigen von 9,65 % (1895) auf 15,45 % (1907).[141] Ihr sozialer und wirtschaftlicher Erfolg wird viele Juden dazu bewogen haben, dies dadurch zum Ausdruck zu bringen, daß man in die «bessere» Wohngegend von Rotherbaum und Harvestehude zog, um der Enge der innerstädtischen Wohnverhältnisse zu entgehen.

3.2 Soziale Schichtung nach 1919. Obwohl die im Jahre 1925 durchgeführte Berufs- und Betriebszählung auch die konfessionelle Zuordnung erfaßt, ist eine statistische Auswertung kaum erfolgt. Eine von der jüdischen Gemeinde geführte Steuerdatei ist bislang nicht bearbeitet worden. Es läßt sich anhand des derzeitigen Forschungsstandes daher nur schwer beschreiben, welche soziale und berufliche Schichtung bei den Hamburger Juden in der Zeit nach dem Ersten Weltkrieg besteht, in der sich in der Gesamtbevölkerung eine gewichtige Strukturveränderung vollzieht.[142] Die Abhängigkeit von der Wirtschaftsstruktur Hamburgs macht sich zwar in der Inflation 1923 bemerkbar, wird aber mit einer gewissen Gelassenheit bewältigt. Die Quellen lassen nicht erkennen, daß man mit einer deutlichen Zunahme jüdischer Arbeitsloser rechnet oder zu beruflichen Umstrukturierungen gelangen will. Der Verlust der vor dem Kriege erworbenen Vermögenswerte wird eher registrierend vermerkt, die Minderung der Reallöhne gerade der angestellten Juden fast emotionslos hingenommen. Die Äußerungen der jüdischen mittelständischen Gewerbetreibenden und selbständigen Handwerker dieser Zeit vermitteln den Eindruck von der Vorstellung, man werde den durch die Hyperinflation ausgelösten Zusammenbruch alsbald bewältigt haben. Diese von wirtschaftlichem Optimis-

139 Vgl. N. M. Nathan, Das Israelitische Vorschuss-Institut in Hamburg 1816–1916, Hamburg 1916.

140 Vgl. A. Marcus, Die wirtschaftliche Krise des deutschen Juden, 1931, S. 64 ff., abgedruckt in: Kap. 20/Dok. 11.

141 Berechnung nach ZDStJ, 1919, H.5–7, S. 91 ff., abgedruckt: Kap. 20/Dok. 1. Während 1895 nur 4,18 % der Hamburger Juden im Geld- und Kredithandel tätig sind, erhöhte sich dieser Anteil im Jahre 1907 auf 9,30 %. Für das Jahr 1925 liegen keine Daten vor.

142 Vgl. hierzu U. Büttner, Politische Gerechtigkeit und sozialer Geist, S. 139 ff.; dies., Hamburg in der Staats- und Wirtschaftskrise, S. 83 ff. mit weiteren Nachweisen.

mus getragene Zuversicht ist gerade im Vergleich zum Verhalten der Gemeinde und ihrer Angehörigen in der Not, wie sie die Wirtschaftskrise 1928 bis 1931 auslöst, auffällig.[143] Man darf deshalb annehmen, daß die für das Jahr 1925 vorhandene soziale und berufliche Schichtung für den Zeitraum von 1919 bis etwa 1928/1929 weitgehend repräsentativ ist.

Der Anteil derjenigen, die sich nach der Statistik den selbständigen Erwerbstätigen und der Gruppe der Angestellten und Beamten zurechnen, ist bei den Hamburger Juden mit insgesamt 89,40 % gegenüber 47,22 % der Gesamtbevölkerung erstaunlich hoch.[144] Die hauptberuflich erwerbstätigen Juden sind 1925 zu 60,12 % in der Wirtschaftsabteilung Handel und Verkehr tätig. Diesem Wirtschaftszweig gehören nach der amtlichen Zählung von 1925 63,9 % aller Betriebe und 57,4 % aller Beschäftigten an, während nur 31,2 % der Betriebe und nur 37,6 % der Beschäftigten der Industrie und dem Gewerbe zuzurechnen sind. Im Bereich Handel und Verkehr werden in Hamburg 83 % des Gesamtumsatzes erzielt.[145] Diese Daten lassen die Annahme zu, daß die Hamburger Juden ganz überwiegend einer am Handel orientierten Mittelschicht angehören und damit nach wie vor in einem Wirtschaftsbereich agieren, der ihnen neben ökonomischer Sicherheit die Verläßlichkeit ihres sozialen Status zu gewährleisten scheint. Der sehr hohe Anteil an Selbständigen deutet allerdings nachdrücklich darauf hin, daß diese Stellung vor allem in jenen Bereichen vorhanden ist, in welchen der Anteil der Selbständigen auch im Vergleich zur Gesamtbevölkerung hoch ist. Das ist beispielsweise beim Handwerk, beim handwerksmäßig betriebenen Gewerbe und beim Einzelhandel, hier in erster Linie im Lebens- und Genußmitteleinzelhandel, der Fall.[146] Als Inhaber von Klein- und teilweise Mittelbetrieben dürften sich die Hamburger Juden überwiegend dem gewerblichen Mittelstand zugehörig gefühlt haben.

Eine gewisse Einschätzung der sozialen Schichtung läßt das von den Hamburger Juden erreichte Einkommen zu. Ursprungsdaten sind nicht verfügbar, so daß man auf rekonstruktive Annahmen angewiesen bleibt. Die vorhandenen Daten des Gemeindehaushaltes und der Kultusverbände erlauben eine vorsichtige Beurteilung. Da die Gemeinde 1924 die Steuererhebung dem Finanzamt übertragen hatte, darf man von hinreichend verläßlichen Zahlen ausgehen. Die Ergebnisse dieser Rekonstruktion, die an anderer Stelle näher dargelegt werden, zeigen deutlich, daß die Gemeindeangehörigen im rechnerischen Durchschnitt in durchaus befriedigenden Einkommensverhältnissen leben.

143 Vgl. hierzu Kap. 20/Dok. 8 ff.
144 Vgl. obige Zusammenstellung S. LXXI
145 Statistik des Hamburgischen Staates, H. 34, S. 13.
146 Vgl. Statistik des Hamburgischen Staates, H. 34, S. 78 ff.

4. Familiale Strukturen. Die vorhandenen Daten erlauben gewisse Einschätzungen familialer Strukturen. Im rechnerischen Durchschnitt kommen auf einen jüdischen Haushalt 2,1 Personen; für die Gesamtbevölkerung liegt die vergleichbare Zahl bei 3,5.[147] Damit läßt sich allerdings nicht die Zahl der Ein-Personenhaushalte erfassen. Nimmt man vereinfachend an, daß die in der Gemeindedatei vom 10. 10. 1926 mitgeteilte Zahl der Ehefrauen und der Kinder jeweils einem «männlichen Haushaltungsvorstand» zuzuordnen ist, dann leben in der Deutsch-Israelitischen Gemeinde 14 284 Juden und damit immerhin 68,84 % in einem Familienverband. Über deren jeweilige Größe ist damit allerdings noch nichts ausgesagt. Andererseits ist die dann verbleibende Zahl von Haushalten mit nur einer Person (5969) erheblich. Insgesamt wird man das vorliegende statistische Material dahin zu werten haben, daß die Hamburger Juden zumeist in der großstädtischen Form der Kleinfamilie leben.

Dies läßt sich noch präzisieren: Die amtliche Statistik vom 16. 6. 1925 weist jüdische Kinder bis zu 14 Jahren mit 1570 männlichen und 1468 weiblichen Geschlechts aus, also etwa 15,3 % der jüdischen Bevölkerung. Danach muß etwa die Hälfte der in der Gemeindedatei angegebenen Zahl der Kinder älter als 14 Jahre sein. Die amtliche Statistik gibt für das Jahr 1925 für die Altersgruppe von 14 bis 20 Jahren 846 männliche und 825 weibliche Personen an. Damit dürften etwa 30 % der in der Gemeindedatei als Kinder geführten Personen älter als 20 Jahre sein. Geht man für diese Zeit von 3700 zusammenlebenden Ehepartnern jüdischen Glaubens aus, so lebt in jeder rein jüdischen Familie etwa nur ein Kind unter 20 Jahren (genau: 1,27). Allerdings ist dies nur ein rechnerischer Durchschnitt, der Familien mit größerer Kinderzahl – wie es für orthodoxe Familien berichtet wird – nicht darzustellen vermag. Eine Verteilung der Kinderzahl auf die jüdischen Familien erlauben diese Daten nicht. Die Zuordnung der Ehen nach ihrer religiösen Ausrichtung ist immerhin schätzungsweise möglich, wenn man dem gewählten Ritus der Trauung eine indikatorische Bedeutung zuerkennt. Danach ergibt sich folgende Zusammensetzung:

Zahlen	absolut	in %
rein jüdische Ehen (1925/1926) etwa	3700	100,00
hiervon etwa: religiös-indifferent (nicht rel. getraut)	1110	30,00
vom Synagogenverband getraut	1180	31,89
vom Tempelverband getraut	747	20,19
von der Neuen Dammtor-Synagoge getraut	663	17,92

Nimmt man des weiteren an, daß die Schulkinder, welche die Talmud Tora-Schule, die Israelitische Töchterschule Carolinenstraße oder die

147 Berechnung für das Jahr 1925 nach dem Statistischen Jahrbuch für die FHH, 1926/1927, S. 14, 20.

Israelitische Mädchen-Realschule Bieberstraße besuchen, nahezu ausschließlich orthodoxen Elternhäusern entstammen, dann spricht einiges dafür, daß dies etwa 45 % der Kinder aus rein jüdischen Ehen repräsentiert.[148] Bezieht man diesen Prozentsatz auf die Zahl der Kinder unterhalb von 20 Jahren, wie sie sich aus der Gemeindedatei ergibt, so wären etwa 2115 Kinder orthodoxen Familien zuzuordnen. Versteht man hierunter allein jene Eltern, die sich vom Synagogenverband haben trauen lassen – was wiederum eine grobe Vereinfachung darstellt –, dann lebten in diesen Familien jedenfalls rechnerisch 1,8 Kinder. Immerhin würde dies eine gewisse Tendenz bestätigen.

Die Daten der ausgewerteten Gemeindedatei lassen auch darauf schließen, daß die Jugendlichen und Heranwachsenden zumeist noch längere Zeit im Elternhaus bleiben. Die Zahl von ungefähr 2200 Personen, die als Erwachsene neben den Eheleuten einem Haushalt zugeordnet werden können, ergibt, daß bei zusammenlebenden Eheleuten im rechnerischen Durchschnitt knapp zwei weitere Personen leben (genau: 1,89). Eine derartige Annahme, welche durch eine genauere Analyse der erwähnten Datei belegbar wäre, erfährt in der längeren schulischen Ausbildung und in der angestrebten qualifizierten Berufsausbildung eine zusätzliche Plausibilität. Dabei läßt sich nicht ohne weiteres bestätigen, daß die Gruppe der im Haushalt der Eltern lebenden erwachsenen Kinder im wesentlichen unverheiratete Töchter sind. Für das Basisjahr 1925 ergibt sich hinsichtlich des allgemeinen familialen Status folgende Aufteilung:[149]

Familialer Status im Vergleich (in Prozentsätzen)

	Gesamtbevölkerung			darunter Juden		
	männl.	weibl.	zus.	männl.	weibl.	zus.
ledig	48,35	44,87	46,53	49,08	42,26	45,57
verh.	47,75	43,44	45,50	47,09	42,44	44,70
verw.	2,77	9,87	6,48	3,10	14,09	8,76
gesch.	1,13	1,82	1,49	0,73	1,21	0,97

Zwar ist der prozentuale Anteil der verheirateten Jüdin etwas geringer als in der Gesamtbevölkerung, gleiches gilt für den jüdischen Mann. Der hohe Anteil an jüdischen Witwen mit 14,09 % zeigt auch hier eine Verschiebung der Altersstruktur im Verhältnis zur Gesamtbevölkerung. Bemerkenswert ist jedoch der geringere Anteil unverheirateter Jüdinnen im Verhältnis zum ledigen jüdischen Mann. Darin spiegelt sich die jüdische Auffassung wider, daß der Mann erst heiraten sollte, wenn er mit hinrei-

148 Vgl. R. E. May, Wie groß wird der Zugang an jüdischen Schülern und Schülerinnen im Schuljahr 1930/31 und in den nächsten Jahren sein?, in: Kap. 1, Dok. 10.
149 Berechnung nach dem Statistischen Jahrbuch für die FHH, 1928/29, S. 20; vgl. ferner Kap. 1/Dok. 12.

chender beruflicher Selbständigkeit eine Familie ernähren kann. Das führt tendenziell zu einem späteren Eheschließungsalter des jüdischen Mannes.

Die jüdische Ehe erweist sich zudem als stabiler, wie der deutlich geringere Anteil geschiedener Juden an der Scheidungsquote der Gesamtbevölkerung zeigt. Das mag auch in dem höheren Eintrittsalter eine von mehreren Ursachen finden. Zu erinnern ist daran, daß der prozentuale Anteil an Eheschließungen in religiöser Form deutlich höher liegt als in der christlichen Bevölkerung. Übrigens läßt sich nicht nachweisen, daß die Mischehe «scheidungsanfälliger» als die rein jüdische Ehe ist. Die für das Jahr 1926 vorliegenden Daten ergeben, daß von insgesamt 37 Scheidungen mit zumindest einem jüdischen Ehepartner 20 rein jüdische Ehen betrafen.[150]

VI.
DAS HAMBURGER SYSTEM.

1. Funktion und Bewährung. Das Hamburger System der jüdischen Gemeinde hatte als politische Voraussetzung die mit der Verfassungsreform von 1860 durchgeführte Trennung von Staat und Kirche. Das war im Vergleich zu den übrigen Staaten des Deutschen Bundes eine bemerkenswerte Besonderheit. Auch nach Aufgabe des Parochialprinzips durch das Gesetz vom 7. 11. 1864 war sich die große Mehrheit der Hamburger Juden darüber einig, daß es trotz religiöser Divergenzen eine Fülle politischer, sozialer und kultureller Gemeinsamkeiten gäbe, deren Bewältigung sie besser gemeinsam vornehmen sollten. Trotz rechtlich gewährleisteter Emanzipation blieb man eine religiös-ethnische Minderheit. Bereits die langjährigen Auseinandersetzungen über den Umfang der Selbständigkeit der Kultusverbände hatten aufgezeigt, daß ein Grundkonsens der liberalen und der orthodoxen Juden zwar notwendig, aber durch eine genaue, zumeist auch rechtlich und institutionell gesicherte Aufgabenteilung ergänzt werden mußte. So entsteht in der jüdischen Gemeinde ein gefächertes System von Zuständigkeiten geschriebener, aber auch ungeschriebener Art. Das Ergebnis ist ein stark differenziertes System zur Balancierung der Kräfte, das immer wieder die Bestätigung des Grundkonsenses bedingt. So ist das Hamburger System zugleich der Versuch, wie innerjüdische Spannungen unter gleichzeitigem Druck großstädtischer Assimilation ausgehalten werden können.

1.1 Funktionsweise. Die normative und faktische Funktionsweise des Hamburger Systems ist kompliziert. Mannigfache Differenzierungen sollen davor bewahren, daß eine Gruppierung in der Gemeinde beherrschend wird. Im Grundsatz lassen sich etwa vier Konzeptionen der

150 Vgl. Statistisches Jahrbuch für die FHH, 1927/1928, S. 32.

innergemeindlichen Gewaltenteilung, der Interessenzuweisung und der Differenzierung unterscheiden, deren unterschiedliche Wechselbezüglichkeit ihrerseits wieder hemmend wirkt. Demjenigen, der in diesem System lebt, ist dies bewußt und er vermag darin seinen interessenbezogenen Vorteil suchen, letztlich nur mit der Möglichkeit, das System durch Austritt zu verlassen. Gerade die Freiwilligkeit der Zugehörigkeit scheint in der historischen Rückschau jedoch eine starke Motivation begründet zu haben, das System eher im Sinne erneuter Differenzierung kompromißhaft zu entwickeln. Der Austritt aus Gründen systembedingter Unterlegenheit ist jedenfalls äußerst selten.

Innergemeindliches Organisationssystem. Die innergemeindliche Willensbildung ist mit inkompatiblem Vorstand und Repräsentanten-Kollegium gestuft und repräsentativ ausgestaltet. Diese erst 1867 eingeführte Regelung wird bei der Reform der Gemeindestatuten von den Zionisten zugunsten eines Einkammersystems kritisiert, bleibt aber aufrechterhalten. Das bedeutet, daß bereits innerhalb der gemeindlichen Zuständigkeiten eine Aufgabenaufteilung vorgenommen werden muß, da das Repräsentanten-Kollegium nicht nur als Kreationsorgan für den 9köpfigen Vorstand fungieren soll. Der Vorstand vertritt die Gemeinde nach außen und erledigt die Verwaltung, auch mit Hilfe sehr qualifizierter Gemeindebeamter. Daneben besteht jedoch für das Repräsentanten-Kollegium sowohl die Möglichkeit, auf die Tätigkeit des Vorstandes durch Anträge bestimmend Einfluß zu nehmen als auch in einzelnen Bereichen die statutenmäßig vorgesehene Zustimmung zu versagen. Für jede grundsätzliche Veränderung ist eine übereinstimmende Willensbildung von Vorstand und Kollegium erforderlich, etwa für die Änderung der Gemeindestatuten, für die Anerkennung eines neuen Kultusverbandes, für die Entscheidung, ob die Gemeinde eine Schule unterstützen will, für die satzungsgebundene Verwaltung von gemeindegebundenen Anstalten und für die Bildung von Kommissionen, welche die Verwaltung einzelner Gemeindebereiche dezentral durchführen sollen. Das gesamte gemeindliche Finanzgebaren ist an die zustimmende Mitwirkung des Kollegiums gebunden, das den vom Vorstand vorgelegten Haushaltsplan zu verabschieden und mit dem Vorstand zusammen die Beitragshöhe gegenüber den Gemeindemitgliedern festzulegen hat. Die alleinige Entscheidungsbefugnis des Vorstandes ist auf die Genehmigung der Satzung der Kultusverbände, auf Maßnahmen im Begräbniswesen, auf die Aufnahme neuer Gemeindeangehöriger, auf die Verwaltung der Gemeindefinanzen und auf die Aufsicht gegenüber den gemeindlichen Anstalten und Stiftungen begrenzt. Der Einfluß des Vorstandes ist faktisch dadurch gesteigert, daß er vom Vertrauen des Kollegiums unabhängig ist. Er bildet damit ein stabilisierendes Element. Das Kollegium kann seine abweichenden Vorstellungen nur im Wege der jährlichen Nachwahl der jeweils zu einem Drittel ausscheidenden Vorstandsmitglieder und damit nur sukzessive durchsetzen.[151]

Dieses gewaltenteilende und -hemmende System wechselseitiger Abhängigkeit von Vorstand und Kollegium wird traditionell durch die Tätigkeit von ständigen Kommissionen überlagert.[152] Die verwaltenden Kommissionen bestehen aus Mitgliedern des Vorstandes und des Repräsentanten-Kollegiums und aus einer im Einzelfall festzulegenden Zahl von Gemeindeangehörigen, die ihrerseits auf der Grundlage eines von der Kommission vorzulegenden Vorschlages vom Kollegium gewählt werden. Wesentliche Bereiche des Finanzwesens, des Erziehungs- und Bildungswesens und des Wohlfahrtswesens sind damit bereits satzungsrechtlich der unmittelbaren Verwaltung des Vorstandes entzogen. Die Tätigkeit der 16 Kommissionen (1924) läßt sich im wesentlichen nur über die finanzielle Abhängigkeit vom gemeindlichen Haushalt substantiell beeinflussen. Das der staatlichen Verwaltung entlehnte Deputationsmodell entlastet nicht nur den Vorstand, sondern eröffnet beiden Gemeindeorganen die Möglichkeit, sachlich erforderliche Kompromisse in die Kommissionsarbeit zu verlagern, sich hierbei der Hilfe weiterer Gemeindeangehöriger zu versichern und damit die Zahl der gemeindlichen Funktionsträger flexibel zu erhöhen. Gegenüber der Kommissionsarbeit wird die Aufgabe von Vorstand und Kollegium auf eine eher kontrollierende Funktion verlagert. Das eröffnet eine innergemeindliche Appellationsinstanz.

Die satzungsrechtliche Ausgestaltung des Hamburger Systems bindet damit eine gemeindliche Funktionsträgerschaft von etwa 60 bis 70 Personen. Vorstand und 21köpfiges Kollegium erfordern seit der Satzungsreform von 1924 bereits 30 Funktionsträger. Für die 16 ständigen Kommissionen wird man von einem weiteren personellen Bedarf von etwa 30 bis 40 gewählten «einfachen» Gemeindeangehörigen auszugehen haben, da Doppelmitgliedschaft zulässig und auch üblich ist. Stellt man dieser Zahl gemeindlicher Funktionsträger die Zahl der Wahlberechtigten gegenüber, dann ergibt sich eine «Funktionselite» von etwa 0,5 bis 0,8 % der stimmberechtigten Gemeindeangehörigen, welche die innergemeindliche Politik institutionell zu beeinflussen in der Lage ist. Das ist ein verhältnismäßig hoher Grad personeller Organisationsdichte.

151 Vgl. §§ 23, 25 der Verfassung der Deutsch-Israelitischen Gemeinde in Hamburg von 1924, abgedruckt in: Kap. 2/Dok. 26.

152 Vgl. §§ 55 ff. der Statuten der Hamburger Deutsch-Israelitischen Gemeinde von 1867 (StAH JG 298 a); §§ 59 ff. der Verfassung der Hamburger Deutsch-Israelitischen Gemeinde von 1908, Kap. 2/Dok. 2; §§ 48 ff. der Verfassung der Deutsch-Israelitischen Gemeinde in Hamburg von 1924, Kap. 2/Dok. 26.

Politische Fraktionierung. Eine derartige Personenzahl erlaubt ihrerseits in ihrer Quantität eine Zuordnung unterschiedlicher politischer und religiöser Auffassungen, enthält also Ausdrucksmöglichkeiten politischer Fraktionierung. Das ist in erster Linie hinsichtlich des Repräsentanten-Kollegiums der Fall. Obwohl die Statuten der Gemeinde die Verhältniswahl vorsehen, ist das bestehende System der Stimmenhäufung nicht recht geeignet, einen in diesem Wahlsystem liegenden Minderheitenschutz zu schaffen. Je nach dem Grad der Geschlossenheit der Stimmabgabe läßt es andererseits ein differenzierteres Wählerverhalten zu. Absprachen verschiedener Gruppierungen werden versucht, häufig auch mit verbundenen Listen eingegangen. Die Zionisten, die sich nach dem Krieg maßgeblich an der gemeindlichen Willensbildung beteiligen, kritisieren dies wiederholt, stimmen jedoch 1920 noch einer Einheitsliste zu.[153]

Man hat sich die Wahlen zum Repräsentanten-Kollegium als «echten» Wahlkampf vorzustellen, dem eine politische und religiöse Fraktionierung durch jüdische Parteien vorausgeht. In aller Regel übersteigt die Zahl der Kandidaten die Zahl der zu wählenden Repräsentanten um das nahezu Doppelte. Der Wahlkampf, der eher heftig wirkt und an Polemik nicht spart, kann dennoch bei den Wahlen von 1920 und 1925 nur etwa 30 % der Wahlberechtigten zur Abgabe ihrer Stimmen mobilisieren. In dem Krisenjahr 1930 steigert sich die Beteiligung auf fast 50 %. Interessant ist, wie der ursprünglich liberalen Mehrheit in den Zionisten neben der Orthodoxie eine neue Opposition erwächst, die durchaus radikal-demokratische Vorstellungen entwickelt. Vergleicht man die Wahlen zum Repräsentanten-Kollegium, so zeigt sich der Zwang zur Verständigung (s. Tabelle S. LXXXIII).[154]

153 Vgl. Kap. 3/Dok. 3.

154 Zusammstellung nach Maßgabe der in der Dokumentation enthaltenen Daten, vgl. Kap. 3/Dok. 8, 10, 11, 29, 43.

155 Wahl mit Einheitsliste der Liberalen, Orthodoxen und Zionisten und verbundener Liste der Handwerker und des Einzelkandidaten Alexander Levy, hier der späteren Gruppierung Achduth zugeordnet; die abgegebenen Stimmen entsprechen prozentual nicht der erreichten Sitzverteilung.

156 Die prozentuale Berechnung legt die Stimmenhäufung (28 Stimmen je Wahlberechtigter) zugrunde. Vernachlässigt man dies, dann ergibt sich folgende Verteilung der gültigen Stimmzettel (Wahl 1920 mit Einheitsliste):

	Stimmen 1920		Stimmen 1925		Stimmen 1930	
	abs.	%	abs.	%	abs.	%
Liberale			1572	44,31	2151	31,82
Orthodoxe			429	12,09		
Achduth	253	12,14	560	15,78	913	13,51
Unpolitische Konservative					1065	15,75
Zionisten			547	15,42	1337	19,78
Jüdische Sozialisten					260	3,85
Handwerk	289	13,87	440	12,40	1034	15,30
Einheitsliste	1542	73,99				
Summe	2084	100,00	3548	100,00	6760	100,01

Ergebnisse der Wahlen zum Repräsentanten-Kollegium

	1920			1925			1930		
	Stimmen[155]		Sitze	Stimmen		Sitze	Stimmen		Sitze
	abs.	%		abs.	%		abs.	%	
Liberale	19.385	33,24	8	44.016	45,22	10	60.228	32,04	7
Orthodoxe	12.902	22,12	6	10.012	10,29	2			
Achduth	7.056	12,10	1	15.680	16,11	4	25.564	13,60	3
Unp. Konsv.							28.820	15,33	3
Zionisten	10.887	18,67	4	15.316	15,73	3	37.438	19,92	4
Jüd. Soz.							7.282	3,87	—
Handwerk	8.092	13,87	2	12.320	12,66	2	28.952	15,40	4
Summe			21			21			21
Wahlberechtigte	7.314			ca. 12.500			ca. 14.000		
Wahlbeteiligte	2.111			3.577			6.825		
Gültige Stimmen	2.084			3.548			6.760		
Wahlbeteiligung	28.86 %			28.62 %			48.75 %		

Die vorstehende Zusammenstellung gibt hinreichend genau die ideologischen Strömungen innerhalb der Wahlbeteiligten der Gemeinde wieder.[156] Die Orthodoxie hat in allen Wahlen dieser Zeit Schwierigkeiten, ihr «natürliches» Wählerreservoir zusammenzufassen. In der Wahl 1920 wird auf einer eigenen Liste Alexander Levy gewählt, der 1925 die Liste der Konservativen Gemeindeliste (Achduth) anführen wird. Die Wahl 1925 führt erneut zu einer Spaltung der Orthodoxie in eine hochorthodoxe und in eine gemäßigt-orthodoxe Richtung. Das ist rückschauend ein angesichts des durch Kumulation und Zählweise nach d'Hondt ambivalenten Wahlverfahrens kaum verständliches Verhalten. Es zeigt, wie sehr die Orthodoxie von Meinungsverschiedenheiten beherrscht wird. Auch in der Wahl 1930 findet die Orthodoxie wiederum nicht zusammen. Die liberalen Kräfte verlieren Anhänger an Zionisten und an die Liste des selbständigen Handwerks und Gewerbes als der einzigen berufsorientierten Gruppierung. Klare Mehrheiten gibt es seit 1920 nicht mehr. In der Weimarer Zeit ist für die Orthodoxie mit etwa einem Drittel der Mandate ausgeschlossen, aus eigener Kraft einen bestimmenden Einfluß auszuüben. Jede Seite ist im Einzelfall mehr oder minder auf Absprachen angewiesen. Die Niederschriften über die Sitzungen des Repräsentanten-Kollegiums spiegeln dies deutlich wider. Das Hamburger System entwickelt sich mithin auch faktisch zu einem Modell, das notwendig den Ausgleich gegenläufiger Interessen kompromißhaft verlangt.

Die verhältnismäßig geringe Wahlbeteiligung der Wahlen 1920 und 1925 mag erstaunen. Hervorzuheben sind die Besonderheiten des jeweiligen Wahlrechtes, das in seiner Ausgestaltung stets umstritten bleibt. In der Wahl 1920 beträgt das Wahlalter 25; auch Frauen dürfen wählen.[157] Das Wahlrecht ist noch an die Erfüllung der Gemeindesteuerpflicht gebunden, stellt damit ein gemildertes Zensitenwahlrecht dar. Die Gemeindeverfassungen von 1867 und 1908 hatten die Wahlberechtigung bereits an das Bestehen der Beitragspflicht geknüpft, so daß bis zur Reform von 1924 ein allgemeines Wahlrecht nicht normiert ist. Erst im Jahre 1929 senkt man das Wahlalter auf 21 Jahre und führt zugleich das passive Wahlrecht für Frauen ein. Welchen Einfluß derartige Änderungen auf das Wahlergebnis haben, läßt sich nur schwer beurteilen, da nähere Angaben über das Wahlverhalten fehlen. Man wird aber annehmen können, daß sich die stufenweise Aufgabe des Zensitenwahlrechtes in erster Linie zum Nachteil der Liberalen ausgewirkt hat, die damit ihre Mehrheit verlieren.

Die Wahl ist weitgehend Ausdruck der Willensbildung des kaufmännisch, des handwerklich-gewerblich und vor allem des akademisch ausgerichteten Bürgertums, also der gehobenen Mittelschicht. Dies sind

157 Vgl. die Änderung der Gemeindeverfassung vom 12. 9. 1919, Kap. 2/Dok. 9.

auch innerhalb der Orthodoxie die meinungsbildenden Gruppierungen, selbst wenn man den Ausdruck «Kaufmann», der vielfach verwandt wird, skeptisch zu beurteilen hat. Ordnet man die Mandatsträger des Repräsentanten-Kollegiums ohne Berücksichtigung des Nachrückverfahrens während der Amtszeit nach der beruflichen Zusammensetzung, so ergibt sich folgendes Bild:[158]

Berufliche Zusammensetzung des Repräsentanten-Kollegiums

Beruf		1920	1925	1930
Kaufmann		10	14	7
Rechtsanwalt		4	2	2
Arzt		3	3	4
Zahnarzt				1
Lehrer		2	2	1
Verwaltungsbeamter(in)				1
Handwerk/Einzelhandel		2		4
Hausfrau				1
hiervon:	Akademiker	9	7	9
	älter als 40 Jahre	17	18	16
	erneut gewählt	5	11	7
	3. Wahlperiode	(?)	2	3
	nicht wiedergewählt	0	3	3

Die berufliche und altersmäßige Zusammensetzung des Repräsentanten-Kollegiums ist in dem Sinne «hanseatisch», als die politische Willensbildung außerhalb der religiösen Differenzierung, wie sie sich in den drei Kultusverbänden ausdrückt, ihre Grundlagen in der Kaufmannschaft einschließlich des Handels und in den freiberuflichen Berufen findet. Das ähnelt eher der Repräsentanz durch Notable oder durch Honoratioren, wie sie im ausgehenden 19. Jahrhundert noch typisch ist. Erst die Wahl 1930 bringt hier deutliche Veränderungen. Die innergemeindliche Willensbildung und damit die Führung der jüdischen Gemeinde wird also mutmaßlich von Vorstellungen getragen, wie sie das gehobene Bürgertum prägen. Für die Balance im Hamburger System bedeutet dies, daß man hinreichend gemeinsame Ebenen hat, sich über Erforderlichkeiten der jüdischen Gemeinschaft und über die wahrzunehmenden Verantwortlichkeiten zu verständigen. Zugleich macht dies einmal mehr deutlich, daß die vorhandene Quellenlage eben zu allererst ein Bild dessen ist, was die bürgerliche Repräsentanz für bedeutsam ansieht.

158 Angaben sind den Wählerverzeichnissen und den dokumentierten Berichten entnommen, vgl. Kap. 3/Dok. 5, 9, 10, 11, 29, 43, 44.

Zuständigkeitsabgrenzung / Kultusverbände. Die auf die gemeindliche Organisation bezogene Fraktionierung der Willensbildung findet sich auch in anderen jüdischen Großstadtgemeinden. Die Besonderheit des Hamburger Systems besteht darin, auf der Grundlage einer Repräsentativverfassung die übliche Regel der gemeindlichen Allzuständigkeit zugunsten von autonomen Teilverbänden aufzuheben. Das ist eine Lösung ohne Vergleich. Gelingen kann dies nur, wenn die Zuständigkeiten hinreichend genau voneinander abgegrenzt sind, jeder Teilverband zur eigenen Verbandsführung substantiell in der Lage ist und das System insgesamt ausgewogen bleibt. Dann allerdings eröffnet dieses Modell «föderaler» Gewaltenteilung ein Maß an Kooperation und Selbstbestimmung, das das gemeinsame Interesse nachhaltig zu fördern in der Lage ist. Diese «bündische» Vorstellung einer Dezentralisierung autokratischer Gemeindestrukturen ist ohne Frage staatlicher Erfahrung entnommen und tatsächlich vom Hamburger Staat initiiert.[159]

(1) Kompetenzordnung. Die Gemeindeverfassung normiert dabei zweierlei, nämlich die Aufteilung der Zuständigkeiten und die Bestandsgarantie der als autonome Verbandseinheiten anerkannten Kultusverbände. Das Bemerkenswerte an der satzungsgemäßen Kompetenzordnung ist, daß sowohl der Gemeinde als auch den Kultusverbänden Aufgaben ausdrücklich zugewiesen werden, dabei jene für die Gemeinde eher abschließend, diese für die Kultusverbände dagegen aus gemeindlicher Sicht eher offen.

Gemeindeaufgaben. Die Gemeinde besitzt die ausdrückliche Zuständigkeit für drei Bereiche, nämlich für das Wohlfahrtswesen (früher Armenwesen), für das Schul- und Erziehungswesen (früher Schulwesen) und für das Begräbniswesen.[160] Es entspricht altjüdischer Auffassung, daß der besser gestellte moralisch verpflichtet ist, dem weniger bemittelten oder in Not geratenen Juden durch Fürsorge und durch persönliche Anteilnahme zu helfen. Da dies im Einzelfall erhebliche Aufwendungen verlangt, liegt es im Interesse aller, wenn die Verantwortlichkeit der Gemeinde unmittelbar übertragen wird. Allerdings hat die Gemeinde die religiösen Vorschriften zu beachten; das gilt vor allem für die Speisevorschriften und für die Berücksichtigung religiöser Sitten und Gebräuche.[161] Die Quellen ergeben, daß das Oberrabbinat des Synagogenverbandes die Gemeinde wiederholt darum bittet, für die Beachtung religionsgesetzlicher Vorschriften

159 Vgl. oben zur geschichtlichen Entwicklung 1817/1819 und 1867/1873 S. XX f., XXIV ff.

160 Vgl. §§ 7, 15, 16, 18 der Verfassung der Deutsch-Israelitischen Gemeinde in Hamburg von 1924, Kap. 2/Dok. 26.

161 Vgl. § 15 Abs. 2 der Verfassung von 1924, Kap. 2/Dok. 26.

in den ihrer Aufsicht unterstehenden Anstalten und Einrichtungen Sorge zu tragen. Ähnliche Gründe lassen sich dafür anführen, das Begräbniswesen zur gemeindlichen Angelegenheit zu erklären. Nach mosaischer Überlieferung sind Grabstellen unverletztlich und dürfen unter keiner Voraussetzung angetastet werden. Der Begräbnisplatz ist ein Beth Olam, ein Haus der Ewigkeit, so daß er zu Eigentum erworben werden muß. Bis zum Jahre 1842 kann kein einzelner Jude in Hamburg de iure Grundeigentum erwerben. Da der Senat der Stadt den Kultusverbänden die Fähigkeit zum Erwerb von Grundeigentum zunächst verweigert, besteht die rechtliche Notwendigkeit, das Begräbniswesen der Gemeinde zu übertragen, da diese die Rechtsfähigkeit besitzt.[162] Ein weiteres Motiv kommt hinzu: Die rituellen Handlungen der Bestattung werden entsprechend jüdischer Tradition einer Beerdigungs-Gesellschaft übertragen. Demgemäß ist das unmittelbare Interesse der Kultusverbände am Begräbniswesen gering. Auch hier ist also wiederum eine faktische Dezentralisation zu beobachten, und zwar zugunsten orthodox und liberal ausgerichteter Beerdigungs-Gesellschaften. Eine gewisse Begehrlichkeit an der gemeindlichen Zuständigkeit entsteht nur insoweit, als das Begräbniswesen angesichts der erhobenen Abgaben über Jahrzehnte gewinnbringend ist.

Der dritte der Gemeinde zugewiesene Bereich – das Schul- und Erziehungswesen – betont den Anspruch der jüdischen Gemeinschaft auf ein umfassendes Bildungswesen und ist für das jüdische Selbstverständnis außerordentlich bedeutsam. Das jüdische Schulwesen verfügt über eine sehr alte Tradition, die mit dem staatlichen Schulwesen nicht vergleichbar ist. Jüdisches Erziehungswesen ist insoweit gleichbedeutend mit dem Anspruch auf Selbstbestimmung in einer diasporalen Welt. Das verlangt zugleich ein Mindestmaß an Organisationsgröße. Das gemeinsame Schul- und Erziehungswesen ist zudem der einzige Bereich, in dem ein integrierendes Bewußtsein der Gemeindezugehörigkeit überhaupt gebildet werden kann. Das sind starke Gründe dafür, in diesem Bereich eine kaum begrenzte gemeindliche Zuständigkeit vorzusehen. Um so erstaunlicher ist es, daß es der Gemeinde bis in die 20er Jahre des 20. Jahrhunderts hinein nicht gelingt, bestimmender Faktor jüdischer Schulpolitik zu werden. Vielmehr ist die jüdische Schule im 19. Jahrhundert im Grundsatz die von Privaten und von den Kultusverbänden getragene, sog. Stiftsschule. Der Gemeinde verbleibt nach den Gemeindestatuten von 1867 zunächst nur der Bereich der Armenschule, was den gemeindlichen Bildungsanspruch nicht befriedigen kann. Erst in der Sat-

162 Vgl. Senatsdekret vom 18. 2. 1878 (Synagogenverband), StAH Cl. VII Lit. L b Nr. 18 Vol. 7 a Fasc.22 und vom 21. 2. 1884 (Tempelverband), StAH Cl. VII Lit. L b Nr. 18 Vol. 7 b Fasc. 4 Inv. 7.

zungsreform von 1924 kann die Zuständigkeit im Schulwesen zu Lasten der Kultusverbände formal erweitert werden. Zu diesem Zeitpunkt ist die Talmud Tora-Schule, die unter Beteiligung des Oberrabbiners des Synagogenverbandes orthodox geführt wird, lange etabliert, so daß die Zugeständnisse der Orthodoxie nicht als substantiell erscheinen. Die Gemeinde akzeptiert diese Bindung auch dann noch, als sie für den Ausbau des Schulwesens erhebliche finanzielle Lasten auf sich nimmt.[163] Die nunmehr gemeindliche Schulpolitik ist nicht zuletzt Reaktion auf die Änderungen im staatlichen Schulwesen, die nach einer stärkeren Koordination des jüdischen Schul- und Erziehungswesens verlangen.[164]

Neue Entwicklungen. Die traditionellen Bereiche formaler gemeindlicher Kompetenz korrespondieren also mit der tatsächlichen Aktivität der Gemeinde nur eingeschränkt, im wesentlichen hinsichtlich der Wohlfahrtsaufgaben. Die noch zu erörternde Ausgabenpolitik der Gemeinde belegt dies nachhaltig. In der Reform der Gemeindeverfassung von 1908 wird die gemeindliche Zuständigkeit dahin erweitert, daß der Gemeinde nunmehr auch «die Förderung allgemein jüdischer Interessen» obliegt.[165] Das ist eine Formulierung, die in ihrer Unbestimmtheit den Versuch verrät, aus der Enge gemeindlicher Kompetenzzuweisung hinauszugelangen. Die Neuerung verschafft der Gemeinde gegenüber den Kultusverbänden jedenfalls formal eine erweiterte Handlungsbefugnis. Die Frage, was als allgemein jüdisches Interesse angesehen werden kann, ist natürlich kaum bestimmend beantwortbar. Sie ist faktisch der Qualifizierungsmacht der Gemeindeorgane überantwortet, innerhalb derer sie zum Gegenstand der Verhandlung wird. Da keine Seite über eine eindeutige Überlegenheit verfügt, gehören wechselseitige Zugeständnisse gleichsam zur täglichen Praxis des Hamburger Systems. Überzieht eine Seite ihre Verweigerung zur kompromißweisen Regelung, so riskiert sie bei wechselnden Mehrheiten – etwa im Repräsentanten-Kollegium – den Verlust einer bereits zugestandenen Position. Die Debatten vor allem des Kollegiums sind im Bereich der gemeindlichen Subventionierungspolitik kleiner und kleinster Gruppierungen, Interessen und Belange beredtes Zeugnis dieses selbst gebilligten Zwangs zur Verständigung.

163 Vgl. § 2 des Organisationsvertrages von 1922, Kap. 5.1/Dok. 8 und § 3 der Verfassung der Talmud Tora-Schule von 1929/1930, Kap. 5.1/Dok. 24.

164 Vgl. die Darstellung in der Vorbemerkung zu Kap. 5.

165 Vgl. § 3 der Verfassung der Hamburger Deutsch-Israelitischen Gemeinde von 1908, abgedruckt Kap. 2/Dok. 2.

(2) Kultusverbände / Satzungsrechtliche Ausgangslage. «Für den Kultus wird in der Gemeinde durch selbständige, unabhängig von der Gemeindeverwaltung geleitete Verbände gesorgt» . Dieser Satz – hier in der Fassung der Gemeindesatzung von 1924 – ist die Kernaussage des Hamburger Systems. Als fundamentale Bestimmung legitimiert er Gemeinde und Kultusverbände gleichermaßen und verlangt von beiden, sich des Trennenden und des Gemeinsamen bewußt zu bleiben. Worin die Selbständigkeit der Kultusverbände besteht, normiert das Gemeindestatut ausdrücklich und in allen seinen Fassungen unverändert: Die Kultusverbände sind selbständig in ihrer eigenen Verwaltung, in der Anstellung ihrer Beamten – also auch der Rabbiner – und in ihrer Finanzhoheit sowie im Gegenstand ihrer Tätigkeit, soweit diese «religiöse Akte» betrifft. Daß hierunter auch die Eheschließung zu verstehen ist, stellt das Gemeindestatut von 1867 deklaratorisch fest, indes wohl eher in der Befürchtung, die Gemeinde selbst könne eine säkularisierte Form entwickeln. Wer in der Gemeinde in ritueller Form heiraten will, kann das nur bei einem der Kultusverbände, die sich damit eine wichtige Einnahmequelle sichern.

Während der Synagogenverband in seiner Satzung detailliert seine Aufgaben umschreibt, belassen es der Tempelverband und die Neue Dammtor-Synagoge mit eher pauschalen Angaben des Verbandszwecks.[166] Die Gründe liegen unter anderem in der satzungsrechtlichen Bevorzugung des Synagogenverbandes. Für bestimmte Bereiche ist ihm die alleinige Fürsorge in der Wahrnehmung der Ritualien übertragen, ihm damit ein Vorrang gegenüber anderen Kultusverbänden zuerkannt worden. In seinen Händen liegt das Schächtwesen, der Koscherfleischhandel, das Anfertigen der Mazzoth und die Fürsorge für das rituelle Bad. Nach Gewohnheit werden nur bei ihm die Beschneidungen vorgenommen. Ihm ist ferner die ausschließliche Nutzung der im Eigentum der Gemeinde stehenden Synagogengebäude überlassen. Als die Gemeinde später – durchaus satzungsgerecht – dem Tempelverband bei dem Bau eines neuen Tempels finanziell nachhaltig unterstützt und gerade damit ihre Neutralität gegenüber jedem Kultusverband dokumentieren will, sieht der Synagogenverband das als Gefahr an, ihm seinen verbürgten Vorrang zu mißachten. Dieser Vorrrang ist indes mit der satzungsrechtlichen Pflicht verbunden, auf der Grundlage der religionsgesetzlichen Vorschriften des Schulchan Aruch jedem Gemeindeangehörigen, also auch jenen, die dem Verband nicht angehören, die Teilnahme an den übertragenen Einrichtungen zu ermöglichen. Angesichts der dominierenden Stellung des Syn-

166 Vgl. § 3 des Statuts des Deutsch-Israelitischen Synagogenverbandes vom 20. 8. 1873, in: Kap. 10.1/Dok. 1; § 2 der Satzung des Israelitischen Tempelverbandes vom 2. 3. 1924, in: Kap. 10.2/Dok. 50; § 2 der Satzung der Neuen Dammtor-Synagoge, in: Kap. 10.3/Dok. 71.

agogenverbandes ist es erstaunlich, daß die Gemeinde gegenüber der Wahl des Oberrabbiners ein förmliches Bestätigungsrecht nicht besitzt.

Das Hamburger System läßt es allerdings mit einer Ausgliederung kultusbezogener Bereiche nicht bewenden. Zwischen der Gemeindeorganisation und den Kultusverbänden bleiben Abhängigkeiten bestehen, deren Wirkung im Leben der Gemeinde nur schwer abzuschätzen ist. Die Kultusverbände haben über ihre Rabbiner die Möglichkeit, über die Zugehörigkeit zur Gemeinde abschließend zu befinden.[167] Das ist ein weises Zugeständnis an die religionsgesetzliche Kompetenz dieser Verbände, die der wechselseitigen Regelung nicht entspricht, nach der keine Verbandseinheit verlangt, sein Angehöriger müsse zugleich dem anderen Verband angehören. Die religionsgesetzliche Qualifizierungskompetenz, wer als Jude anzuerkennen ist, scheint zumeist eher einen Streit zwischen dem Synagogenverband und dem Tempelverband begründet zu haben, als daß die Gemeinde selbst involviert wird. Ohnedies hat die Gemeinde in den Auseinandersetzungen um die Zulässigkeit der Aschenbestattung und des Frauenwahlrechtes erfahren müssen, wie umstritten auch rabbinische Autoritäten sein können. Dieser Delegation zur Frage, wer als Jude anzusehen ist und damit Angehöriger der Gemeinde werden kann, stehen andererseits deutliche Kompetenzvorbehalte gegenüber, die eine vollständige Autonomie der Kultusverbände verhindern sollen. Der Verdacht, die Kultusverbände wollten sich emanzipieren, läßt die Gemeinde wohl nicht los. Dabei ist die statuierte Berichtspflicht, welche Beamten der Kultusverband angestellt hat, harmlos, da eine irgendwie geartete Befugnis auf Einflußnahme nicht besteht.

Einschneidender ist die generelle Genehmigungsbedürftigkeit der Satzungen der Kultusverbände durch den Gemeindevorstand. Diese seit der Satzungsreform von 1908 bestehende Regelung steht wiederholt im Streit der Meinungen. Die Kultusverbände halten sie übereinstimmend für einen Verstoß gegen die 1867 und 1873 gegebenen Zusicherungen hinreichender Autonomie. Da mit dem Inkrafttreten der Weimarer Kirchenartikel der Senat der Stadt seine bis dahin nach Art. 23 der Hamburger Verfassung bestehende Oberaufsicht zutreffend für beendet ansieht, findet sich niemand, der diesen Streit verbindlich klären kann. Für die Beteiligten ist dies längst keine Frage mehr von nur akademischem Interesse. Als man 1924 über eine Fusion zwischen Synagogenverband und Neuer Dammtor-Synagoge verhandelt, will der Synagogenverband eine vertragsmäßige Zusicherung der übertragenen Ritualien erreichen.[168] Die Gemeinde verweigert dies. Bei der Reform seiner Satzung im Jahre 1927

167 Vgl. § 5 Abs.2 der Gemeindeverfassung von 1924, Kap. 2/Dok. 26.
168 Vgl. Kap. 10.1/Dok. 19.

mißachtet der Synagogenverband die nach der Gemeindeverfassung unverändert bestehende Genehmigungsbedürftigkeit. Gemeindliche Vorbehalte gegen diese einseitige Aufkündigung bleiben zunächst fruchtlos. Die Krise endet erst, als Neuwahlen im Synagogenverband eine Veränderung im Delegierten-Kollegium des Verbandes erbringen. Dabei geht es nicht allein um die Bewahrung der kultusbezogenen Autonomie, sondern nicht zuletzt um die vom Synagogenverband angestrebte umfassende Finanzhoheit, die er mit einer Erhöhung der Beitragsverpflichtung erreichen will.[169] Die Gemeinde wird nicht müde, ihre Schutzfunktion auch gegenüber den Verbandsangehörigen zu betonen, nachdem die staatliche Genehmigungsbedürftigkeit entfallen ist, so daß der Gemeindevorstand gewissermaßen über den status quo wacht.

Kritisch bleibt der Umfang des gemeindlichen «Alleinvertretungsanspruches» nach außen. Zusammen mit der Zuständigkeit der Gemeinde, die allgemein jüdischen Interessen zu fördern, kann der Gemeindevorstand nahezu alles in die Hand nehmen, entsprechende Aktivitäten den Kultusverbänden indessen untersagen. Nach dem Sinn der Satzung will man den Verbänden nur eine interne Autonomie gewähren, was schwerlich möglich ist, wenn diese Verbände im nicht-jüdischen Umfeld agieren und Rechtsbeziehungen nicht nur zu den eigenen Verbandsangehörigen eingehen. Für den Außenstehenden bleibt die Lage diffus. Kaum verwunderlich ist daher, daß die rechtsgutacherlichen Bemühungen um sachgerechte Zuordnung schwierig sind, da man sich zwischen staatlichem Recht und gemeindlicher Satzungsautonomie in einer Gemengelage befindet.[170] Das Hamburger System ist offenbar auch statutenmäßig nur schwer zu präzisieren, vieles hängt von den Gegebenheiten des Einzelfalles ab. Die Möglichkeit der Gemeinde, weitere Kultusverbände zuzulassen, ist in den 20er Jahren gewiß nur von theoretischer Natur, verbürgt dennoch einen innergemeindlichen Minderheitenschutz.

(3) Faktische Autonomie der Kultusverbände. Das Hamburger System ist ein Modell der Toleranz. Diese ist gegenüber der anderen Glaubensrichtung und gegenüber religiöser Indifferenz zu üben. Das ist der Anspruch, dem sich die jüdische Gemeinschaft in Hamburg verpflichten will. Eine andere Frage ist, wie sich die Hamburger Juden wirklich verhalten, wenn sie sich für die eine oder andere Gruppierung entscheiden können. Die vorhandenen Quellen lassen eine hinreichend sichere Ant-

169 Vgl. Kap. 10.1/Dok. 31 und 38.

170 Vgl. das Rechtsgutachten des Vorstandes der Justizverwaltung vom 30. 12. 1922, Kap. 2/Dok. 18; vgl. ferner A. Bertram, Die Kulturverbände [!] der Deutsch-Israelitischen Gemeinde in Hamburg, in: Hanseatische Rechts-Zeitschrift, 1922, Sp.331 ff.

wort nicht zu, da das Schriftgut der Kultusverbände als verloren anzusehen ist. Anhand zweier Bereiche läßt sich allerdings eine gewisse Einschätzung darüber vornehmen, wie die Gemeindeangehörigen selbst die Stellung und die Bedeutung der Kultusverbände beurteilen. Dies betrifft zum einen die Zahl derjenigen, die sich einem der drei Kultusverbände anschlossen. Zum anderen kann untersucht werden, mit welchem Steueraufkommen die einzelnen Gruppen zur Bewältigung der gemeindlichen Aufgaben beitragen. Zugleich werden damit Probleme der finanziellen Autonomie der Kultusverbände aufgeworfen, die nach Meinung dieser Verbände nur unzureichend gelöst sind. Tatsächlich muß die Gemeinde sowohl den Synagogenverband als auch die Neue Dammtor-Synagoge in der Zeit der Wirtschaftskrise 1930/1931 vor einer endgültigen Zahlungsunfähigkeit bewahren, nicht zuletzt mit der Erwägung, daß die Frage nach der Konkursfähigkeit der Kultusverbände kaum lösbare Rechtsprobleme aufwirft und dies antisemitischen Strömungen nur zusätzliche Polemik zuführen würde.

Religiöse Organisationsdichte. Zur Gemeinde bekennen sich in den 20er Jahren knapp 20 000 Juden. Die Zahl der Angehörigen der drei Kultusverbände kann dagegen nicht verläßlich ermittelt werden. Mehrere Gründe sind hierfür verantwortlich. Die Verbände, die der Gemeinde gegenüber ihre Mitgliederzahlen angeben, scheinen hierbei nicht immer ganz der Wahrheit gefolgt zu sein.[171] Der Tempelverband begnügt sich über Jahre mit pauschalen Angaben. Die vom Synagogenverband mitgeteilten Zahlen scheinen ebenfalls unsicher, wenngleich die Größenordnung zutreffend sein dürfte. Für die Neue Dammtor-Synagoge steht immerhin auch in Frage, ob die Zahl ihrer Mitglieder ausreicht, dem nach der Gemeindesatzung möglichen Entzug ihres Verbandsstatus zu entgehen.[172] Daß zudem zwischen Angehörigen und Mitgliedern nicht immer sorgfältig unterschieden wird, wurde bereits erwähnt.[173] Die religiöse Organisationsdichte muß daher geschätzt werden. Dabei muß das in den Satzungen der Kultusverbände vorgesehene Zugeständnis, daß man nicht zugleich der Gemeinde anzugehören habe, vernachlässigt werden. Diese Regelung, welche die formale Autonomie der Verbände ausdrucksstark betont, ist in ihrer praktischen Bedeutung schwer einzuschätzen. Das Zugeständnis soll vor allem Angehörigen der jüdischen Nachbargemeinden eine besondere Art der Doppelmitgliedschaft ermöglichen. Das ist angesichts der innerstädtischen Verflechtungen mit Altona und

171 Vgl. Kap. 1/Dok. 16.
172 Vgl. § 6 Abs.3 der Verfassung der Deutsch-Israelitischen Gemeinde in Hamburg von 1924, abgedruckt in: Kap. 2/Dok. 26.
173 Vgl. oben S. XLIV.

Wandsbek eine interessengerechte Lösung.[174] Zwischen dem Synagogenverband und der Neuen Dammtor-Synagoge und zwischen dieser und dem Tempelverband hat es anfangs auch Doppelmitgliedschaften gegeben.[175] Mit diesen Vorbehalten läßt sich feststellen: Die veröffentlichten Statistiken weisen für den Synagogenverband für das Jahr 1925 1620 Mitglieder aus, R. E. May rechnet für dieselbe Zeit mit etwa 1700 Mitgliedern, aufgrund einer später selbst vorgenommenen Auszählung für das Jahr 1925 mit 1579 Mitgliedern.[176] Darin sind nach seinen Angaben 1111 Ehepaare eingeschlossen. Mithin sind im Jahr 1925 468 Mitglieder des Synagogenverbandes ledig oder verwitwet. Hierbei kann es sich satzungsrechtlich nur um Männer handeln. Die Scheidungsquote bleibt unberücksichtigt.[177] Geht man ferner von einer über dem Durchschnitt liegenden Kinderzahl orthodoxer Ehen aus, so sind für den Synagogenverband folgende Annahmen vertretbar:

Zahl der verheirateten Männer	1111
Zahl der Ehefrauen	1111
Zahl der unverheirateten Männer	468
Zahl der unmündigen Kinder (geschätzt)	2000
Zahl der unverheirateten Frauen (geschätzt)	400
Angehörige des Synagogenverbandes insgesamt	5090

Eine entsprechend genaue Berechnung für den Tempelverband und für die Neue Dammtor-Synagoge ist nach dem bisherigen Forschungsstand nicht möglich.[178] Da in beiden Verbänden die Mitgliedschaft anders als im Synagogenverband normiert ist, wird zu differenzieren sein. Für den Tempelverband ergab eine Auszählung einer für den Zeitraum 1918/20 vorhandenen Mitgliederliste, daß dem Verband 237 Männer und 216 Frauen als Mitglieder angehören, also insgesamt 453.[179] In der amtlichen

174 Zur Wohnsitzfrage vgl. § 3 Satz 1 lit. a) der Gemeindeverfassung von 1924, Kap. 2/Dok. 26. Ein Jude, der beispielsweise nach Altona verzog, wurde dadurch dort Gemeindeangehöriger, vgl. § 1 der Gemeindeordnung der Hochdeutschen Israeliten-Gemeinde in Altona von 1894 in der Fassung der Änderung von 1922, Kap. 26/Dok. 5. Er konnte seine Gemeindeangehörigkeit in Hamburg nur durch weitere Zahlung der hamburgischen Gemeindesteuer aufrechterhalten. Eine derartige Doppelmitgliedschaft kam damit nur für wohlhabende Juden in Betracht.

175 Vgl. Kap. 10.3/Dok. 75 mit Anm. 111.

176 Vgl. Kap. 1/Dok. 16. R. E. May, Ein interessantes Kapitel jüdischer Statistik, abgedruckt in: Kap. 1/Dok. 5; vgl. ferner von R. E. May eine unveröffentlichte Ausarbeitung von 1928 zur Mischehenfrage, in: StAH JG 754.

177 Die Scheidungsquote ist mit 8 Scheidungen in der Zeit von 1910 bis 1928 zu vernachlässigen, vgl. R. E. May, a.a.O, Manuskript S. 53.

178 Eine im Staatsarchiv Hamburg vorhandene Gemeindedatei wird durch eine gemeindliche Steuerdatei ergänzt; erst deren Auswertung könnte eine genauere Zuordnung erlauben.

179 Vgl. StAH JG 571 Fasc. III.

Statistik wird für denselben Zeitraum die Zahl der Mitglieder pauschal mit 550 bis 600 angegeben.[180] Das ist überhöht. Immerhin erlaubt die angeführte Zählung die Annahme, daß sich die Mitglieder etwa im Verhältnis von 60 % Männer zu 40 % Frauen verteilen. Danach scheint folgende Schätzung vertretbar:

Zahl der verheirateten Männer (geschätzt)	235
Zahl der Ehefrauen (geschätzt)	235
Zahl der unmündigen Kinder (geschätzt)	300
Zahl der unverheirateten Männer (geschätzt)	125
Zahl der Frauen als Mitglied (geschätzt)	240
Angehörige des Tempelverbandes insgesamt	1135

Bei dieser Schätzung wurden jeweils die günstigsten Annahmen zugrunde gelegt. Ein Teil der Ehefrauen dürfte ebenfalls die Mitgliedschaft im Tempelverband erworben haben. Zudem wurde die vom Verband mitgeteilte Zahl von 600 Mitgliedern als zutreffend angenommen. Die Neue Dammtor-Synagoge gibt für Ende 1927 die Zahl ihrer männlichen Mitglieder mit 398, die ihrer weiblichen Mitglieder mit 57 an.[181] Wählt man die Zahl der männlichen Mitglieder als Ausgangsüberlegung, so läßt sich vermuten, daß hiervon etwa 65 % verheiratet, dagegen etwa 35 % ledig oder verwitwet sind.[182] Das erlaubt folgende Schätzung:

Zahl der verheirateten Männer (geschätzt)	260
Zahl der Ehefrauen (geschätzt)	260
Zahl der unmündigen Kinder (geschätzt)	330
Zahl der ledigen, verwitweten Männer (geschätzt)	140
Zahl der ledigen Frauen (geschätzt)	140
Angehörige der Neuen Dammtor-Synagoge insgesamt	1130

Das Ergebnis dieser in den Einzelannahmen kritisierbaren Schätzung ist, daß in der Gemeinde lediglich 37 % einem der drei Kultusverbände angehören. Das muß keineswegs gleichbedeutend mit religiöser Gleichgültigkeit sein. Daß man auch außerhalb der Angehörigkeit zu einem Kultusverband auf kultusbezogene Formen achtet, zeigt der hohe Anteil von Eheschließungen in ritueller Form. Nur die Rabbiner des Tempelverbandes oder der Neuen Dammtor-Synagoge sind bereit, Gemeindeangehörige, die ihrem Kultusverband nicht angehören, zu trauen. Die Schätzung hat auch die vielfach geäußerte Vermutung widerlegt, der

180 Vgl. etwa Statistisches Jahrbuch für die FHH, 1925, S. 350.
181 Vgl. Kap. 10.3/Dok. 86 mit Anm. 126.
182 Vgl. zum familialen Status S. XXVIII unter Berücksichtigung der unmündigen männlichen Juden. Danach sind von 100 männlichen erwachsenen Juden 32 ledig, 63 verheiratet, 4 verwitwet und 1 geschieden.

Tempelverband habe gegenüber der Neuen Dammtor-Synagoge eine deutlich höhere Zahl von Angehörigen. Die dominierende Stellung des Synagogenverbandes mit etwa 70 % aller einem Kultusverband angehörigen Juden macht auch den Führungsanspruch seines Oberrabbinates verständlich.

Anteil am Steueraufkommen. Die gemeindlichen Einnahmen beruhen im wesentlichen auf dem Steueraufkommen. Hieran sind die Gemeindemitglieder unterschiedlich beteiligt. Da sich die Besteuerung an den Einkommensverhältnissen ausrichtet, ist dies kaum überraschend. Man kann indes fragen, in welcher Weise die Mitglieder der drei Kultusverbände und die übrigen Gemeindeangehörigen an dem Steueraufkommen beteiligt sind. Diese Frage konnte für den innergemeindlichen Frieden von erheblicher Brisanz sein, weil es naheliegen konnte, aus dieser Zuordnung des Steueraufkommens eine konkrete Ausgabenpolitik abzuleiten. Für das Haushaltsjahr 1926 läßt sich dies beispielhaft aufweisen.

Für das Haushaltsjahr 1926 nimmt der gemeindliche Voranschlag ein steuerliches Einnahmesoll von etwa 780 000 Mark an. Das tatsächliche Steueraufkommen wird später rund 881 000 Mark betragen.[183] Zu diesem Zeitpunkt gibt es 9747 gemeindesteuerpflichtige Gemeindeangehörige, so daß jeder steuerpflichtige Gemeindeangehörige an den im Haushaltsplan eingestellten Steuereinnahmen der Gemeinde mit durchschnittlich 80,23 Mark beteiligt ist. Das geschätzte Steueraufkommen von 780 000 Mark soll von Mitgliedern des Synagogenverbandes mit 131 800 Mark, des Tempelverbandes mit 149 800 Mark und der Neuen Dammtor-Synagoge mit 33 400 Mark aufgebracht werden.[184] Ein verbleibender Betrag von etwa 465 000 Mark – und damit 60 % des Steueraufkommens – entfällt damit auf jene steuerzahlenden Gemeindemitglieder, die keinem der Kultusverbände angehören.

Diese Verteilung kann den Schluß nahelegen, daß die Gemeinde überwiegend von jenen Gemeindeangehörigen finanziell getragen wird, die religiös indifferent sind, da sie keinem der drei Kultusverbände angehören. Eine derartige Folgerung wäre indes voreilig. Setzt man das Steueraufkommen zu den Mitgliederzahlen der Kultusverbände in Beziehung und unterstellt man, daß jedes Mitglied zugleich der Gemeinde ange-

183 Vgl. R. E. May, Ein interessantes Kapitel Hamburgischer jüdischer Statistik, Kap. 1/Dok. 5. Das Haushaltsjahr 1926 verzeichnete Ist-Steuereinnahmen von 881 176,69 Mark gegenüber einem Soll-Betrag von 620 000 Mark, vgl. Kap. 1/ Dok. 22. Da das Haushaltsjahr 1926 auf ein 5/4 Kalenderjahr umgestellt wurde, ergibt sich rechnerisch ein Soll-Betrag von 775 000 Mark. May gibt als Steueraufkommen 782 000 Mark an.

184 Vgl. Angaben bei R.E. May Kap. 1/Dok. 5, der allerdings Steuereinnahmen in Höhe 782 000 Mark zugrunde legt.

hört, so zeigt sich ein wesentlich differenzierteres Bild. Dabei rechnet die Gemeinde das Haushaltsjahr 1926 zu fünf Quartale:[185]

Kultusverband	Anteil der Gemeinde-angehörigen	Anteil am Gemeinde-steuer-aufkommen	Beitrag pro Kopf der Angehörigen	Beitrag pro Kopf der steuer-zahlenden Mitglieder	Anteil der steuer-zahlenden Gemeinde-angehörigen
Synagogenverband	25,57 %	16,79 %	25,89 M	300,46 M	8,80 %
Tempelverband	5,70 %	19,10 %	131,98 M	459,61 M	6,58 %
Neue Dammtor-Synagoge	5,68 %	4,28 %	29,56 M	312,15 M	2,16 %
übrige Gemeindemitglieder	63,05 %	59,83 %	37,05 M	113,78 M	82,47 %

Die Verteilung des Steueraufkommens entspricht nicht dem Anteil der Gemeindeangehörigen an den einzelnen Kultusverbänden. Die Angehörigen des Tempelverbandes, die nur 5,70 % der Zahl der Angehörigen der Gemeinde erreichen, erbringen rund 20 % des gesamten gemeindlichen Steueraufkommens. Auch im Vergleich der Kultusverbände zueinander gibt es Verschiebungen. Das durchschnittliche Aufkommen der Angehörigen des Tempelverbandes mit 131,98 Mark ist etwa fünffach so hoch wie das Beitragsaufkommen der Angehörigen des Synagogenverbandes mit 25,89 Mark. Während etwa jedes zweite Mitglied des Tempelverbandes Gemeindesteuer zahlt, ist dies bei den beiden anderen Verbänden nur bei jedem vierten Mitglied der Fall.[186]

Die durchschnittliche Steuerlast ist ebenfalls unterschiedlich. Dies erlaubt Rückschlüsse auf die soziale Schichtung und damit auf denkbare Spannungen innerhalb des Hamburger Systems. Bemerkenswert ist die herausragende Stellung des Tempelverbandes. Wenn 6,58 % der steuerzahlenden Gemeindeangehörigen allein rund 20 % des gemeindlichen Steueraufkommens erbringen, dann läßt dies auf gute Einkommensverhältnisse dieser Gruppe schließen. Die liberale Richtung des Tempelverbandes ist erkennbar bereit, durch erhebliche finanzielle Beiträge das Hamburger System zu stützen, obwohl diese Unterstützung nur zu einem geringeren Teil den eigenen Angehörigen zugute kommen wird. Das zeigt die noch zu erörternde Ausgabenpolitik der Gemeinde. Insbesondere sind Angehörige des Tempelverbandes weder Nutznießer des allgemeinen Wohl-

185 Vgl. Abrechnung und Vermögensaufstellung der Gemeinde für das Jahr 1926, Kap. 4.2/Dok. 22. R.E. May hat dies bei seiner Berechnung des Steueraufkommens pro Steuerzahler ersichtlich übersehen, vgl. Kap. 1/Dok. 5.

186 Vgl. zu den Grundzahlen Kap. 1/Dok. 5. Danach haben der Synagogenverband 436, die Neue Dammtor-Synagoge 107 und der Tempelverband 326 steuerzahlende Mitglieder, jeweils bezogen auf das Haushaltsjahr 1926.

fahrtswesens der Gemeinde noch des von der Gemeinde unterhaltenen Schulwesens. Zudem wird von dem Beitragsaufkommen, das ein Mitglied eines Kultusverbandes an die Gemeinde zahlt, dem jeweiligen Kultusverband lediglich 10 % überwiesen. Die angeführten Zahlen erlauben darüber hinaus noch eine weitere Folgerung: Wenn etwa 60 % des Steueraufkommens von Gemeindeangehörigen erbracht wird, die keinem der Kultusverbände angehören, dann beweist dies erneut, daß eine Gleichsetzung von jüdischer Gemeinde und Religionsgemeinde nicht möglich ist. Die Aufteilung des Beitragsaufkommens belegt nämlich, wie sehr die religiös nicht so sehr gebundenen Gemeindeangehörigen ein tragendes Element des Hamburger Systems darstellen. Andererseits fällt das sehr geringe durchschnittliche Steueraufkommen pro Kopf der steuerzahlenden Gemeindeangehörigen auf, die keinem Kultusverband angehören. Die Diskrepanz zwischen dem Durchschnittsbeitrag von rund 114 Mark pro Kopf dieser Gruppe und dem vierfachen Durchschnittsbeitrag der steuerzahlenden Mitglieder des Tempelverbandes ist bemerkenswert.

Verallgemeinernd läßt sich sagen, daß ein Hamburger Jude, der in guten Einkommensverhältnissen lebt, eher dem Tempelverband als den beiden anderen Kultusverbänden angehört. Ob im übrigen ein nachweisbarer Zusammenhang zwischen der Zugehörigkeit zu einem Kultusverband und den Einkommensverhältnissen und damit zur sozialen Schichtung der jüdischen Bevölkerung besteht, läßt sich anhand der vorliegenden Daten nur schwer beurteilen. Einiges spricht dafür, daß die religiös weniger stark gebundenen Gemeindeangehörigen eher der finanziell schwächeren Schicht zuzurechnen sind, während die finanziell gesicherten Gemeindeangehörigen eher geneigt sind, sich einem Kultusverband anzuschließen.[187] Zwar hat die Gruppe der Gemeindeangehörigen, die keinem Kultusverband angehört, mit 37,05 Mark ein durchschnittlich höheres Steueraufkommen als die Angehörigen des Synagogenverbandes oder der Neuen Dammtor-Synagoge. Demgegenüber ist das durchschnittliche Beitragsaufkommen der steuerzahlenden Angehörigen der Kultusverbände dreimal so hoch wie das Aufkommen derjenigen Steuerzahler, die keinem Kultusverband angehören. In welcher Weise dieser Befund zu erklären ist, läßt sich gegenwärtig kaum abschließend beurteilen. Man könnte vermuten, daß sich ein steuerpflichtiges Gemeindemitglied nicht gerade in jüngeren Jahren entschließt, einem Kultusverband beizutreten, da dies mit zusätzlichen Beitragslasten verbunden ist. In den Kultusverbänden ist nämlich die Zahl derjenigen, die über ein höheres Einkommen verfügen, größer als im Durchschnitt aller steuerzahlenden Gemeindeangehörigen. Einerseits gibt es in den Kultus-

187 Vgl. H. Krohn, Die Juden in Hamburg, S. 126 f.

verbänden prozentual weniger Angehörige, die steuerpflichtig sind; soweit dies der Fall ist, liegt andererseits die jeweilige Steuerlast über der der übrigen steuerzahlenden Gemeindeangehörigen. Vereinfacht besagt dies, daß die Spitzenverdiener regelmäßig einem Kultusverband angehören und daß der Anteil der Erwerbstätigen unter den Angehörigen eines Kultusverbandes geringer ist als es dem Durchschnitt entspricht.

1.2 Bewährung. Bei der Beurteilung der innergemeindlichen Willensbildung darf man nicht übersehen, daß die Orthodoxie trotz ihrer numerischen Minderheit einen gewissen taktischen Vorteil dadurch besitzt, als sie im Synagogenverband und in der Neuen Dammtor-Synagoge gleichsam stützungsfähige Verbandseinheiten besitzt, die zur Durchsetzung von Vorstellungen auch außerhalb der Gemeindeinstitutionen einsetzbar sind. Daneben ermöglicht ihr die statutenmäßige Anerkennung der Kultusverbände, die Erledigung von Aufgaben je nach Opportunität zwischen Gemeinde und Kultusverbände zu verschieben. Zwar achtet die Gemeinde darauf, daß sich die Kultusverbände keinen zu großen Handlungsspielraum im Verhältnis zum nicht-jüdischen Umfeld zubilligen. Insoweit reagiert sie auf die Gefahr der Verletzung ihres «Alleinvertretungsanspruchs» geradezu allergisch. Mit einer stillschweigenden und nur faktischen Delegation von Aufgaben ist man dennoch einverstanden. Man scheut eine prinzipielle Auseinandersetzung, wie sie 1867 bis 1873 und in der Satzungsreform von 1908 mit den Kultusverbänden zu führen war. Eine deutliche Mehrheit in den Gemeindeorganen hält den erreichten Differenzierungsgrad von gemeindlichen und religiös-kultusbezogenen Aufgaben für befriedigend, insbesondere nicht für veränderungsbedürftig.

Dafür spielt die personelle Eingebundenheit von Mandatsträgern der Kultusverbände in die innergemeindliche Willensbildung eine wichtige Rolle. Gelingt es nämlich nicht, die Funktionsträgerschaft dieser Verbände zur Mitwirkung an der Gemeindeverwaltung zu veranlassen, stellt dies den Beginn einer desintegrativen Entwicklung dar. Die gemeindliche Ausgabenpolitik würde alsdann zunehmend zu einer Frage der Verteilung von Haushaltsmitteln degenerieren. Analysiert man aus dieser Perspektive die Zusammensetzung beispielsweise des Repräsentanten-Kollegiums, so zeigt sich:

Zusammensetzung des Repräsentanten-Kollegiums
nach Mitgliedschaft in den Kultusverbänden

	1920	1925	1930
Synagogenverband	12	7	7
Tempelverband	6	9	6
Neue Dammtor-Synagoge	2	4	5
[ohne Angabe	1	1	3]
Summe	21	21	21

Das Kollegium «repräsentiert» in einem strengen Sinne nicht die Struktur der Gemeinde, in der nur etwa 37 % einem der drei Kultusverbände angehören. Damit stimmt die verhältnismäßig geringe Wahlbeteiligung überein.[188] Betrachtet man außerdem die relative Überalterung der Repräsentanten und den hohen Anteil der Wiederwahl, so sind dies Anzeichen dafür, daß in der Gemeinde die latente Gefahr eines Verlustes an Gemeinsamkeit zwischen gemeindlicher Führungselite und Gemeindebasis besteht. Die Herabsetzung des Wahlalters und die Einführung des Frauenwahlrechtes sind auch vor diesem Hintergrund zu sehen. Beides besitzt integrierendes Gewicht. Seit der Wahl von 1925 nähert sich die Zahl derjenigen Repräsentanten, die dem Synagogenverband angehören, dessen Anteil in der Gemeinde an. Im Vergleich zur Wahl von 1920 belegt dies den Verlust des Einflusses der Orthodoxie. Obwohl bei dieser Wahl die Orthodoxie nur 7 Sitze erringen kann, gehören doch 12 Repräsentanten dem Synagogenverband an. Die Zahl der Repräsentanten, die Mitglieder des Tempelverbandes oder der Neuen Dammtor-Synagoge sind, entspricht dagegen in keiner Weise der Zusammensetzung der Gemeinde oder der in ihr vorhandenen religiösen Richtungen. Dennoch ist der hohe Anteil gleichzeitiger Mitgliedschaft von Kultusverband und Repräsentanten-Kollegium für die Funktion des Hamburger Systems vorteilhaft. Damit wird eine gewisse Gewähr dafür geboten, daß dieses System gerade durch persönliche Erfahrungen weitgehend tolerabel gehalten wird.

2. Haushalt – Steuern – Finanzpolitik. Die Gemeinde besitzt Aufgaben, die ohne den Einsatz finanzieller Mittel nicht zu verwirklichen sind. Das lenkt den Blick auf das gemeindliche Besteuerungswesen. Die finanziellen Strukturen der Gemeinde sind kompliziert, weil das Hamburger System zugleich den Versuch eines innergemeindlichen Finanzausgleiches darstellt. In ihm besitzt der Gemeindehaushalt eine zwar wichtige, aber keineswegs monopole Stellung. Die neben der Gemeinde bestehenden, sehr zahlreichen Institutionen und gemeinnützigen Vereinigungen einerseits und die Kultusverbände andererseits bilden jenseits gemeindlicher Zuständigkeiten eigene Aufgabenbereiche, denen eine autonome Ausgabenpolitik zugeordnet ist. Zu denken ist etwa an das Beitragsaufkommen der Kultusverbände, an die Abgaben im Begräbniswesen oder an die vielfältigen Spenden und Beiträge zugunsten des breit gefächerten Bereiches mildtätiger Stiftungen. Der gemeindlichen Besteuerung kommt anders als der staatlichen Steuerpolitik nicht die Aufgabe zu, durch Steuern lenkend das Verhalten der Steuerpflichtigen zu beeinflus-

188 Vgl. oben S. LXXXIII.

sen. Vielmehr steht die Umverteilungsfunktion im Sinne eines gemeindlichen Lastenausgleichs im Mittelpunkt der gemeindlichen Steuer- und Finanzpolitik. Die zahlreichen Beiträge und Spenden machen es gleichwohl schwer, die den Gemeindeangehörigen durchschnittlich treffende «Grundlast» und im Sinne einer haushaltsmäßigen Gesamtrechnung das gesamte Finanzvolumen des jährlich erbrachten Aufkommens in allen jüdischen Institutionen näher zu bestimmen. Die vorhandenen Quellen betreffen nahezu ausschließlich die Haushaltswirtschaft der Gemeinde selbst.

Im Jahr 1926 beträgt die durchschnittliche Steuereinnahme pro Kopf jedes Gemeindeangehörigen nur 33,97 Mark, bezogen auf die Zahl selbständiger Haushaltsvorstände von 9659 nur 73,00 Mark und bezogen auf die Zahl steuerzahlender Gemeindeangehöriger von 4956 jedoch 142,24 Mark.[189] Zu diesem Zeitpunkt beläuft sich die durchschnittlich zu zahlende Lohnsteuer je Steuerpflichtigem in Hamburg auf 106,00 Mark.[190] Derartige Angaben erlauben eine erste Orientierung. Über die durch die Zugehörigkeit zur jüdischen Gemeinde faktisch bestehende Belastung der Gemeindeangehörigen sagen sie jedoch nur wenig aus. Der Etat der Kultusverbände wird etwa auf 30 % des Gemeindehaushaltes zu schätzen sein.[191] Das kann die Annahme stützen, daß etwa in derselben Höhe gegenüber anderen gemeindebezogenen Institutionen Beiträge oder Spenden erbracht werden. Abgrenzungen zu üblichen Aufwendungen bleiben insoweit schwierig. Wenn beispielsweise die Preise für koschere Nahrungsmittel geringfügig höher sind, dann beruhen diese Ausgaben auf jüdischer Lebensweise. In welchem Umfange dagegen der kostenintensive Bereich des Schulwesens zu berücksichtigen ist, erscheint demgegenüber zweifelhaft, da der jüdischen Schule Ersatz-, nicht nur Ergänzungsfunktion zukommt. Der Gemeindeangehörige hat also Aufwendungen in zweifacher Hinsicht zu erbringen. Zum einen erfordert die religionsbezogene Lebensführung Kosten, die andere nicht treffen. Darin unterscheidet sich der gemeindeangehörige Jude nicht von jenen, die einer anderen Glaubensgemeinschaft angehören. Dies findet übrigens seinen sinnfälligen Ausdruck in der von der evangelisch-lutherischen, der römisch-katholischen und der jüdischen Gemeinde gemeinsam gefaßten einheitlichen Gemeindesteuerordnung.[192] Zum anderen kommen

189 Zum Steueraufkommen des Haushaltsjahres 1926 (5/4-Jahr) vgl. Kap. 4/Dok. 22; zur Zahl der Haushaltsvorstände vgl. S. XLV; zur Zahl der steuerzahlenden Gemeindeangehörigen vgl. Nachweis bei R. E. May, Kap. 1/Dok. 5.

190 Vgl. Statistisches Jahrbuch für das Deutsche Reich, 1928, S. 544.

191 Vgl. Angaben Kap. 4/Dok. 26 für das Haushaltsjahr 1929/30. Das ergibt für jene Gemeindeangehörige, die gleichzeitig einem Kultusverband angehören, für das Haushaltsjahr 1926 eine faktische Steuerlastquote von 14,25 %, vgl. Kap. 4.1/Dok. 9 mit Anm. 17.

192 Vgl. Kap. 4.1/Dok. 9 mit Anm. 17.

Besonderheiten hinzu, die sich sowohl aus den jüdischen Moralvorstellungen als auch aus dem bewußten Leben in einer Minderheit ergeben. Beides verstärkt den Gedanken des gebotenen Lastenausgleichs, wie er sich in der gemeindlichen Politik der Wohlfahrt und Unterstützung nachhaltig äußert. Obwohl damit durch Institutionen der Gemeinde und der Kultusverbände zugleich ein religiöses Gebot erfüllt werden soll, führt dies ersichtlich nicht dazu, daß diese Aufgabe nicht mehr als eine auch individuelle Verpflichtung empfunden wird. Die tatsächliche Effektivität derartiger außerhalb der «offiziösen» Institutionen geleisteten Hilfen ist nur schwer einzuschätzen. Die vorhandenen Quellen erlauben indes keinen Zweifel daran, daß es demjenigen, dem es möglich ist, angesonnen wird, durch Beiträge, durch Spenden und durch Stiftungen seinem Glaubensbruder zu helfen und gerade dies seine Reputation in der Gemeinde ausmacht.

2.1 Einnahmepolitik. Besteuerungsart.

(1) Beitragssystem / Kultusverbände. Als sich die Gemeinde 1867 eine neue satzungsrechtliche Grundlage gibt, muß auch die Beitragspflicht neu geregelt werden. Die Zwangsmitgliedschaft und mit ihr die gesetzliche Pflicht der Gemeinde zur Armen- und Krankenpflege und zum «Armen-Schulwesen» ist entfallen.[193] Die Übertragung kultusbezogener Aufgaben auf selbständige Kultusverbände bedingt ebenfalls eine Änderung der Beitragspflicht. Der Gesetzgeber hatte der Gemeinde im Zusammenhang mit der Beseitigung der Zwangsmitgliedschaft zugestanden, von ihren Mitgliedern «höchstens bis auf 1 pCt. des jährlichen Erwerbs» einen jährlichen Beitrag zu erheben.[194] Das Gemeindestatut von 1867 übernimmt dies. Zwischen Vorstand und Repräsentanten-Kollegium ist ein Steuertarif zu vereinbaren, der 1 % des jährlichen Einkommens nicht übersteigen darf.[195] Die gemeindliche Beitragsverpflichtung ist also am Einkommen ausgerichtet. Die jährliche Veranlagung ist einer besonderen Kommission übertragen, die aus zwei Vorstandsmitgliedern und fünf weiteren Gemeindemitgliedern besteht. Die Verschwiegenheitspflicht dieser Besteuerungskommission wird satzungsrechtlich hervorgehoben. Das läßt darauf schließen, daß der Kommission die nicht gerade leichte Aufgabe zufällt, bei jedem besteuerungsfähigen Gemeindemitglied die Beitragslast anhand einer individuellen Feststellung des Einkommens konkret zu ermitteln. Gegen Beschlüsse der Kommission ist die Möglichkeit des Rekurses an den Vorstand eröffnet. Dies deutet ebenfalls auf die

193 Vgl. Kap. 2/Dok. 1 – Gesetz von 1864.
194 Vgl. § 7 des Gesetzes, betreffend die Verhältnisse der hiesigen Israelitischen Gemeinden vom 7. 11. 1864, abgedruckt Kap. 2/Dok. 1.
195 Vgl. § 61 der Statuten der Hamburger Deutsch-Israelitischen Gemeinde von 1867.

Schwierigkeit der Aufgabe hin. Die 1907 novellierte Satzung übernimmt dieses Besteuerungssystem ohne wesentliche Änderung.[196]

Auch die Frage einer autonomen Beitragshoheit der Kultusverbände gilt es zu regeln. Das ist im Hamburger System besonders kritisch. Die Gemeinde befürchtet anfangs, der sich bildende Synagogenverband werde sich zu einem unabhängigen Religionsverband außerhalb der bisherigen Gemeinde entwickeln.[197] Eine derartige Entwicklung würde durch eine autonome Beitragshoheit des Synagogenverbandes dann begünstigt werden, wenn der Kultusverband neben der Gemeinde eine spürbare Besteuerung seiner Mitglieder vornehmen könnte. Nicht wenige Juden würden – so ist die Überlegung – auf eine gleichzeitige Mitgliedschaft in der Gemeinde zugunsten des Synagogenverbandes verzichten. Das Gemeindestatut von 1867 sichert den Kultusverbänden zwar zu, auch in Bezug auf ihre Finanzen vollständig unabhängig zu sein. Diese Formel wird in den Satzungsänderungen von 1907 und von 1924 wiederholt.[198] Aber eine nähere Regelung über Art und Umfang des Beitragsaufkommens fehlt. Die Satzung der Gemeinde sieht nur vor, daß jeder Kultusverband aus den Einnahmen der Gemeindesteuer seiner Mitglieder 10 % erhält. Dieses Aufkommen wird einem Kultusverband kaum genügen, um die ihm übertragenen Aufgaben erfüllen zu können. Die Kultusverbände sind offensichtlich darauf angewiesen, sich zusätzliche Einnahmequellen zu erschließen. Das verlangt bereits die Unterhaltung der Synagogengebäude und die Anstellung der Rabbiner oder anderer Kultusbeamter.

Die satzungsrechtlichen Bestimmungen der Kultusverbände bleiben in ähnlicher Weise unklar. Nach dem Statut des Synagogenverbandes von 1873 ist jedes Mitglied sowie alle übrigen Verbandsangehörigen, die selbständiges Vermögen oder einen selbständigen Erwerb haben, «für die Bedürfnisse des Verbandes zu einem jährlichen Beitrage verpflichtet».[199] Die vorhandenen Quellen ergeben nicht, wie diese Satzungsregelung tatsächlich gehandhabt wurde. Vieles spricht dafür, daß man den Weg der freiwilligen Selbsteinschätzung geht.[200] Der Synagogenverband versucht 1927 anläßlich der Novellierung seiner Satzung, zu einer Art Besteuerung überzugehen.[201] Nach Maßgabe des Haushaltsplanes soll ein Umlagever-

196 Vgl. § 62 der Verfassung der Hamburger Deutsch-Israelitischen Gemeinde von 1908, Kap. 2/Dok. 2.

197 Vgl. oben Einführung, S. XXVIII; vgl. auch H. Krohn, Die Juden in Hamburg, S. 125 ff.

198 Vgl. § 10 Satz 2 der Verfassung der Hamburger Deutsch-Israelitischen Gemeinde von 1908, Kap. 2/Dok. 2; § 9 Satz 1 der Verfassung der Deutsch-Israelitischen Gemeinde in Hamburg von 1924, Kap. 2/Dok. 26.

199 Vgl. § 9 Satz 2 des Statuts des Deutsch-Israelitischen Synagogen-Verbandes vom 20. 8. 1873, Kap. 10/Dok. 1.

200 Vgl. Schreiben von Samson Goldschmidt vom 4. 12. 1927 an die DIG (CAHJP AHW 584).

fahren stattfinden, dessen Durchführung einer Beitragskommission zu übertragen ist. Die Festsetzung soll entsprechend den Vermögensverhältnissen des Mitgliedes vorgenommen werden. Auch dies erweckt den Argwohn der Gemeinde, ohne daß es zwischen ihr und dem Synagogenverband zu einer grundsätzlichen Klärung kommt. Die Satzungsänderung scheitert aus anderen Gründen.[202] Die satzungsrechtlichen Regelungen des Tempelverbandes und der Neuen Dammtor-Synagoge sind in ähnlicher Weise unbestimmt wie die des Synagogenverbandes. Die Satzung des Tempelverbandes sieht Verbandsbeiträge nach Maßgabe einer Gebührenordnung vor.[203] Das Mitglied der Neuen Dammtor-Synagoge bestimmt die Höhe seines Beitrages selbst.[204] Auf diese Art und Weise wird der von der Gemeinde in Anspruch genommene satzungsrechtliche Genehmigungsvorbehalt hinsichtlich der Belastungen, die ein Angehöriger eines Kultusverbandes zu tragen hat, faktisch unterlaufen. Die Beitragshoheit der Kultusverbände erweist sich ohnedies einer Besteuerungshoheit kaum vergleichbar, da der ganz überwiegende Anteil der Einnahmen aus Abgaben für rituelle Handlungen und aus der Vermietung von Synagogen-Stellen stammt. In diesem Bereich die Betragshöhe festzulegen, gilt als konstitutiver Teil der Autonomie der Kultusverbände.

(2) Übernahme des staatlichen Steuersystems. Gerade dieser zuletzt genannte Gesichtspunkt der «Gegenleistung» kann auf die gemeindliche Einnahmepolitik nicht übertragen werden. Die Gemeinde ist daher anders als die Kultusverbände auf ein effektives Besteuerungsverfahren angewiesen, das ihr regelmäßig Finanzmittel in vorhersehbarem Umfang zuführt. Hierfür ist das bisherige Besteuerungsverfahren wenig geeignet. Es vermag das Niveau des staatlichen Veranlagungsverfahrens nicht zu erreichen.

Die Möglichkeit einer Änderung bietet sich 1914, als der hamburgische Gesetzgeber vorsieht, daß die Veranlagung und Erhebung der Steuer einer staatlich anerkannten Religionsgemeinschaft der staatlichen Steuerdeputation übertragen werden kann.[205] Die Übertragung besitzt

201 Vgl. § 9 Abs. 2 der Statuten des Hamburger Deutsch-Israelitischen Synagogenverbandes von 1927, Kap. 10.1/Dok. 31.
202 Vgl. Darstellung Kap. 10.1/Dok. 32 – 41.
203 Vgl. § 5 Abs. 1 der Satzung des Israelitischen Tempel-Verbandes zu Hamburg vom 18. 4. 1929, Kap. 10.2/Dok. 59 mit Anm. 73. Zur Beitragshöhe von 20,00 Mark vgl. die Satzung vom 2. 3. 1924, Kap. 10.2/Dok. 50 mit Anm. 73.
204 Vgl. § 8 Abs. 1 Satz 2 der Satzung der Neuen Dammtor-Synagoge zu Hamburg e. V. vom 17. 3. 1912, Kap. 10.3/Dok. 71.
205 Vgl. Gesetz, betreffend die Veranlagung und Erhebung von kirchlichen Steuern vom 18. 2. 1914, Kap. 4.1/Dok. 1 mit Anm. 8.

die Wirkung, daß auf das Veranlagungs-, Erhebungs- und Rechtsmittelverfahren das für die Einkommensteuer geltende staatliche Recht anzuwenden ist. Die evangelisch-lutherische Kirche und die römisch-katholische Kirche machen hiervon alsbald Gebrauch.[206] Allerdings scheint nicht unumstritten zu sein, ob die Gemeinde als staatlich anerkannte Religionsgemeinschaft im Sinne des genannten Gesetzes zu gelten hat, da man innerhalb des Vorstandes zunächst eine Änderung des Gesetzes vom 7. 11. 1864 für erforderlich hält.[207] Die Quellen ergeben nicht, aus welchen Gründen man den Gedanken der Übertragung an die staatliche Steuerdeputation zunächst nicht weiter verfolgt. Die etwa seit Anfang 1919 in den Gemeindeorganen erneut einsetzende Diskussion läßt darauf schließen, daß man die Verschwiegenheit der staatlichen Stellen skeptisch beurteilt.

Ein Teil der Vorstandsmitglieder scheint Bedenken gegen die Wahrung des Steuergeheimnisses nicht zu teilen oder ihnen jedenfalls nur geringe Bedeutung beizumessen. Er ist wohl auch davon überzeugt, daß das staatliche Veranlagungsverfahren der Gemeinde erhöhte Einnahmen verschaffen würde. Im April 1919 behauptet die Zionistische Ortsgruppe Hamburg-Altona öffentlich, es sei «ein offenes Geheimnis, daß die Schätzungen der Besteuerungskommission das wirkliche Einkommen der Zensiten bei weitem nicht erreichen und meist nur 1/3 desselben erfassen».[208] Eine Änderung des Steuersystems werde zum doppelten Steuerertrag führen. Im Herbst 1919 entsteht eine neue Lage, als die Veranlagung und Erhebung der Kirchensteuer den Landesfinanzämtern und den Finanzämtern, die als Reichsbehörden tätig werden, übertragen werden kann.[209] Im November 1919 kommt man im Vorstand überein, sich zunächst über den Umfang der Veranlagung zur Einkommensteuer zu unterrichten. Man bittet deshalb die Steuerdeputation um eine Liste aller Einkommensteuer zahlenden Juden und um Angabe der von den jüdischen Steuerzahlern geleisteten Gesamtsumme. Die Liste erhält man im März 1920, die Angabe der Gesamtsumme wird abgelehnt.[210] Wenig später werden die Religionsgesellschaften des öffentlichen Rechts durch Reichsgesetz ermächtigt, Zuschläge zu den Reichssteuern zu erheben, die an die Stelle der bis-

206 Vgl. Bekanntmachung, betreffend die Veranlagung und Erhebung von kirchlichen Steuern vom 3. 8. 1915 (Hamb. Gesetzsammlung I S. 69).

207 Vorstandssitzung vom 26. 4. 1914 (StAH JG 297 Bd. 18), vgl. auch Kap. 4.1/Dok. 1 mit Anm. 8.

208 Vgl. E. Kalmus/W. Victor, Zur Neuordnung der Gemeinde, in: Hamburger Jüdische Nachrichten, 1919, Nrn. 5 bis 7, Kap. 2/Dok. 4.

209 Vgl. § 12 Abs. 2 des Gesetzes über die Reichsfinanzverwaltung vom 10. 9. 1919 (RGBl. S. 1591); vgl. auch Senatsprotokoll vom 3. 10. 1919 – Drucksache für die Senatssitzung Nr. 467/1919.

210 Vgl. Kap. 4.1/Dok. 2 mit Anm. 9.

herigen Landes- oder Gemeindesteuern getreten sind.[211] Noch zögert man in den Gemeindeorganen, das Veranlagungs- und Erhebungsverfahren den staatlichen Behörden zu übertragen, obwohl Art. 137 Abs. 5 der Weimarer Reichsverfassung das staatliche Einzugsverfahren gewährleistet. Seit Anfang 1920 ist die Frage des Besteuerungsverfahrens Gegenstand des Wahlkampfes zu den Wahlen zum Repräsentanten-Kollegium am 14. März 1920. Die Zionisten treten erneut für die Erhebung der Gemeindesteuer durch Zuschläge zur staatlichen Einkommensteuer unter Fortfall der Steuerschätzung ein.[212]

Anfang 1922 findet sich im Repräsentanten-Kollegium eine breite Mehrheit für den Vorschlag, die Gemeindesteuer durch den Staat einziehen zu lassen.[213] Gesichtspunkte der gleichmäßigen Besteuerung und des vermuteten erhöhten Steuereinkommens sind hierfür leitend. Demgegenüber wird im Vorstand befürchtet, eine höhere Besteuerung werde zu vermehrten Austritten führen. Ob diese Begründung wirklich ernsthaft gemeint war, läßt sich kaum beurteilen. Sie erweist sich jedenfalls im nachhinein als haltlos.[214] Andererseits kann die Annahme eines erhöhten Steueraufkommens nur schwer beurteilt werden. Ihre Berechtigung setzt genaue Vergleichsberechnungen nach altem und neuem Besteuerungsverfahren voraus. Daran fehlt es, da die Höhe der von jüdischen Steuerzahlern erbrachten Einkommensteuer unbekannt ist. Die Befürworter verkennen, daß das Übertragen des Veranlagungs- und Erhebungsverfahren auf staatliche Behörden die Frage der Steuerquote gänzlich unberührt läßt. Nach zionistischer Quelle erreichte die Gemeinde 1912 ein Steueraufkommen von 195 000 Mark, dem ein Steuerbetrag von 239 000 Mark der jüdischen Gemeinde zu Köln mit 12 000 Gemeindeangehörigen und einem Zuschlag von 28 % zur Staatssteuer gegenübergestellt wird.[215] Treffen diese Angaben zu, so hat in Hamburg jeder Gemeindeangehörige durchschnittlich etwa 10 Mark gegenüber knapp 20 Mark eines Angehörigen der Kölner Gemeinde aufzubringen. Dieser Unterschied ist auch bei Berücksichtigung der besonderen Aufgaben der Kultusverbände immer noch beträchtlich. Neben der Steuerquote ist die steuerliche Gleichbehandlung gleichwohl der entscheidende Faktor dafür, ob die Gemeinde ihr Steueraufkommen wirksam verbessern kann. Tatsächlich

211 Vgl. § 15 Abs.1 des Landessteuergesetzes vom 30. 3. 1920 (RGBl. S. 402).

212 Vgl. Wahlaufruf der Zionisten (1919/20), Kap. 3/Dok. 4, zur «Neuordnung der Gemeinde» aus zionistischer Sicht (April 1919); vgl. ferner Kap. 3/Dok. 4, dort mit harter Kritik am bisherigen Besteuerungsverfahren.

213 Vgl. Sitzung vom 24. 1. 1922, Kap. 4.1/Dok. 3.

214 Vgl. statistische Angaben Einführung S. LXIII f.

215 Vgl. E. Kalmus/W.Victor, Zur Neuordnung der Gemeinde (1919), in: Hamburger Jüdische Nachrichten, 1919, Nrn. 5 bis 7, Kap. 2/Dok. 4.

steigt in den kommenden Jahren das Steueraufkommen deutlich.[216] Das dürfte jedoch auch auf den verbesserten Einkommen der Gemeindeangehörigen beruhen. Nach dem Kriege kann der Haushalt durch Steuereinnahmen zumeist nur zu 3/4 gedeckt werden. Das mag ein weiteres Motiv sein, zu einem jedenfalls formal strengeren Besteuerungsverfahren überzugehen.

Die Gemeinde überträgt die Steuererhebung den staatlichen Behörden im Laufe des Jahres 1923. Einzelheiten konnten nicht ermittelt werden. Ende 1923 genehmigt der Reichsminister der Finanzen die Übernahme der Verwaltung der Gemeindesteuern durch das Landesfinanzamt.[217] Die endgültige Umstellung des Veranlagungs- und Erhebungsverfahrens fällt zeitlich mit dem Aufbau der staatlichen Finanzämter zusammen. In den Krisenjahren 1923 und 1924 ist zudem an eine geordnete Steuerberechnung kaum zu denken. Erst für das Haushaltsjahr 1925 wird eine Gemeindesteuerordnung verabschiedet.[218] In der Zuständigkeit der Gemeinde verbleibt die Möglichkeit, die Gemeindesteuer aus Gründen des Einzelfalles zu ermäßigen oder niederzuschlagen. Hiervon wird auch Gebrauch gemacht.

Höhe der Steuerquote. Das staatliche Veranlagungs- und Erhebungsverfahren verspricht ein Gleichmaß an formaler Steuergerechtigkeit. Individuelle Absprachen zwischen steuerpflichtigem Gemeindeangehörigen und Besteuerungskommission über die Höhe der zu veranlagenden Einkünfte entfallen. Man darf unterstellen, daß die kraft Gesetzes bestehenden Erklärungspflichten effektiver sind, die Besteuerungsgrundlagen offenzulegen. Die Gemeindesteuer wird künftig durch Zuschläge zur Reichseinkommensteuer veranlagt und erhoben. Der Gemeinde gelingt es dadurch, sich von der früheren Höchstgrenze von 1 % des Einkommens zu lösen. Das stellt mutmaßlich den eigentlichen Grund der innergemeindlichen Kontroverse dar. Die Höhe der Zuschläge wird nämlich außerhalb des Verfahrens der Satzungsänderung durch übereinstimmenden Beschluß von Vorstand und Repräsentanten-Kollegium beschlossen, deren einfache Mehrheit ausreichend ist.[219] Die Steuerhöhe beruht damit sowohl auf der gemeindlichen Steuerquote, die formal für alle Gemeindeangehörigen gleich sein wird, als auch auf der Progression der Reichseinkommensteuer als der nunmehrigen Bemessungsgrundlage. Erst dieses Zusammenspiel läßt in der Tat vermuten, daß das Steueraufkommen durch das geänderte Besteuerungssystem gesteigert werden kann.

216 Vgl. unten Einführung S. CVIII.
217 Vgl. Kap. 4.1/Dok. 5 mit Anm. 13.
218 Vgl. Kap. 4.1/Dok. 8.
219 Vgl. § 53 der Verfassung der Deutsch-Israelitischen Gemeinde in Hamburg vom 8. 12. 1924, Kap. 2/Dok. 26.

Die Gemeinde muß sich überlegen, von welcher Steuerquote sie ausgehen will. Die Quote muß zum einen auf das erwünschte Steueraufkommen ausgerichtet und damit letztlich ausgabenorientiert sein. Dies realistisch einzuschätzen, fehlt es der Gemeinde zunächst an jeglicher Erfahrung. Zum anderen gilt es, die Auswirkungen auf die steuerpflichtigen Gemeindeangehörigen zu berücksichtigen. Dies ist in differenzierter Weise nur schwer zu beurteilen. Die Gemeinde entschließt sich deshalb, die Zuschläge zunächst in derselben Höhe wie die beiden christlichen Gemeinden erheben zu lassen. In dieser Weise wird für das Jahr 1923 verfahren, für das angesichts der Inflation eine Veranlagung zur Einkommensteuer ohnehin unterbleibt.[220] Das ist insoweit ungerecht, als die an die Kultusverbände zu erbringenden Beiträge und Aufwendungen unberücksichtigt bleiben. Für das Jahr 1924 wird eine andere Regelung getroffen.[221] Danach beträgt die Gemeindesteuer 20 % der Vorauszahlung der Reichseinkommensteuer für das 1. Quartal. Das entspricht praktisch einer jährlichen Quote von lediglich 5 % der zu zahlenden Einkommensteuer. Für lohnsteuerpflichtige Gemeindeangehörige wählt man eine geringere Belastung, die progressiv von 0,2 % bis 0,5 % des Bruttoeinkommens gestaffelt ist. Mit der Gemeindesteuerordnung von 1925 wird eine höhere Belastung eingeführt, und zwar wiederum gemeinsam mit den beiden christlichen Kirchen.[222] Die Steuerquote beträgt nunmehr 10 % der Einkommensteuer, die der lohnsteuerpflichtigen Gemeindeangehörigen ist progressiv gestaffelt von 0,3 % bis 0,75 %. Das stellt im Vergleich zum Vorjahr 1924 eine Begünstigung der einkommenschwächeren Gemeindeangehörigen dar. Mit Beginn des Haushaltsjahres 1926 werden einkommen- und lohnsteuerpflichtige Gemeindeangehörige demselben Steuersatz unterworfen.

In den folgenden Jahren wird die Steuerquote wiederholt geändert. Die Gemeinde beginnt, die Höhe der Steuer immer stärker nach haushaltswirtschaftlichen Notwendigkeiten festzulegen. Als die Wirtschaftskrise 1931 zu erheblichen Steuerausfällen führt, erhöht die Gemeinde die am Einkommen ausgerichtete Gemeindesteuer erneut und führt außerdem eine Vermögenssteuer ein.[223] Eine Übersicht über die jährliche Steuerquote ergibt folgendes Bild:[224]

220 Vgl. Darstellung Kap. 4.1/Dok. 5.
221 Vgl. Schreiben des Gemeindevorstandes an das Repräsentanten-Kollegium vom 15. 6. 1924, Kap. 4.1/Dok. 7.
222 Vgl. Kap. 4.1/Dok. 8.
223 Vgl. Kap. 4.1/Dok. 13 und 14.
224 Zusammengestellt und berechnet nach den Steuerordnungen der Gemeinde, jährlich abgedruckt in GB 1925–1934.

Jahr	Steuerquote als Anteil der Einkommenssteuer	Ausgaben des Gemeindehaushaltes insgesamt
1919		453 518 M
1920		808 161 M
1921		1 251 780 M
1922		8 933 532 M
1923		---
1924	5,0 %	455 187 M
1925	10,0 %	586 229 M
1926[225]	12,5 %	844 002 M[226]
1927/28[227]	10,0 %	1 598 884 M[228]
1928/29[229]	10,0 %	1 194 395 M
1929/30[230]	9,0 %	1 305 205 M
1930/31[231]	10,0 %	966 033 M
1931/32	12,0 %	1 081 807 M
1932[232]	13,0 %	918 365 M[233]
1933	15,0 %	861 650 M[234]
1934	19,0 %	713 708 M[235]

Für die Zeit vom 1. 7. 1927 bis 1930 genügt der Gemeinde der vergleichsweise geringe Steuersatz von durchschnittlich 10 %. Da das Steueraufkommen in diesem Zeitraum laufend steigt, zeigt dies, daß die Gemeindeangehörigen an der wirtschaftlichen Prosperität teilhaben. Die Gemeinde ist durchaus wohlhabend. Dies wird deutlicher erkennbar, wenn man versucht, die durchschnittliche Steuerbelastung je Gemeindeange-

225 Vgl. Beschluß des Repräsentanten-Kollegiums vom 1.2.1926, GB v. 10. 3. 1926, S. 3.
226 Um Verlustsaldo von 152 447 Mark bereinigt, vgl. Kap. 3/Dok. 20, 22.
227 Gemeindesteuerordnung für die Zeit vom 1. 1. 1927 bis 30. 6. 1928, GB v. 10. 4. 1927, S. 5.
228 Haushaltsjahr vom 1. 1. 1927 bis 30. 6. 1928 unter Berücksichtigung von Steuermehreinnahmen, vgl. GB v. 10. 7. 1929, S. 3.
229 Gemeindesteuerordnung für die Zeit vom 1. 1. 1928 bis 30. 6. 1929, GB v. 5. 5. 1928, S. 3.
230 Gemeindesteuerordnung für die Zeit vom 1. 7. 1929 bis 30. 6. 1930, GB v. 10. 7. 1929, S. 1.
231 Gemeindesteuerordnung für die Zeit vom 1. 7. 1930 bis 30. 6. 1931, GB v. 10. 7. 1930, S. 1; Gemeindehaushalt dagegen vom 1. 7. 1930 bis 31. 3. 1931, vgl. GB v. 10. 9. 1930, S. 5.
232 Haushaltsjahr vom 1. 4. 1932 bis 31. 12. 1932, vgl. GB v. 3. 5. 1932, S. 4
233 Ausgabenbetrag für ein Jahr angegeben, berechnet nach dem abgerechneten Zeitraum vom 1. 4. 1932 bis 31. 12. 1932, in dem die Ausgaben 688 774 M betragen (StAH JG 411 a Bd. 1).
234 Vgl. StAH JG 411 b.
235 Errechnet nach der Niederschrift über die Sitzungen des Repräsentanten-Kollegiums vom 25. 1. und 29. 1. 1934, vgl. GB v. 26. 2. 1934, S. 5 f. und GB v. 8. 3. 1934, S. 3.

hörigem zu berechnen und das Ergebnis der allgemeinen Einkommensentwicklung gegenüberzustellen. Dazu ist man allerdings teilweise auf Schätzungen angewiesen, da weder die Zahl der Gemeindeangehörigen noch die genauen Steuereinnahmen für jedes Jahr bekannt sind.

Durchschnittliche Steuerbelastung pro Kopf

Jahr	Zahl der Gemeinde-angehörigen[236]	Steuer-aufkommen der Gemeinde	Steuerbetrag pro Kopf	wöchentl. Einkommen gelernter Arbeiter[237]
1912	19 000	195 000 M	10,26 M	34,67 M
1919	18 500	307 166 M	16,60 M	
1920	18 750	563 255 M[238]	30,04 M	
1921	19 000	1 104 379 M[239]	58,13 M	
1922	19 250	6 087 717 M[240]	316,25 M	
1923[241]	19 500	---	---	
1924	19 750	385 246 M	19,51 M	35,84 M
1925	19 904	524 177 M[242]	26,34 M	44,31 M
1926	20 749	704 940 M[243]	33,97 M	45,49 M
1927	20 500	990 597 M[244]	48,32 M	48,35 M
1928	20 200	1 029 772 M[245]	50,98 M	
1929	19 900[246]	1 015 124 M	51,01 M	
1930	19 600	936 400 M	47,78 M	
1931	19 300	692 987 M	35,36 M	
1932	19 100	553 052 M[247]	28,96 M	
1933	17 000	597 849 M[248]	35,17 M	
1934	16 000	668 330 M[249]	41,77 M	

236 Vgl. Einführung S. CXVI f. Die Schätzungen beruhen auf der Annahme, daß sich die für 1916 angegebene Zahl von 17 275 gemeindeangehörigen Juden bis 1925 linear erhöht. Das ist für die Zeit um 1918/19 immerhin zweifelhaft. Für den Zeitraum nach 1926 wurde ein Verlust von etwa 300 pro Jahr auf der Grundlage der negativen Geburten-/Sterbebilanz angenommen. Die sich aus der statistischen Erhebung vom 16. Juni 1933 ergebende Zahl von 16 855 gemeindeangehörigen Juden wird bereits durch die Anfang 1933 einsetzende Emigration deutlich beeinflußt.

237 Daten sind den Statistischen Jahrbüchern für das Deutsche Reich entnommen, jeweils tarifmäßiger Wochenlohn gelernter Arbeiter aller Gewerbegruppen.

238 Rückständige Steuern in Höhe von 17 000 M sind berücksichtigt, vgl. Kap. 4.2/Dok. 16.

239 Vgl. StAH JG 409.

240 Vgl. StAH JG 409.

241 Abrechnungen oder andere Daten der Haushaltsführung fehlen; ein Vergleich wäre angesichts inflationärer Geldentwertung ohnehin verzerrend, vgl. zur Golderöffnungs-Bilanz zum 1. 1. 1924 Kap. 4.2/Dok. 17.

242 Auf 4/4-Jahr umgerechnete Steuereinnahmen 1925 von 393 133 Mark, vgl. Kap. 4.2/Dok. 20.

Das Steueraufkommen pro Kopf steigt seit 1925 kontinuierlich, um erst mit Beginn der Wirtschaftskrise 1930/31 wieder zu fallen. Gegenüber 1925 hat sich der zu zahlende Steuerbetrag 1929 nahezu verdoppelt. Da sich die Zahl der Gemeindeangehörigen und der Steuersatz kaum verändern, bedeutet dies, daß sich in diesem Zeitraum das Gesamteinkommen der Gemeindeangehörigen ebenfalls verdoppelt haben muß. Die vorstehend berechnete durchschnittliche Gemeindesteuer wird man bis 1929/30 kaum als wirklich belastend anzusehen haben. Allerdings läßt diese Berechnung die erwähnte «Grundlast» nicht erkennen, die durch die Zugehörigkeit zur Gemeinde und zu den Kultusverbänden insgesamt entsteht. Die tatsächliche Belastung muß außerdem auf die erwerbstätigen Gemeindeangehörigen bezogen werden, um eine genauere Beurteilung zu ermöglichen. Hierzu ist man wiederum auf Vermutungen angewiesen. In der Gemeinde geht man von etwa 6000 bis 7000 «an sich» besteuerungsfähigen Gemeindeangehörigen aus.[250] Nimmt man an, daß etwa 1/3 der Gemeindeangehörigen erwerbstätig sind und daß die «Grundlast» etwa das Doppelte der gemeindlichen Beitragslast beträgt, dann kann man abschätzen, daß eine jüdische «Durchschnittsfamilie» für ihre Zugehörigkeit zur Gemeinde 1927 einen jährlichen Betrag von etwa 300 Mark aufzubringen hat. Das ist nicht unerheblich. 1927 verdient ein gelernter Arbeiter etwa wöchentlich 50 Mark.[251] Die Durchschnittsberechnung deutet damit eher darauf hin, daß ein kleinerer Teil der Gemeindeangehörigen über ein höheres Einkommen verfügt. Eine aussagefähige Steuerstatistik ist erst 1936 mit dem Eintritt von Leo Lippmann in die Gemeindeverwaltung erstellt worden.[252]

243 Auf 4/4-Jahr umgerechnete Steuereinnahmen 1926 von 881 176 Mark, vgl. Kap. 4.2/Dok. 22.

244 Auf 4/4-Jahr umgerechnete Steuereinnahmen 1927/28 von 1 485 896 Mark, vgl. Abrechnung und Vermögensaufstellung der Gemeinde, GB vom 10. 7. 1929, S. 3.

245 Auf 4/4-Jahr umgerechnete Steuereinnahmen 1928/29 von 1 068 948 Mark, vgl. Abrechnung und Vermögensaufstellung der Gemeinde für das Jahr 1928/29, GB v. 10. 7. 1930, S. 4.

246 Die nachfolgend angeführten Ausgabenbeträge beruhen auf Schätzungen auf der Grundlage der Haushaltsvoranschläge; Abrechnungen waren nicht zu ermitteln.

247 Steuereinahmen für den Zeitraum vom 1. 4. bis 31. 12. 1932 betragen 398 015 M (StAH JG 411 a Bd. 1). Der im Text angegebene Betrag berücksichtigt auch die Steuereinnahmen des 1. Quartals 1932.

248 Vgl. StAH JG 411 b.

249 Vgl. Angaben in der Sitzung des Repräsentanten-Kollegiums vom 25. 3. 1934, GB v. 8. 3. 1934, S. 3.

250 Vgl. Erörterung im Repräsentanten-Kollegium am 29. 9. 1925, GB v. 10. 10. 1925, S. 3.

251 Vgl. Statistisches Jahrbuch für das Deutsche Reich, 1928, S. 365 ff., S. 371 für alle Gewerbegruppen im Oktober 1927: 48,35 M.

252 Vgl. L. Lippmann, Die Finanzen der Deutsch-Israelitischen Gemeinde in Hamburg, in: GB v. 17. 7. 1936, S. 2 ff.

Nicht-steuerliche Einnahmen. Die Gemeinde stützt sich in ihrer Ausgabenpolitik im wesentlichen auf das jährliche Beitragsaufkommen. Wie die zum 1. 1. 1924 erstellte Golderöffnungsbilanz belegt, verfügt die Gemeinde über nicht unbedeutendes Vermögen.[253] Durch die inflationsbedingte Währungsumstellung geht der Renditeertrag des Anlagevermögens deutlich zurück. Die vor dem Weltkrieg verfolgte Anlagepolitik erweist sich nachträglich als verfehlt. Das gilt für die Kultusverbände entsprechend.[254] Durch das gemeindliche Sondervermögen der Depositenkasse milder Stiftungen erhält die Gemeinde eine zusätzliche Möglichkeit, Ausgaben im Bereich des Wohlfahrtswesens vorzunehmen, ohne den eigenen Finanzhaushalt zu belasten. Auch hier hat die Gemeinde durch die Währungsumstellung erhebliche Verluste zu erleiden.

Finanzielle Vorteile zieht die Gemeinde aus ihrer Zuständigkeit für das Beerdigungswesen.[255] Die Aufwendungen bleiben zumeist deutlich hinter den Abgaben zurück. Auch wenn dies in einzelnen Jahren einmal nicht der Fall ist, so bleibt doch der Haushalt durch das Begräbniswesen unbelastet. Die gegenüber dem staatlichen Friedhofswesen durchgesetzte Autonomie des auf dem Zentralfriedhof Ohlsdorf gelegenen jüdischen Friedhofs ermöglicht der Gemeinde mithin eine jedenfalls «kostendekkende» Abgabenpolitik.

2.2 Ausgabenpolitik. Die gemeindliche Haushaltswirtschaft, wie sie sich in den vorhandenen Quellen darstellt, vermittelt den Eindruck bürokratischer Korrektheit. Diese beruht zunächst formal auf der satzungsrechtlichen Verpflichtung des Vorstandes der Gemeinde, einen jährlichen Haushaltsplan aufzustellen und danach die Finanzen zu verwalten.[256] Der Haushaltsplan unterliegt der Genehmigung des Repräsentanten-Kollegiums, dem auch jährlich Rechnung zu legen ist. Das Repräsentanten-Kollegium ist nicht bereit, lediglich pauschale Angaben des Vorstandes hinzunehmen, dies führt zu differenzierten Angaben. Zudem unterliegen weitere «finanzwirksame» Entscheidungen des Vorstandes einem umfassenden Genehmigungsvorbehalt.[257] Der Gesamteindruck ist der einer dem staatlichen Haushaltswesen nachgebildeten Bugdetstruktur.

253 Vgl. Kap. 4.2/Dok. 17.

254 Der Tempelverband verliert sein für den Neubau eines Gotteshauses vorgesehenes Vermögen, vgl. Kap. 10.2/Dok. 5.

255 Vgl. § 18 Abs.2 der Verfassung der Deutsch-Israelitischen Gemeinde in Hamburg, Kap. 2/Dok. 26.

256 Vgl. § 28 der Verfassung der Deutsch-Israelitischen Gemeinde in Hamburg, Kap. 2/Dok. 26.

257 Vgl. § 40 der Verfassung der Deutsch-Israelitischen Gemeinde in Hamburg, Kap. 2/Dok. 26.

Die damit erreichbare Kontrolle der Ausgabenpolitik ist Ausdruck der im Hamburger System angelegten wechselseitigen Kontrolle. Über die Erörterungen im Repräsentanten-Kollegium können die Kultusverbände faktisch ihren Einfluß auf die Gemeindepolitik wahren.

Streitfragen. Da dem Kollegium nahezu ausschließlich Repräsentanten angehören, die Mitglied, teilweise auch Funktionsträger eines der drei Kultusverbände sind,[258] geraten die Erörterungen über die Haushaltspolitik nicht selten zu Grundsatzdebatten über Sinn und Zweck des Hamburger Systems. In erster Linie die Vertreter der Orthodoxie sehen sich zur Wahrung der von ihrem Kultusverband verfolgten Interessen aufgerufen. Die konsequente Ausgabenpolitik erweist sich damit als schwierig, da jede Klientel eine Veränderung des Gleichgewichtes argwöhnt und Präzedenzfälle zu ihrem Nachteil zu vermeiden sucht. Man darf sich den satzungsrechtlichen Genehmigungsvorbehalt daher nicht als eine lediglich formale Angelegenheit vorstellen. Die Verhandlungen über Haushaltsfragen erweisen sich häufig als so schwierig, daß man gegen Ende der 20er Jahre zunehmend dazu übergeht, einen in der Gemeindeverfassung nicht vorgesehenen Ausschuß mit der vorbereitenden Klärung der umstrittenen Fragen zu beauftragen. Streitfragen können in finanziellen Kleinigkeiten liegen, denen die eine Seite jedoch grundsätzliche Bedeutung beimißt. In der Tat kann es im Einzelfall schwierig sein, Kultus- und allgemeine Aufgaben einer jüdischen Kultur zu trennen.[259] Wenn beispielsweise die finanzielle Unterstützung der Religionsschule eines der Kultusverbände erreicht werden soll, so kann dies ebenso Fragen nach der erforderlichen politischen und religiösen Neutralität der Gemeinde aufwerfen wie die zionistische Forderung, durch Spenden die Palästinafürsorge für Erez Israel zu unterstützen. Zumeist einigt man sich dahingehend, daß jede Gruppierung einen alsdann geringeren Betrag erhält. Der so gefundene Kompromiß hat für beide Seiten dann eher symbolische Bedeutung. Die Niederschriften über die Verhandlungen im Repräsentanten-Kollegium haben trotz distanzierter Berichterstattung viel an der ersichtlich vorhandenen Streitlust bewahrt. Insbesondere die Ausgabenpositionen «kulturelle Aufgaben» und «allgemeine jüdische Aufgaben» erlauben entsprechende Kompromisse. Während der Anteil am Gesamthaushalt zunächst gering ist, steigt er 1928/29 von etwa 2 % auf dann knapp 6 % an. Das ist gewissermaßen die haushaltsjährliche Finanzmasse, die im ersten Zugriff zur innergemeindlichen Streitschlichtung zur Verfügung steht. Nimmt man Anteile des Wohlfahrtswesen hinzu, so

258 Vgl. Einführung S. XCVIII.
259 Vgl. etwa Kap. 4.2 /Dok. 21.

werden seit 1928/29 etwa 1/10 des Haushaltes zum aktuellen Interessenausgleich innerhalb des Hamburger Systems eingesetzt.

Dabei durchzieht diese Verhandlungen der ständige Vorwurf, die Kultusverbände könnten ihre Aufgaben mit dem ihnen zustehenden Anteil von 10 % des Steueraufkommens ohnehin nur ungenügend erfüllen. Mit diesem Hinweis soll die Gemeinde immer wieder veranlaßt werden, die Verbände zumindest mittelbar zu unterstützen. Häufig gibt die Mehrheit nach, um auch damit die Handlungsfähigkeit der Gemeinde und ihrer Kultusverbände im Hamburger System unter Beweis zu stellen. Ob wirklich die Interessen der Kultusverbände ernsthaft berührt werden, läßt sich nur schwer beurteilen. Auffällig ist, daß die Repräsentanten, welche dem Synagogenverband angehören, sich weitaus kämpferischer darstellen, als dies für die Mitglieder der beiden anderen Kultusverbände erkennbar ist. Tatsächlich gibt es in der Ausgabenpolitik etwas, was man als Strukturen eines grundsätzlichen Kompromisses bezeichnen kann. Darauf wird noch einzugehen sein.

Zu einer ernsthaften Auseinandersetzung führt es, als der Tempelverband 1928 die Gemeinde um finanzielle Unterstützung für den Neubau des Tempels bittet. Die von diesem Kultusverband vor dem Kriege durch Spenden aufgebrachte Summe von etwa 600 000 Mark war durch die inflationäre Geldentwertung nahezu vollständig verlorengegangen. Dem Verband ist es unmöglich, aus eigener Kraft ein neues Gotteshaus im neuen jüdischen Wohnviertel Rotherbaum, Harvestehude, Grindel und Eppendorf zu bauen. Der Gemeindevorstand ist bereit, ein Darlehen von 250 000 Mark zu gewähren und für die Restfinanzierung Bürgschaften zu geben. Die Orthodoxie wendet sich strikt dagegen, ist aber in ihren Einwendungen gespalten. Ein Teil erhebt religionsgesetzlich begründete Bedenken.[260] Worin diese im einzelnen liegen, ist schwer erkennbar. Es scheinen eher generelle Vorbehalte gegen den Tempelverband zu sein. Dieser hochorthodoxe Teil sieht offenbar eine Gelegenheit, mit dem Tempelverband insgesamt abzurechnen, dessen Liberalität ihm und dem Oberrabbinat seit längerem ein Ärgernis ist. Hier hat sich manches angestaut. Ernster sind Einwände jener zu nehmen, die der Gemeinde eine Verletzung der im Hamburger System prinzipiell geregelten Trennung von Gemeindeverwaltung und Kultus vorhalten. Damit macht man sich gleichwohl etwas scheinheilig zum Fürsprecher der Autonomie des Tempelverbandes, dessen religionsgesetzliche und historische Legitimität man gleichzeitig in Frage stellen möchte. Die Orthodoxie kann offensichtlich nicht vergessen, daß die Bemühungen des Synagogenverbandes um ein höheres Maß an satzungsrechtlicher und finanzieller Auto-

260 Vgl. Kap. 10.2/Dok. 60 bis 62, 65, 67.

nomie 1924 und 1927 am energischen Widerstand der Gemeinde gescheitert sind.[261] Scheinheilig sind die Einwände auch deshalb, weil die Gemeinde dem Synagogenverband 1901 für den Neubau der Hauptsynagoge am Bornplatz ein Darlehen von 50 000 Mark gewährt hat, das jährlich mit der Hälfte des Haushaltsüberschusses getilgt werden soll.[262] In der entscheidenden Sitzung des Repräsentanten-Kollegiums am 8. 7. 1929 fehlen 8 Repräsentanten. Bei der Abstimmung sprechen sich 9 Repräsentanten für die Darlehensgewährung, 4 dagegen aus.[263] Das Abstimmungsergebnis hat den Austritt einiger orthodoxer Gemeindemitglieder zur Folge.[264] Dieses Verhalten stößt selbst innerhalb der Orthodoxie auf nachhaltige Kritik.[265] Ende 1930 verlassen erneut führende Mitglieder des Synagogenverbandes die Gemeinde, weil diese mit der Einführung des Frauenwahlrechtes und der finanziellen Unterstützung für den Tempelneubau die gebotene Neutralität nachhaltig verletzt habe.[266]

Der Umbau der Synagoge der Neuen Dammtor-Synagoge endet Mitte 1927 infolge verfehlter Planung zweier Vorstandsmitglieder mit einem finanziellen Desaster dieses Kultusverbandes. Die Gemeinde ist bereit zu helfen. Um den drohenden Konkurs zu vermeiden, übernimmt sie Grundbesitz des Kultusverbandes.[267] Hierfür wird ein Kaufpreis von 200 000 Mark vereinbart, auf den eingetragene Hypotheken von 107 000 Mark verrechnet werden. Die Gemeinde hat damit nahezu 100 000 Mark in bar aufzubringen.[268] Da die Gemeinde Teile des Grundbesitzes, auf dem sich die Synagoge befindet, der Neuen Dammtor-Synagoge zur Ausübung ihres Kultus beläßt, kommt eine ökonomische Verwertung des Kaufgegenstandes nur begrenzt in Betracht. Das Repräsentanten-Kollegium billigt dies, ohne daß die Orthodoxie hiergegen erkennbar Einwendungen erhebt.[269] Das verstärkt die Beurteilung, daß der von der Orthodoxie gegen den Neubau des Tempels gerichtete Kampf bei rückschauender Betrachtung als einseitig und überzogen anzusehen ist. Seit

261 Vgl. zur Sicherung der Verbandsrechte (1924) Kap. 10.1/Dok. 18 ff.; zur Änderung des Satzung (1927/1928) vgl. Kap. 10.1/Dok. 29 ff.
262 Vgl. auch Kap. 10.1/Dok. 17 mit Anm. 17, Dok. 24, 26.
263 Vgl. Kap. 10.2/Dok. 62.
264 Vgl. die Begründung der Austrittserklärung des Abraham Heckscher vom 11. 7. 1929, Kap. 10.1/Dok. 11. Heckscher gehörte zu dieser Zeit dem Vorstand des Synagogenverbandes an, vgl. auch Kap. 10.1/Dok. 33, 40.
265 Vgl. Sitzung des Delegierten-Kollegiums des Synagogenverbandes vom 21. 5. 1930, Kap. 10.1/Dok. 43.
266 Vgl. die Austrittserklärung des Vorsitzenden des SV Michael Flörsheim vom 25. 11. 1930, Kap. 9/Dok. 18; vgl. ferner die Austrittserklärung des Dr. Raphael Möller vom 30. 10. 1930, Kap. 9/Dok. 17.
267 Notarieller Vertrag vom 8. 2. 1928, vgl. Kap. 10.3./Dok. 88 ff.
268 Vertrag vom 23. 3. 1928, CAHJP AHW 603.
269 Sitzung des RK vom 11. 2. 1928, vgl. Bericht GB v. 10. 3. 1928, S. 5.

Anfang 1932 benötigt der Synagogenverband seinerseits die finanzielle Unterstützung der Gemeinde.[270] Die 1927/1928 an die Neue Dammtor-Synagoge und 1929/1930 an den Tempelverband erbrachten Zahlungen von zusammen 350 000 Mark müssen von der Gemeinde zwar ihrerseits im Darlehenswege aufgenommen werden, zeigen jedoch deren beachtliche Kreditwürdigkeit.

Struktur der Ausgaben. Die Gemeinde kann innerhalb ihrer satzungsrechtlichen Kompetenzen Ziele einer eigenständigen innerjüdischen Politik verfolgen. Einerseits ist es eine rechtliche Frage, die gemeindlichen und die kultusbezogenen Aufgaben im Einzelfall abzugrenzen. Hier versucht in erster Linie die Orthodoxie unter Hinweis auf die Konstitutionsurkunde des Synagogenverbandes vom 1. 4. 1868 zu einer restriktiven Interpretation zu gelangen, um auf dieser Grundlage die Forderung nach einem erhöhten Anteil am Steueraufkommen der Gemeinde zu formulieren. Da im Hamburger System keine Seite über eine satzungsändernde Mehrheit verfügt, bedeutet dies formal den status quo. Andererseits ist damit eine derartige Abgrenzung faktisch eine Frage des gemeindlichen Selbstverständnisses, das im Einzelfall zu definieren der einfachen Mehrheit überlassen bleibt. Aus diesem Grunde verlagert sich die Debatte alsbald dahin, mit welcher Ausgabenhöhe die gemeindlichen Aufgaben erfüllt werden sollen. Die Energie, welche hierauf im Repräsentanten-Kollegium verwandt wird, ist ebenso bemerkenswert wie die dauernde Befürchtung der Orthodoxie, die liberale Richtung verkenne die religionsgesetzliche Aufgabe des Synagogenverbandes.

Die anhand der Quellen rekonstruierbare gemeindliche Ausgabenpolitik zeigt in ihren Strukturen bis 1930/31 ein hohes Maß an Ausgewogenheit der in der Gemeinde vertretenen Auffassungen. Das wird erkennbar, wenn man die Ausgaben in ihrer Gewichtung darstellt.

Zusammenstellung der Ausgaben nach Quoten

	1919	1920	1921	1922	1923[271]/ 1924
Kultus	3,80	3,84	4,30	0,56	7,50
Wohlfahrtswesen	25,92	21,61	24,42	19,00	32,22
Schulwesen[272]	29,75	29,86	27,57	39,57	27,68
Kultur. Aufgaben	0,44	0,22	0,17	—	—
Begräbniswesen	18,32	19,56	5,92	11,16	4,66
Allg. jüd. Aufgaben	1,29	1,00	2,43	0,54	2,20
Verwaltung	16,34	22,04	18,81	23,95	15,87
Grundstückswesen	3,41	1,44	16,38	5,22	1,99
Finanzwesen	0,44	0,44	—	—	—
Sonstiges	0,29	—	—	—	7,88

Zusammenstellung der Ausgaben nach Quoten (%)

	1925	1926	1927/ 1928[273]	1928/ 1929[274]	1929/ 1930[275]
Kultus	2,51	4,43	4,35	7,14	4,84
Wohlfahrtswesen	35,11	37,40	25,90	27,35	28,32
Schulwesen	41,57	34,87	29,99	33,72	30,90
Kultur. Aufgaben	—	—	—	—	5,47
Begräbniswesen	2,78	5,02	2,94	5,00	12,47
Allg. jüd. Aufgaben	0,92	0,93	0,90	1,81	0,77
Verwaltung	13,10	8,94	7,63	7,86	6,87
Grundstückswesen	0,43	0,11	19,39	7,96	3,98
Finanzwesen	2,38	5,51	8,11	8,57	5,40
Sonstiges	1,11	2,79	0,79	0,59	0,98

	1930/ 1931[278]	1931/ 1932	1932[276]	1933[277]	1934
Kultus	5,80	5,73	9,19	11,80	12,72
Wohlfahrtswesen	27,90	19,36	24,41	20,14	23,11
Schulwesen	30,42	38,92	41,68	42,98	31,55
Kultur. Aufgaben	5,02	5,27	4,62	3,93	4,64
Begräbniswesen	13,19	11,65	3,33	3,36	3,94
Allg. jüd. Aufgaben	0,94	0,82	1,35	0,84	2,00
Verwaltung	6,45	7,30	8,10	8,97	11,17
Grundstückswesen	4,04	3,61	3,16	2,33	—
Finanzwesen	5,47	6,93	3,54	4,19	6,67
Sonstiges	0,77	0,41	0,62	1,46	4,20

270 Vgl. Kap. 10.1/Dok. 46, 47.

271 Für das Haushaltsjahr 1923 liegen wegen der Inflation keine Abrechnungen vor.

272 Schulwesen einschließlich Erziehungswesen.

273 Abrechnungszeitraum vom 1. 1. 1927 bis 30. 6. 1928, vgl. GB v. 10. 1. 1928, S. 4; GB v. 10. 7. 1929, S. 2.

274 Abrechnungszeitraum 1. 7. 1928 bis 30. 6. 1929, vgl. GB v. 10. 7. 1930, S. 4.

275 Berechnet nach dem vom Repräsentanten-Kollegium beschlossenen Haushaltsplan, vgl. GB v. 12. 8. 1929, S. 4. Eine Abrechnung ist – auch für die folgenden Haushaltsjahre – nicht veröffentlicht worden, vgl. GB. v. 13. 7. 1931, S. 4 und GB v. 23. 6. 1932, S. 7.

276 Für das Haushaltsjahr 1. 4. bis 31. 12. 1932 fehlt eine veröffentlichte Zusammenstellung der Haushaltsansätze, vgl. GB v. 5. 4. 1932, S. 1. Eine Abrechnung ist dem Buchprüfungsbericht des Bücherrevisors E. Schragenheim an den Gemeindevorstand vom 12. 3. 1934 (StAH JG 411 a Bd. 1) entnommen.

277 Berechnet nach der unveröffentlichten Abrechnung des Bücherrevisors E. Schragenheim von 1934 (StAH JG 411 b).

278 Haushaltsjahr 1. 7. 1930 bis 31. 3. 1931, vgl. GB v. 11. 8. 1930, S. 3.

Die Ausgabenpolitik der Gemeinde ist bis zum Beginn der Wirtschaftskrise 1930/31 dadurch gekennzeichnet, daß gut 30 % des Haushaltes für das Schul- und Erziehungswesen und etwa knapp dieselbe Höhe für das Wohlfahrtswesen zur Verfügung stehen. Der ausgewiesene Anteil des Begräbniswesens muß um die Einnahmen, die beträchtlich sind, korrigiert werden. Auffällig ist der geringe Anteil, der für kultusbezogene Zwecke ausgegeben wird. Das ist fast ausschließlich der an die Kultusverbände satzungsgemäß abzuführende 10%ige Anteil am Steueraufkommen der Gemeinde, mithin ein durchlaufender Posten. Diese Ausgabenstruktur begünstigt von vornherein die Orthodoxie, weil diese ein besonderes Interesse am jüdischen Schulwesen besitzt. Sowohl die rechtlich selbständige Talmud Tora-Schule als auch die gemeindeeigene Mädchenschule Carolinenstraße werden religionsgesetzlich, und zwar im Sinne der Orthodoxie geführt. Die Orthodoxie kann das im 19. Jahrhundert erreichte Ziel bewahren, daß gemeindliche Institutionen regelmäßig orthodoxen Voraussetzungen zu genügen haben. Das gilt übrigens auch für nahezu alle Institutionen des gemeindlichen Wohlfahrtswesens.[279] Vereinfacht kann man sagen, daß mehr als die Hälfte der Ausgaben Institutionen zugute kommt, die sich den religionsgesetzlichen Vorschriften verpflichtet fühlen. Das ist zwar nicht von vornherein gleichbedeutend mit dem Religionsverständnis der Orthodoxie und insbesondere nicht mit den sehr strengen Auffassungen des Oberrabbinates unter Leitung des Oberrabbiners Samuel Spitzer. Jedoch werden die gemeindlichen Einrichtungen keineswegs im Sinne religiöser Neutralität geführt. Insoweit begünstigt die Ausgabenpolitik der Gemeinde bereits in ihrer Struktur Zielsetzungen der Orthodoxie.

Die Gemeinde erbringt zugunsten aller drei Kultusverbände Aufwendungen, um jedem Verband den Bau seines Gotteshauses zu ermöglichen. Der Haushalt der Jahre 1927/28 und 1928/29 weist deshalb erhöhte Ausgaben im Grundstückswesen und 1928/29 erhöhte Beträge im Finanzwesen aus. Hinter diesen Ausgaben verbergen sich die Aufwendungen zugunsten der Neuen Dammtor-Synagoge und des Tempelverbandes. Die Ausgabenstruktur und die angeführten Ausgaben entsprechen nicht der Herkunft des Steueraufkommens nach der Zugehörigkeit der Gemeindeangehörigen zu einem der Kultusverbände.[280] Die religiöse Haltung der Mehrheit der Gemeindeangehörigen ist eher indifferent, wenngleich man sich an Festtagen, bei der Eheschließung und beim Begräbnis jüdischer Tradition erinnert und verpflichtet fühlt. Es unterstüt-

279 Vgl. für das Altenhaus, Kap. 6/Dok. 1; Siechenheim, Kap. 6/Dok. 3; Waisen-Institut für Jungen, Kap. 6/Dok. 11; Mädchen-Waisenhaus (Paulinenstift), Kap. 6/ Dok. 7; Gotthold-Stiftung Wilhelminenhöhe, Kap. 6/Dok. 9.

280 Vgl. zur religiösen Organisationsdichte oben S. XLIV.

zen also nicht nur die dem Tempelverband angehörenden Juden, sondern auch weite Teile der keinem der Kultusverbände angehörenden Gemeindemitglieder die sich zugunsten orthodoxer Vorstellungen auswirkende Ausgabenpolitik. Immerhin gehören – daran sei erinnert – nahezu alle Mitglieder des Repräsentanten-Kollegiums einem der Kultusverbände an. Das kann auf die Frage nach den von der Gemeinde unmittelbar zu erfüllenden religiösen Bedürfnissen kaum ohne Einfluß sein. Das Hamburger System enthält mithin in seiner tatsächlichen Handhabung einen bemerkenswerten und zugleich ungeschriebenen Kompromiß: Die in ihrer Mehrheit «nicht-orthodoxen» Einnahmen werden von einem Gemeindeorgan, das kaum wirklich repräsentativ ist und eher einen Ausschuß aller drei Kultusverbände darstellt, mit deutlichen Vorteilen für die Orthodoxie ausgegeben. Das macht es verständlich, daß man den Klagen des Synagogenverbandes nach höherem Beitragsaufkommen wenig Verständnis entgegenbringt.

2.3 Die Wirtschaftskrise. Die wirtschaftliche Depression zum Beginn der 30er Jahre trifft jedermann. Eine staatliche Wirtschaftspolitik ist kaum noch durchführbar. Der ökonomischen Labilität folgt die politische, institutionelle und die verfassungsrechtliche Krise.[281] Die Arbeitsmarktlage wird seit 1930 sehr schwierig; von einer geordneten Wirtschaft kann seit Mitte 1930 nicht mehr gesprochen werden. Die Wirtschaftsdaten sind krisenhaft. Große Teile der Bevölkerung scheiden aus dem Produktionsprozeß und dem Wirtschaftskreislauf aus, als Ende 1931 Hamburg 140 000 Erwerbslose hat. Zugleich sinkt im Umsatzsteuer- und im Einkommenssteuerbereich das Steueraufkommen der Stadt dramatisch. Im Juli 1931 erhält die Familie eines von der öffentlichen Wohlfahrt unterstützten Erwerbslosen im Monatsdurchschnitt 57,60 Mark.[282] Das ist etwa 1/4 des 1929 durchschnittlichen monatlichen Mindestgehalts eines Angestellten von 222 Mark, bezogen auf die Tarifstatistik.

Als die Gemeindeorgane Mitte 1930 den Haushalt für das Haushaltsjahr 1930/31 beraten, sind sie sich zwar der veränderten Wirtschaftsdaten bewußt.[283] Bereits im Februar 1930 hat man den Steuersatz wieder auf 10 % der zu zahlenden Einkommensteuer erhöht. In der Kürzung der Haushaltsansätze ist man indes noch zögerlich und beläßt es weitgehend bei Ermahnungen, auf eine sparsame Haushaltsführung bedacht zu sein. Zu diesem Zeitpunkt beginnt eine dauernde haushaltsmäßige Verschuldung von etwa 100 000 Mark, weil man das zu erwartende Steuerauf-

281 Vgl. für Hamburg allg. U. Büttner, Hamburg in der Staats- und Wirtschaftskrise 1928–1931.
282 U. Büttner, Hamburg in der Staats- und Wirtschaftskrise, S. 251 mit Anm. 51.
283 Vgl. Sitzung des Repräsentanten-Kollegiums am 2./7. 7. 1930, Kap. 4.2/Dok. 27.

kommen fehlerhaft eingeschätzt hatte. Die Wirtschaftskrise wirkt sich gegenüber Angestellten allerdings wegen günstigerer Kündigungsfristen anders als in der Arbeiterschaft aus. Da unter den Gemeindeangehörigen nur ein sehr geringer Anteil an Arbeitern ist, bemerkt die Gemeinde die krisenhafte Entwicklung erst verspätet. Dennoch ist die zurückhaltende Haushaltspolitik nicht verständlich. Im März 1930 war die Regierung unter dem sozialdemokratischen Reichskanzler Müller an finanzpolitischen Problemen gescheitert. Das bürgerliche Minderheitskabinett unter Kanzler Brüning beginnt mit Hilfe des reichspräsidialen Notverordnungsrechts zu regieren.[284] Die Krise des Handels und der Schiffahrt ist in Hamburg unübersehbar. In dem im Frühjahr 1930 gewählten Repräsentanten-Kollegium finden sich 7 Kaufleute und 4 Mitglieder, die dem Einzelhandel oder dem Handwerkerstand zuzurechnen sind. Dieser berufliche Sachverstand reicht ersichtlich nicht aus, den Gemeindeorganen die wirtschaftliche Dramatik und deren absehbare Folgen vor Augen zu führen. Unverkennbar besteht ein gewisser Optimismus. Der Neubau des Tempels, für den man Schulden auf sich genommen hat, die günstigen Aussichten auf staatliche Anerkennung der Talmud Tora-Realschule auch als jüdische Oberrealschule oder der Erweiterungsbau des Krankenhauses der Gemeinde scheinen stimulierend zu wirken. Zwar werden erste Kürzungen im Bereich des Wohlfahrtswesens vorgenommen. Aber es wird nicht erkannt, daß im kommenden Jahr mit einer starken Verelendung und damit mit erhöhten Anforderungen an den Wohlfahrtsetat zu rechnen ist. Von einer vorsorgenden Haushaltspolitik kann nicht gesprochen werden.

Im Februar 1931 müssen Vorstand und Repräsentanten-Kollegium erkennen, daß die Auswirkungen der allgemeinen Wirtschaftskrise nunmehr die Gemeinde nachhaltig zu erfassen beginnen. Im vierten Quartal 1930 sind die Steuereinnahmen gegenüber dem vorangegangenen um 1/3 gesunken.[285] Zur Verbesserung der Einnahmen wird die Steuerquote auf 12 % erhöht. Daß dies nicht ausreichen wird, das bisherige Ausgabevolumen fortzuführen, steht außer Streit. Immer noch beschließt man indes keine sofort wirksamen Sparmaßnahmen. Inzwischen hat Hamburg mehr als

284 Vgl. Verordnung des Reichspräsidenten zur Behebung finanzieller, wirtschaftlicher und sozialer Notstände vom 26. 7. 1930 (RGBl. I S. 311); Verordnung des Reichspräsidenten zur Sicherung von Wirtschaft und Finanzen vom 1. 12. 1930 (RGBl. I S. 517); Zweite Verordnung des Reichspräsidenten zur Sicherung von Wirtschaft und Finanzen vom 5. 6. 1931 (RGBl. I S. 279); Dritte Verordnung des Reichspräsidenten zur Sicherung von Wirtschaft und Finanzen und zur Bekämpfung politischer Ausschreitungen vom 6. 10. 1931 (RGBl. I S. 537); Vierte Verordnung des Reichspräsidenten zur Sicherung von Wirtschaft und Finanzen und zum Schutze des inneren Friedens vom 8. 12. 1931 (RGBl. I S. 699).

285 Vgl. Angaben in der Sitzung des Repräsentanten-Kollegiums vom 5. 2. 1931, GB v. 12. 2. 1932, S. 2.

100 000 Arbeitslose. Zu Gehaltskürzungen, die der Staat für seinen Bereich vornimmt, ist man in der Gemeinde nicht bereit. Das Denken in Besitzständen ist im Frühsommer 1931 nicht zu übersehen. Der mittelständisch geprägten Vorstellungswelt der Gemeindeorgane ist es fremd, sich zu radikalen Maßnahmen zu entschließen. Im April 1931 befürwortet das Repräsentanten-Kollegium immerhin eine Sparkommission «zur Feststellung und Durchführung von Sparmaßnahmen», der allerdings nur beratende Funktion zukommen soll.[286] Die von zionistischer Seite erhobene Forderung nach einem mit Entscheidungsbefugnissen versehenen Sparkommissar kann sich nicht durchsetzen. Der Gemeindevorstand lehnt die Einsetzung einer Sparkommission zunächst ab. Man will die eigene Zuständigkeit nicht begrenzt sehen. Erst Ende Oktober 1931 wird der aus Vorstand und Repräsentanten-Kollegium gebildete Haushaltsausschuß zu Kürzungen des laufenden Haushaltes ermächtigt, allerdings unter dem Vorbehalt jederzeitiger Änderung durch das Repräsentanten-Kollegium.

In den Haushaltsberatungen im Juli 1931 nimmt es die Mehrheit hin, daß die erforderlichen Einsparungen im wesentlichen im Bereich des Wohlfahrtswesens erfolgen sollen. Die Kürzungen sind drastisch. Der prozentuale Anteil am Ausgabevolumen sinkt auf knapp 20 %, während der Anteil des Schul- und Erziehungswesens noch steigt. Diese Gewichtung wird noch deutlicher, wenn man die absoluten Daten zugrunde legt. Die Ausgaben im Bereich der Wohlfahrt sinken von 269 211 Mark für 1930/31 auf 209 485 Mark für 1931/32. Berücksichtigt man das verkürzte Haushaltsjahr 1930/31, dann stellt dies eine Minderung von 41,64 % dar. Demgegenüber steigen die Ausgaben im Schul- und Erziehungswesen noch um 7,89 % und erreichen knapp 40 % des gesamten Haushaltsvolumens. Das ist eine Ausgabenpolitik, die sich nur zum Teil durch die gerade im Schulwesen bestehenden vertraglichen Bindungen rechtfertigen läßt. Derartige Bindungen sind im Wohlfahrtsbereich, der auf sofortige und freiwillige Hilfe und Unterstützung ausgerichtet ist, in weit geringerem Maße gegeben. Das erleichtert es, die als notwendig erkannte Sparpolitik im Wohlfahrtswesen eher als im Schulwesen durchzusetzen. Zwei Motive dürften für den Vorrang des Schulbereiches bestehen. Das Schul- und Erziehungswesen hat sich in der Tradition jüdischen Lebens als entscheidender Faktor erwiesen, ökonomische und politische Krisen zu bestehen. Es ist dies zugleich die Lebensphilosophie einer aufgestiegenen Mittelschicht, die im Erziehungsgedanken ein erfolgversprechendes Mittel weiteren Fortkommens sieht. Das Schulwesen ist zudem ein Bereich, in dem zwischen der eher liberalen Auffassung

286 Sitzung vom 30. 4. 1931, GB v. 8. 5. 1931, S. 4.

des Gemeindevorstandes und der Orthodoxie ein hohes Maß an gemeinsamer Politik besteht, mögen die Beweggründe auch unterschiedlich sein. Die Orthodoxie sieht in der Talmud Tora-Schule und in der Mädchenschule der Gemeinde in erster Linie die Möglichkeit, die Jugend im Sinne jüdischer Orthodoxie zu beeinflussen. Beide Schulen stehen unter dem Einfluß des Oberrabbinats des Synagogenverbandes.[287] Die Gemeinde erhofft sich durch einen Ausbau des Schulwesens einen stärkeren gemeindlichen Einfluß, wie er nach der Gemeindeverfassung auch vorgesehen ist.[288] Schließlich sind auch Teile der liberalen Juden an dem Ausbau des Schulwesens interessiert. Der verstärkte Antisemitismus läßt immerhin die Frage zu, ob der Besuch in staatlichen Schulen Diskriminierungen auslöst. Erst gegen Ende 1931 beschließt man, ein Schulgeld einzuführen und gegenüber der Lehrerschaft vorsorglich Änderungskündigungen auszusprechen.[289] Man opfert also den besonders dringlichen Wohlfahrtsbereich. Dem hätten die Gemeindeorgane entgegenwirken können, wenn sie bereits Ende 1929 die Zeichen der Zeit erkannt und danach gehandelt hätten.

Als im Februar 1932 die Steuerquote auf 13 % erhöht wird, weiß man, daß man damit nur Mehreinnahmen von etwa 40 000 Mark erzielen wird.[290] Das wird nicht ausreichen. Bereits der im März 1932 eingebrachte Voranschlag für das auf den 31. 12. 1932 verkürzte Haushaltsjahr nimmt einen Fehlbetrag von 130 000 Mark hin.[291] Wiederum kürzt man vor allem im Bereich des Wohlfahrtswesens.[292] Der Etat für das Schul-und Erziehungswesen bleibt verschont. Zugleich sieht man sich Forderungen sowohl des Synagogenverbandes als auch der Neuen Dammtor-Synagoge auf monatliche, faktisch verlorene Darlehen gegenüber. Auch dies geht zu Lasten des Wohlfahrtswesens. Mit Beginn des Haushaltsjahres 1933 muß bereits mehr als die Hälfte der Ausgaben für die Kultusverbände und für das Schulwesen aufgebracht werden.[293] Natürlich fehlt es nicht an Aufrufen zur Hilfe. Das Winterhilfswerk der Gemeinde erbittet Sachspenden. Zahlreiche Institutionen außerhalb der Gemeindeorgane bemühen sich, die eingetretene Not zu lindern. Berufsberatung, Bemühungen um Arbeitsbeschaffung und Umschichtungen im Beruf treten hinzu. Aber die ausführ-

287 Vgl. Kap. 5.1/Dok. 24.
288 Vgl. zur Schulpolitik Kap. 5.3/Dok. 61 und 64.
289 Vgl. Sitzungen des Repräsentanten-Kollegiums vom 29. 10. 1931, GB v. 6. 11. 1931, S. 1, vom 29. 12. 1931, GB v. 25. 1. 1932, S. 3. Zum Subventionsbedarf der Talmud Tora-Schule vgl. Kap. 5.1/Dok. 26.
290 Sitzung des Repräsentanten-Kollegiums vom 15. 2. 1932, GB. v. 29. 2. 1932, S. 5.
291 Vgl. Sitzung des Repräsentanten-Kollegiums vom 23. 3. 1932, GB v. 5. 4. 1932, S. 1.
292 Vgl. auch Tätigkeitsbericht der Kommission für das Wohlfahrtswesen vom 23. 3. 1932, Kap. 6/Dok. 26; vgl. zu den finanziellen Belastungen Kap. 6/Dok. 23 und 25.
293 Vgl. ferner den am 12. 9. 1932 gebildeten «Ausschuß zur Beratung der finanziellen Lage der Kultusverbände», GB v. 29. 9. 1932, S. 5 f.

lichen Niederschriften der Beratungen im Repräsentanten-Kollegium zeigen doch ein hohes Maß an Hilflosigkeit, wie man mit der eingetretenen Krise fertig werden soll. Daß auch die staatlichen Institutionen in dieser Frage kaum besser dastehen, ändert hieran nichts. Hat man noch 1930 und 1931 die Auswirkungen der Wirtschaftskrise in ihrer Bedeutung für alle Gemeindeangehörigen unzutreffend beurteilt und den gewohnten Kampf um einzelne Haushaltspositionen nur mit etwas anderen Begründungen fortgesetzt, so ist dem gegen Ende 1932 schlichte Ratlosigkeit gewichen, die auf unterschiedliche Rezepte setzt. Wiederum beginnt man daran zu denken, die Einnahmeseite durch eine Erhöhung der Steuerquote auf nunmehr 15 % der Einkommensteuer und durch das Einführen einer Gemeindevermögenssteuer zu verbessern.[294] Zugleich gilt es, den Synagogenverband und die Neue Dammtor-Synagoge vor dem endgültigen finanziellen Zusammenbruch zu bewahren. Die Gemeinde findet indes zu keinem geschlossenem Konzept. Mit zerrütteten Finanzen muß sie in das seit dem 30. 1. 1933 veränderte politische Umfeld eintreten, das ihr staatliche Hilfe versagen wird. Der für 1933 beschlossene Haushalt enthält ein eingestelltes Defizit von 175 000 Mark, das nahezu dem gesamten Wohlfahrtsetat entspricht. Es ist erst der Tatkraft des Ende 1935 in den Gemeindevorstand berufenen Leo Lippmann zu verdanken, daß die Gemeindefinanzen vollständig geordnet werden können.[295]

VII.
ZWISCHEN SELBSTGEWISSHEIT UND DISKRIMINIERUNG.

1. Bewußtsein jüdisch-kultureller Identität. Die Juden in Hamburg sind alles andere als sektiererische Menschen, die sich mit Hilfe ihrer Gemeinde und deren Kultusverbänden ein Ghetto eigener Lebenswirklichkeit zu schaffen wünschen. Die Dokumente mögen darauf zwar in der einen oder anderen Weise hinweisen. Der damit vermittelte Eindruck beruht jedoch auf der eingenommenen innerjüdischen Perspektive, die der Auswahl der Quellen zugrunde liegt. Der ganz überwiegende Teil der gemeindeangehörigen Juden hat kein Abschließen gegenüber der nicht-jüdischen Umwelt im Sinn. Man ist sich seiner religiös-kulturellen Eigenart bewußt und will sie bewahren, ohne dabei den Vorwurf auf sich ziehen zu wollen, man sei fremd, ja von nicht deutscher Kultur. Das erfordert einen Balanceakt zwischen Verhalten, Bewußtsein, Eigenständigkeit und Zuordnung, an

294 Vgl. Sitzung des Repräsentanten-Kollegiums vom 22. 12. 1932, GB v. 23. 1. 1933, S. 4 ff., mit Bericht a.a.O S. 6. Der im Bericht angegebene Freibetrag von 20 000 Mark wurde auf 30 000 Mark erhöht.

295 Vgl. die Etatrede von Leo Lippmann vom 30. 1. 1936, GB v. 26. 2. 1936, S. 2.

den die Juden sich immer dann nachdrücklich erinnert sehen, wenn antisemitische Diskriminierung in ihre Lebenswirklichkeit eingreift. Mit dem Beginn des staatlich organisierten Antisemitismus läßt sich deshalb bei der Mehrheit der Hamburger Juden eine dauernde Identitätskrise beobachten.

1.1 Innerjüdische Integration. Das Hamburger System erreicht es, daß die gestellten Anforderungen an eine innerjüdische Integration im wesentlichen erfüllt werden, ohne eine dominierend religiöse Institution zu sein. Selbstverständlich ist diese «Leistung» keineswegs. Innerjüdische Faktoren begründen die Gefahr, sich desintegrierend auszuwirken. Bis zu ihrer Neuordnung gibt es zwar innerhalb der Zwangsgemeinde bereits die Alternative, sich orthodox oder reformerisch zu verhalten. Das eröffnet die Möglichkeit einer innerjüdischen Differenzierung. Das Hamburger System geht aber einen entscheidenden Schritt weiter. Die Gemeinde verliert die in ihr ursprünglich vorhandene Dominanz einer religiösen Institution zugunsten einer teilweisen Trennung von säkularisierter Ordnung und Kultus. Die darin liegende Gefahr einer desintegrativen Konkurrenz ist nicht zu übersehen, weil damit gegen jede Tradition die einheitsstiftende Wirkung des Kultus aufgegeben wird. Ohne eine verstärkte innerjüdische Toleranz kann diese prinzipielle Veränderung im Leben der jüdischen Gemeinde nicht erfolgreich sein. Indem man sich den politischen Gedanken der Gewaltenteilung zunutze macht, schafft man die notwendigen organisatorischen Voraussetzungen dafür, daß das Experiment des Hamburger Systems überhaupt gelingen kann. Daß dieses System eine hohe Flexibilität entwickelt und gegenüber den Gemeindeangehörigen jede vordergründige Ideologisierung vermeidet, ist letztlich auf das Geschick der Funktionselite der Gemeinde zurückzuführen.

Der anfängliche Erfolg des Hamburger Systems stabilisiert dieses selbst. Die Gemeinde entwickelt ein erstaunliches Maß an sozialer Integrationsdichte, das in der groben Struktur der Gemeindeinstitutionen nur andeutungsweise zum Ausdruck kommt. Das als Fremde im Galut erworbene Gefühl unbedingter Solidarität als ein moralisch verpflichtendes Handlungsgebot fördert einen gesellschaftlichen Zusammenhalt, der seinesgleichen sucht. Beispiele dieses auf innerjüdische Integration angelegten Beziehungsgeflechts sind vielfältig erkennbar. Als die Gemeinde 1910 die Kommission für das Wohlfahrtswesen gründet und hierzu sämtliche jüdischen gemeinnützigen Vereine, Anstalten und Stiftungen einlädt, zählt man etwa 100 Institutionen.[296] Eine derartige Zer-

296 Vgl. Kap. 6/Dok. 21; vgl. auch § 1 der Satzung der Kommission für das Wohlfahrtswesen vom 10. 9./9. 10. 1911, Kap. 6/Dok. 2.

splitterung mag man kritisch auch unter dem Gesichtspunkt der Effektivität beurteilen. Hinter diesem Befund verbirgt sich jedoch ein persönliches Engagement von zahlreichen Gemeindeangehörigen. Auch außerhalb des Bereichs der Wohlfahrt, der sozialen und persönlichen Fürsorge verfügt man in der Gemeinde für nahezu jeden Lebensbereich über ein umfassendes jüdisches «Angebot». Für 1929 ergibt eine Zählung, daß in der Gemeinde etwa 200 Institutionen, Vereine, Gesellschaften, Stiftungen und Ortsgruppen bestehen.[297]

Die 20er Jahre sind als eine Zeit des Wertrelativismus beschrieben worden. Das Aufbrechen überkommener Sozialstrukturen ist unverkennbar. Der Vorgang ist verbunden mit Orientierungslosigkeit, die ihrerseits das Bedürfnis nach sinnstiftender Ordnung verstärkt. Der Integrationswert, der in dieser auf sozialen Wandel ausgerichteten Lage durch die jüdische Gemeinde und durch ihre Angehörigen vermittelt werden kann, ist nur schwer zu beurteilen. Auch die Gemeinde selbst sieht sich Forderungen gegenüber, deren jeweils integrative oder desintegrative Bedeutung umstritten ist. Erstmals werden außerhalb des Kultus gesellschaftliche Ansprüche innerjüdischer Teilgruppen formuliert. Das gilt etwa für die Stellung der jüdischen Frau, die sich aus der zunächst zugestandenen Rolle der sozialen Frauenarbeit emanzipieren will.[298] Der Kampf um das Frauenwahlrecht besitzt nicht nur seine religionsgesetzliche Fragestellung, die – bliebe sie letztlich maßgebend – von der Mehrheit der Gemeindeangehörigen eine Toleranz gegenüber der Orthodoxie abverlangen würde, die angesichts des veränderten sozialen Umfeldes desintegrative Störungen auslösen müßte. Bedeutender ist es, das Selbstwertgefühl der Frau zu stärken. Ihre Rolle für die primäre Sozialisation der Kinder ist für eine diasporale Gemeinschaft kaum zu überschätzen. Die Mischehe darf für die Frau nicht zu einer Perspektive werden, innerjüdischen Zwängen auszuweichen. Je attraktiver die nicht-jüdische Gesamtgesellschaft wird, um so stärker muß die von der Gemeinschaft ausgehende Motivation sein. Man kann daran zweifeln, ob die Gemeinde dies frühzeitig erkennt. Gerade der langjährige Kampf um das Frauenwahlrecht besitzt für die jüdische Frau alle Merkmale einer Diskussion, in der über ihre Stellung in einer Weise verfügt wird, die sie als Objekt männlicher Zuordnung und Bewertung erscheinen läßt. Die in jüdischer Tradition aufgewachsenen Mitglieder der Gemeindeorgane können sich in ihrer Mehrheit nur langsam daran gewöhnen, in dem Bemühen um ein neues Bewußtsein und Selbstverständnis der Frau einen integrativen Wert zu erkennen. Die Bedeutung des Israelitischen Humanitären

297 Berechnet nach dem Jahrbuch für die jüdischen Gemeinden Schleswig-Holsteins und der Hansestädte, Nr.1, 1929/1930, S. 39 bis 72.

298 Vgl. hierzu Kap. 14 mit Vorbemerkung und weiterführender Literatur.

Frauenvereins wird deshalb lange Zeit mißachtet, nicht zuletzt, weil man die offene Auseinandersetzung mit dem Oberrabbinat des Synagogenverbandes scheut.

Wie bei jeder Minderheit richtet sich eine erhöhte Aufmerksamkeit auf die eigene Jugend. Jüdische Jugendarbeit der Gemeinde und anderer jüdischer Institutionen in unterschiedlichsten Formen wirken flankierend. Eine innergemeindliche Sozialarbeit einschließlich einer Berufsberatung Jugendlicher entwickelt sich. Das ist mit dem Ziel einer jüdischen Bindung weitgehend erfolgreich. Es bestehen zahlreiche jüdische Jugendgruppen auf der Grundlage unterschiedlicher kultureller, religiöser, politischer oder sportlicher Zielsetzungen. Der von der Gemeinde unabhängige Landesausschuß der jüdischen Jugendorganisationen vereinigt 19 Jugendverbände, deren Mitgliederzahl für 1929 mit insgesamt 2000 angegeben wird.[299] Diese Zahl ist in ihrer Höhe gewiß skeptisch zu beurteilen, da mit Mehrfachzählungen zu rechnen ist. In der Altersgruppe von 6 bis 20 Jahren zählt die Gemeinde etwa 1700 Jungen und etwa 1580 Mädchen.[300] Unterstellt man für Jungen und Mädchen denselben Organisationsgrad sowie Doppelmitgliedschaften von 20 %, dann sind 50 % der jüdischen Kinder und Heranwachsenden in einer der Jugendgruppen organisiert. Diese Einschätzung wird mittelbar durch etwa denselben Anteil derjenigen schulpflichtigen Kinder bestätigt, welche statt die staatliche Schule die Talmud Tora-Schule oder eine der jüdischen Mädchenschulen besuchen.[301] Dieser Grad jüdischer Sekundärsozialisation ist deshalb verhältnismäßig günstig, weil diese innerjüdische Bindung integrierend auf die jüdische Familie zurückwirkt. Daß andererseits die sozialen Kontakte, welche heranwachsende Juden auf staatlichen Schulen im Rahmen der Klasse und in Schulfreundschaften eingehen, auf außerjüdische Jugendgruppen gerichtet sind, begründet die Gefahr der Entfremdung nachdrücklich. Denn das von jüdischen Gruppen nicht erfaßte Schulkind verhält sich gegenüber Jugendgruppen nicht etwa allgemein desinteressiert. Es wird sich vielmehr in aller Regel einem nicht-jüdischen Verband anschließen wollen. Ein Jugendlicher, dessen jüdische Bindung sich weitgehend in der elterlichen Primärsozialisation erschöpft, wird auf Dauer selbst kein Faktor innerjüdischer Integration sein. Deshalb unternimmt die Gemeinde alles, einen jüdischen Religions-

299 Vgl. Kap. 15/Dok. 5 mit Anm. 7.

300 Berechnung auf der Grundlage der Angaben bei R. E. May, Wie viele jüdische Knaben und Mädchen im Schulalter gibt es in Hamburg und wie viele besuchen davon jüdische Schulen?, Kap. 1/Dok. 7; vgl. ferner Kap. 1/Dok. 10.

301 Vgl. R. E. May, Wie groß wird der Zugang an jüdischen Schülern und Schülerinnen im Schuljahr 1930/31 und in den nächsten Jahren sein?, Kap. 1/Dok. 10; vgl. ferner Kap. 12/Dok. 9.

unterricht an staatlichen Schulen als ordentliches Lehrfach zu erreichen.[302] Man sieht sehr genau, daß dies nicht nur der stofflichen Vermittlung religiöser Kenntnisse und Werte dient. Ein jüdischer Unterricht an staatlichen Schulen hat vielmehr bekenntnishaften Charakter. Als unmittelbarer Ausdruck der Gleichstellung von christlicher und jüdischer Religion kommt ihm ein besonderer pädagogischer Wert zu. Der an vier staatlichen Schulen eingerichtete jüdische Religionsunterricht erfaßt etwa 350 Schüler.[303] Wenige Wochen nach der nationalsozialistischen Machtergreifung wird der jüdische Religionsunterricht an staatlichen Schulen untersagt.[304]

Die zionistische Bewegung stellt eine dritte innerjüdische Teilgruppe dar. Für die Gemeindeorgane ist es eine neue Erfahrung, sich mit einer innerjüdischen, kämpferisch eingestellten Opposition auseinandersetzen zu müssen. Letztlich gelingt eine auf Integration ausgerichtete Lösung. Das ist eine außerordentliche Leistung. Man muß die Ausgangslage bedenken. Die Besonderheit des westeuropäischen Judentums als Religion *und* ethnische Minderheit bewirkt, daß jede Problematisierung dieser Struktur die Frage nach der jüdischen Identität auslöst und für einen Juden damit krisenhaft sein kann. Der zionistische Anspruch zielt auf eine Neudefinition des Judentums als einer Frage der nationalen Identität. Diese Forderung ist ambivalenter Natur. Der zionistische Gedanke eröffnet objektiv eine Plausibilitätsstruktur für die jüdische Existenz, die auf den Anspruch des religiösen Judentums verzichtet. Die Forderung ist jedoch nur außerhalb der Gemeinde zu verwirklichen. Die Gemeinde wird damit nicht nur einer desintegrativen Abwertung gemeindlicher Funktionalität ausgesetzt, sondern der zionistische Gedanke ist mit dem «deutschen» Bewußtsein, wie es von der großen Mehrheit der Gemeindeangehörigen vertreten wird, schlechthin unvereinbar. Der Zionismus ist historisch als eine jüdische Antwort auf den Antisemitismus zu verstehen. Seine Existenz thematisiert also fortwährend den Antisemitismus. Damit gerät der Zionismus in dauernden Konflikt mit der im allgemeinen verfolgten These, der Antisemitismus sei am besten durch eine «deutsche Gesinnung» der Juden zu bekämpfen. Das macht ihn praktisch zum natürlichen Opponenten der gemeindlichen Politik. Die entscheidende Integration gelingt, als sich die etablierten jüdischen Parteien anläßlich der Wahl zum Repräsentanten-Kollegium 1920 bereit finden, den politischen Zionismus in die Einheitsliste aufzunehmen.[305]

Vorstand und Repräsentanten-Kollegium beobachten die Anzeichen mangelnder oder unzureichender innerjüdischer Integrationsleistung mit

302 Vgl. Nachweise Kap. 12.
303 Vgl. Bericht des Jüdischen Schulvereins für das Jahr 1933, GB v. 17. 3. 1933, S. 7.
304 Vgl. Bericht in GB v. 26. 5. 1933, S. 6.
305 Vgl. Kap. 3/Dok. 3.

großer Aufmerksamkeit. Besonders hervorgehoben wird zumeist nur die Gefahr der Mischehe. Das mag ähnlich indikatorisch sein wie etwa der Besuch der Synagogen an hohen jüdischen Festtagen.[306] Die Stärke des Zugehörigkeitsgefühls läßt sich in der Tat vor allem im kollektivem Verhalten der Gemeindeangehörigen beobachten. Unter dieser Perspektive kann die geringe Wahlbeteiligung keineswegs als günstig beurteilt werden. In den Jahren 1920 und 1925 nehmen an den Wahlen zum Repräsentanten-Kollegium nur etwa 30 % der wahlberechtigten Gemeindeangehörigen teil.[307] Das stellt ein erstaunliches Desinteresse der Mehrheit dar, entspricht andererseits etwa dem Anteil derjenigen in der Gemeinde, die einem der Kultusverbände angehören. Obwohl ein unmittelbarer Zusammenhang zwischen Mitgliedschaft in einem Kultusverband und Wahlausübung nicht ermittelt werden kann, bleibt der zwischen Orthodoxen, Liberalen und Zionisten bestehende Grundkonsens dann in seiner integrativen Funktion fragwürdig, wenn die Repräsentanz die Mehrheit der Gemeindeangehörigen nicht mehr erreicht. Im Zeitpunkt der Wirtschaftskrise 1930/31 und des verstärkten Antisemitismus ändert sich dies tendenziell. Die Wahlbeteiligung steigt auf nahezu 50 %. Man kann nur spekulieren, ob die Wähler der Gemeinde damit die Funktion eines Hoffnungsträgers zuerkennen.

1.2 Religiös-kulturelles Leben. Das Hamburger System soll dem einzelnen die Freiheit zur individuellen oder kollektiven Religiösität eröffnen. In dieser zugleich religionsbewahrenden Aufgabe ist man sich einig. Gemeinde und Kultusverbände können hierfür jedoch nur einen institutionellen Rahmen schaffen. Daß die vorhandenen Dokumente gerade dies, kaum dagegen die religiöse Einstellung des einzelnen nachzeichnen, ist ein nicht behebbarer Mangel. Wie kraftvoll und dauerhaft das religiös-kulturelle Leben in der jüdischen Gemeinde wirklich ist, läßt sich nur mittelbar erschließen. Auch im Judentum schreitet der Prozeß der Säkularisation voran. Die soziale und politische Geschichte der deutschen Juden ist zugleich die Geschichte ihrer zunehmenden religiösen Entfremdung.

In welchem Umfang sich jüdische Selbstgewißheit gerade in Formen religiöser Lebensführung äußert, ist ungewiß. Darüber darf das Erscheinungsbild der Kultusverbände nicht hinwegtäuschen. Wenn nur etwas mehr als 1/3 der Hamburger Juden einem der drei Kultusverbände angehört, dann ist die Verbandszugehörigkeit offenkundig keine Selbstverständlichkeit mehr.[308] Da die Hamburger Juden andererseits eine ausge-

306 Vgl. hierzu R. E. May, Ein interessantes Kapitel Hamburgischer jüdischer Statistik (1927), Kap. 1/Dok. 5.
307 Vgl. Einführung S. LXXXIII.
308 Vgl. zur Berechnung Einführung S. XLIV.

prägte Neigung haben, sich in Vereinigungen und Gruppen zu organisieren und dies ein hohes Maß an sozialer Bindungsfähigkeit erkennen läßt, ist die geringe Organisationsdichte der Kultusverbände jedenfalls ungeeignet, den Nachweis einer kollektiv erlebten Religiösität zu begründen. Das bedeutet indes nicht, daß sich der «normale» Gemeindeangehörige religiösem Handeln entzieht. In seiner überwiegenden Mehrheit hält er sich zumindest an tradierte Riten, die in seinem Leben symbolischen Charakter haben oder jedenfalls familiar erwartet werden. Vergleicht man Geburt, Eheschließung und Sterbefälle als kennzeichnende Bereiche religiöser Einbindung, so ergibt sich nach Maßgabe verfügbarer Daten folgende Übersicht:[309]

Religiös-rituelle Handlungsformen (1920-1933)

Jahr	Geburt absolut	Beschneidung[310]	Eheschließung absolut	Eheschließung Trauung in rel. Form[311]	Sterbefälle absolut	Sterbefälle Begräbnis in der Gemeinde
1920	316	96,84 %			312	74,04 %
1921	358	63,13 %			282	79,08 %
1922	317	71,29 %			340	71,18 %
1923	350	60,00 %			297	71,72 %
1924	313	67,73 %			309	77,67 %
1925	278	82,73 %	120	70,00 %	296	81,42 %
1926	218	69,72 %	86	72,09 %	271	71,22 %
1927	228	49,12 %	98	60,20 %	289	81,66 %
1928	187	53,48 %	89	57,30 %	325	75,38 %
1929			71	63,38 %		
1930			89	64,04 %		
1931			67	74,63 %		
1932			75	64,00 %		
1933			70	71,43 %		
Summe	2565	69,16 %	765	66,14 %	2721	75,85 %

Die drei rituellen Handlungen werden also von der ganz überwiegenden Mehrheit der Hamburger Juden praktiziert. Daß etwa 3/4 ein religiöses Begräbnis wünschen, ist weniger bemerkenswert als der hohe Anteil der Beschneidung. Etwa 70 % der Eltern wünschen, daß bei ihrem Sohn ein

309 Vgl. Kap. 1/Dok. 16.

310 Den Geburtszahlen wird der gleiche Anteil männlich und weiblich Geborener zugrunde gelegt.

311 Dem errechneten Prozentanteil liegt die Annahme zugrunde, daß nur rein jüdische Ehen im religiösen Ritus getraut werden.

striktes religionsgesetzliches Gebot beachtet wird.[312] Dieser Anteil bleibt auch nach 1928 – soweit Schätzungen eine derartige Beurteilung zulassen – mit etwa 50 % verhältnismäßig hoch. Im Durchschnitt werden 2/3 aller rein jüdischen Eheschließungen rituell vollzogen. Da Eheschließung und Beschneidung die Mitwirkung oder Überwachung eines Kultusbeamten bedingen, heißt dies, daß etwa 1/3 derjenigen, die keinem Kultusverband angehören, gleichwohl auf religiös-rituelles Verhalten nicht grundsätzlich verzichten wollen. Allerdings werden im Zeitraum von 1925 bis 1933 durchschnittlich nur noch 32,71 % aller Ehen, an der ein Jude oder eine Jüdin beteiligt sind, vor dem Rabbiner geschlossen. Gerade dieser Vergleich zeigt die Dramatik der Mischehenfrage.

Ein weiterer Teil des öffentlichen religiösen Lebens ist der Besuch der Synagoge am Sabbat oder an den jüdischen Feiertagen und die Bar Mizwah. In welcher Weise dies für den Hamburger Juden in den 20er Jahren noch Teil seiner Alltagswirklichkeit ist, läßt sich nur schwer beurteilen. Die Zahl der in den Synagogen vorhandenen Plätze wird 1927 auf etwa 6000 geschätzt.[313] Nach der Bautätigkeit der Neuen Dammtor-Synagoge und des Tempelverbandes wird man kaum mehr als etwa 7000 Plätze annehmen dürfen. Die Kultusverbände rechnen also selbst für die höchsten Feiertage nicht damit, daß mehr als 40 % der über 10 Jahre alten Gemeindeangehörigen die Synagoge besuchen. Über die tatsächliche Frequenz ist nichts bekannt. Zwischen 1925 und 1933 werden 599 Bar Mizwoth gefeiert.[314] Diese Zahl zu interpretieren, fällt deshalb schwer, weil der Tempelverband im Gegensatz zu den beiden anderen Kultusverbänden auch Mädchen zur Bat Mizwah zuläßt.[315] Eine grobe Schätzung ergibt, daß etwa jeder zweite jüdische Junge ein Bar Mizwah ist.

Die Beachtung der jüdischen Speisegesetze und die Sabbatruhe sind Ausdruck religiösen Lebens. Soweit die Schächtung gewährleistet bleibt, ist dem Hamburger Juden eine koschere Zubereitung leicht möglich, ohne mit seiner nicht-jüdischen Umwelt in Konflikt zu geraten. Er hat hierfür allerdings ein zumeist höheres Preisniveau hinzunehmen. Für ihn, der in seinem äußeren Tagesablauf in das wirtschaftliche Leben einer Großstadt eingebunden ist, bereitet dagegen die Erfüllung des Sabbatgebotes ernste, mit persönlichen Opfern verbundene Schwierigkeiten. Das gilt für den Arbeitnehmer wie für den Selbständigen in gleicher Weise. In welchem Maße die Hamburger Juden den angeführten Normen religiö-

312 Vgl. § 7 des Statuts des Deutsch-Israelitischen Synagogenverbandes vom 20. 8. 1873, Kap. 10.1/Dok. 1.

313 Vgl. R. E. May, Ein interessantes Kapitel Hamburgischer jüdischer Statistik (1927), Kap. 1/Dok. 5.

314 Vgl. Kap. 1/Dok. 16; Statistisches Jahrbuch für die FHH, 1933/34, S. 250.

315 Religionsweihe nach § 4 Nr.2 der Satzung des Israelitischen Tempelverbandes zu Hamburg vom 2. 3. 1924, Kap. 10.2/Dok. 50.

sen Verhaltens genügen, ist ebenso schwer zu entscheiden wie die Frage, in welcher Hinsicht sich im Zusammenhang mit der Stadtteilkonzentration am Grindel eine Art jüdisches Eigenleben entwickelt. Für den Bereich des kleineren Handels- und Gewerbebetriebes – also für den unteren Mittelstand – entsteht eine gewisse Autonomie, in der religiöse Lebensformen eher praktizierbar sind als dies für den freiberuflich oder im Großhandel tätigen Juden möglich ist. Die Gemeinde kann vom Staat zum Ausgleich für die Sabbatruhe erreichen, daß für den Sonntag das allgemeine Verkaufsverbot gelockert und die Bestattung erlaubt werden.[316] Der Sabbat besitzt für die Hamburger Juden ersichtlich symbolischen Wert religiöser Eigenständigkeit, wie der 1930 geführte «Kampf für den Sabbat» zeigt.[317]

Auch in Hamburg gibt es eine streng orthodoxe Religiösität. Die nach dem Weltkrieg gegründete Thoralehranstalt «Jeschiwah» und die Tätigkeit der rabbinischen Klausner werden in der Gemeinde ebenso respektiert wie die Religiösität der Ostjuden. Die Gemeinde läßt es an finanzieller Unterstützung nicht fehlen. Aber ein nachhaltiger Einfluß auf die dem großstädtischen Alltag angepaßten Lebensformen der Hamburger Juden ist nicht erkennbar. Die erforderliche Bereitschaft und Fähigkeit der Mehrheit zum Kompromiß in religionsgesetzlichen Fragen ist im Friedhofswesen beispielhaft.[318]

1.3 «Deutsches» Bewußtsein. Für das Selbstverständnis der Hamburger Juden als einer Minderheit ist es von existenzieller Bedeutung, das Verhältnis zum «deutschen» Umfeld nicht nur für sich, sondern überzeugend auch für die sie umgebende Gesellschaft zu bestimmen. In ihrer ganz überwiegenden Mehrheit sind sie nicht bereit, sich etwa als Teil einer nationalen Minderheit aufzufassen. Selbst die zionistische Opposition vermeidet hierzu eine klare Stellungnahme.[319] Die Hamburger Juden wünschen die vollkommene Integration in die bestehende Gesellschaftsordnung mit dem Mittel der völligen bürgerlichen Gleichberechtigung. Sie unterscheiden sich damit in keiner Weise von den übrigen Juden in Deutschland. Wie dieser emanzipatorische Anspruch unter Wahrung jüdischer Eigenständigkeit erfüllt werden kann, ist eine Frage, welche den Juden weitgehend vom «deutschen» Umfeld erst aufgedrängt wird. Die Antwort der Mehrheit der Juden zielt auf die Betonung «deutscher Gesinnung und die Betätigung dieser Gesinnung im bürgerlichen Leben».[320] Wie dieses Spannungsverhältnis von Judentum und Deutschtum ohne

316 Vgl. Kap. 13.1/Dok. 3; Kap. 8/Dok. 6.
317 Vgl. Kap. 13.1/Dok. 10.
318 Vgl. Kap. 8/Dok. 2, 14, 16 (Grabinschriften), 17, 23, 20, 22, 26.
319 Vgl. zionistisches Gemeindeprogramm von 1920, Kap. 3/Dok. 4.

substantielle Aufgabe tradierter Überzeugungen aufgelöst oder zumindest ertragen werden kann, ist eine dauernde Herausforderung an das eigene Selbstbewußtsein.

Der «deutsche» Jude ist Sehnsucht und Programm. Der Vaterländische Bund jüdischer Frontsoldaten als Hamburger Ortsgruppe des Reichsbundes jüdischer Frontsoldaten (RjF) verkörpert dies in historisch fast tragischer Weise. Nach den Berechnungen der Ortsgruppe fallen im Weltkrieg von etwa 2900 Hamburger Juden, welche am Krieg teilgenommen hatten, 457.[321] Die überlebenden Kriegsteilnehmer bilden mit breiter Unterstützung der Gemeindeinstitutionen und der Kultusverbände eine Ortsgruppe, die sich die Errichtung eines jüdischen Ehrenfriedhofes zur Aufgabe setzt. Das vielfach beschriebene «gemeinsame Fronterlebnis» wirkt in der Ortsgruppe ebenso prägend wie dies bei anderen soldatischen Vereinigungen der Fall ist. An der jährlichen Totenehrung auf dem jüdischen Ehrenfriedhof nehmen neben den jüdischen Familien, den Repräsentanten jüdischer Organisationen auch nicht-jüdische Traditionsverbände und staatliche Repräsentanten teil.[322] Gerade in dieser Zustimmung sieht man fortwährend die Bestätigung der Auffassung, daß Judentum und Deutschtum keine Gegensätze seien. Der Krieg und gemeinsames Opfer als Muster verschmelzender Integration müßten sich auch gegenüber den Juden bewähren. Die Erfüllung angemahnter vaterländischer Pflichten hatte sich nach der Vorstellung der Mehrheit der Hamburger Juden auszuzahlen. Um so schmerzlicher ist es für die Ortsgruppe, als sie sich gezwungen sieht, sich am allgemeinen antisemitischen Abwehrkampf zu beteiligen.[323] Man versucht es – wie andere jüdische Gruppierungen auch – mit dem Mittel der Aufklärung gegenüber einer polemischen Propaganda, die an einer Argumentation gerade nicht interessiert ist. Anfangs läßt sich der antisemitische Irrationalismus noch als eine Phraseologie von wenigen hinstellen. Als Hindenburg im Oktober 1932 das Gefallenenbuch des Reichsbundes mit «kameradschaftlichem Gruß» dankend entgegennimmt, schöpft man daraus gewiß Hoffnung.[324] In einer Feierstunde am 6. 2. 1933 übergibt die Ortsgruppe das Gedenkbuch Senator Platen als Vertreter des Senates. Als «gute Deut-

320 Resolution der Delegiertenversammlung des C.V. vom 30. 3. 1913, Text abgedruckt bei A. Paucker, Zur Problematik einer jüdischen Abwehrstrategie in der deutschen Gesellschaft, in: Juden im Wilhelminischen Deutschland 1890–1914, hrsg. v. W. E. Mosse, 1976, S. 479 ff., hier S. 532; vgl. auch die Resolution der Z.V.f.D. vom 1. 5. 1913, Text abgedruckt bei J. Reinharz, Dokumente zur Geschichte des deutschen Zionismus, S. 111.

321 Vgl. Kap. 22/Dok. 8

322 Vgl. Kap. 22/Dok. 4 ff.

323 Vgl. Kap. 22/Dok. 9.

324 Vgl. Vorbemerkung zu Kap. 22 mit Anm. 6.

sche» feiert man am 11. 3. 1933 den Volkstrauertag in der Hauptsynagoge Bornplatz unter Mitwirkung der Rabbiner der Kultusverbände.[325] Man will nicht resignieren, da die Frage nach der Alternative jetzt wie auch in den kommenden Jahren nur schwer zu beantworten ist.

Hoffnungen auf eine Normalisierung der politischen Verhältnisse in Hamburg sind zu diesem Zeitpunkt nicht mehr begründet. Der Senat hatte bereits am 3. 8. 1932 seinen «Radikalenerlaß» für die NSDAP aufgehoben. In den folgenden Monaten nehmen antisemitische Exzesse, Friedhofschändungen und Straßenterror zu. Als nach dem 30. 1. 1933 und insbesondere mit dem Ermächtigungsgesetz vom 24. 3. 1933 das öffentliche, politische und kulturelle Leben im Sinne der nationalsozialistischen Ideologie umgestaltet wird, akzentuiert die Hamburger Ortsgruppe ihren «deutschen Anspruch» in anderer Weise. Sie gründet eine «Sportgruppe Schild» unter dem erklärten Motto: deutsche jüdische Jugend treibt Sport.[326] Zur Volksabstimmung am 12. 11. 1933, mit der die Reichsregierung zur Bestätigung des Austritts aus dem Völkerbund und Zustimmung zu ihrer eingeleiteten Außenpolitik aufruft, druckt das Gemeindeblatt die Stellungnahme des Reichsbundes jüdischer Frontsoldaten ab. In ihr wird in der Sprache der NSDAP an Deutschlands Ehre und Lebensraum erinnert. «Da übertönt in uns *ein* Gefühl alles andere: In altsoldatischer Disziplin stehen wir mit unserem deutschen Vaterlande bis zum Letzten».[327] In den Stadtteilen Rotherbaum und Harvestehude, in denen 1925 die Juden jeweils mehr als 15 % der Gesamtbevölkerung darstellen, wird die gestellte Frage mit 93,02 % und 94,22 % bejaht.[328] Ihre Teilnahme am Weltkrieg schützt die jüdischen Frontsoldaten noch einige Zeit.[329] Nach dem Pogrom vom 9./10. 11. 1938 löst sich der Reichsbund und mit ihm die Hamburger Ortsgruppe selbst auf.[330]

Der Centralverein deutscher Staatsbürger jüdischen Glaubens ist im Gegensatz zum Vaterländischen Bund jüdischer Frontsoldaten von vornherein mit dem Ziel der jüdischen Selbstverteidigung gegründet.[331] Durch

325 Vgl. GB v. 17. 3. 1933, S. 1.

326 Vgl. Gründung und Aufruf vom 21. 5. 1933, GB v. 7. 7. 1933, S. 6. Die allgemeinen Sportvereine begannen im April 1933 ihre jüdischen Mitglieder durch Einführung des sog. Arierparagraphen auszuschließen; vgl. Richtlinien des Reichssportkommissars vom 25. 4. 1933, Jüdische Rundschau v. 25. 4. 1933, S. 163. Die Zahl der Hamburger Mitglieder im Sportbund «Schild» wird für 1935 mit 740 angegeben, vgl. U. Dunker, Der Reichsbund jüdischer Frontsoldaten, S. 327.

327 GB v. 9. 11. 1933, S. 1.

328 Vgl. Statistisches Jahrbuch für die FHH, 1933/34, S. 252 f.

329 Vgl. § 3 Abs.2 des Gesetzes zur Wiederherstellung des Berufsbeamtentums vom 7. 4. 1933 (RGBl. I S. 175) in Verb. mit Nr. 2 Abs. 2 der 1. Verordnung zur Durchführung des Gesetzes zur Wiederherstellung des Berufsbeamtentums vom 11. 4. 1933 (RGBl. I S. 195).

330 Vgl. U. Dunker, Der Reichsbund jüdischer Frontsoldaten, S. 177.

seine Existenz stellt der Verein bereits äußerlich in Frage, daß die erstrebte gesellschaftliche Eingliederung hinreichend gelungen sei. Der darin liegende Aktionismus signalisiert eine Wende im jüdischen Selbstverständnis. Die jüdische Haltung war nach erreichter formaler Gleichberechtigung eher von der Scheu geprägt, sich dem Antisemitismus der Wilheminischen Zeit kämpferisch entgegenzustellen. Den jüdischen Eliten schien eine politische Agitation zur Wahrung eigener Interessen unangebracht. Anspruch und Politik des Centralvereins bleiben deshalb innerjüdisch lange Zeit umstritten. Die nunmehrige Betonung der deutschen Staatsbürgerschaft macht sich den deutschen Nationalismus als unangefochtenen politischen Wert zunutze. Es gilt, das Deutschtum der Juden als unbezweifelbar herauszustellen.[332] Dieses strategische Konzept der Abwehrarbeit führt jedoch dazu, sich in seinem Deutschtum von keinem anderen überbieten zu lassen. Da der Antisemitismus gerade die Zugehörigkeit der Juden zum deutschen Volke bestreitet, erklärt dies eine dauernde Eskalation des betonten Deutschtums. Damit wird die auch innerjüdisch zu beantwortende Frage vernachlässigt, welche Stellung der gläubige Jude in der Gesellschaft einzunehmen habe. Die Existenz der orthodoxen Ostjuden erinnert die alteingessenen deutschen Juden hieran nachdrücklich. Zwar kommt es in Hamburg nicht zu einer öffentlichen Distanzierung, vielmehr sind die Unterstützungen vielfältig.[333] Dennoch erscheinen die ostjüdischen Glaubensbrüder auch in Kreisen der Orthodoxie als eine innerjüdische Minderheit, die gewollt oder unbewußt eine innerjüdische Integration ablehnen. Da dies den Ostjuden, die zumeist aus einem streng frommen Milieu kommen, nur unter Aufgabe ihrer eigenen Religiosität möglich ist, wiederholt sich innerjüdisch, was die Mehrheit der deutschen Juden für sich selbst eher zu verdrängen sucht.

Das vom Centralverein herausgestellte Verhaltensmuster des «deutschen» Juden ist der Versuch einer Symbiose.[334] Orthodoxie und Zionis-

331 Vgl. hierzu A. Paucker, Der jüdische Abwehrkampf gegen Antisemitismus und Nationalsozialismus in den letzten Jahren der Weimarer Republik, S. 45f f.; ders., Zur Problematik einer jüdischen Abwehrstrategie, S. 480 ff.

332 Vgl. allg. Jehuda Reinharz, Deutschtum and Judentum in the Ideology of the Centralverein deutscher Staatsbürger jüdischen Glaubens 1893–1914, in: Jewish Social Studies, XXXVI, Nr.1 (1974) S. 19–39; Shulamit Volkow, Antisemitismus in Deutschland als Problem jüdisch-nationalen Denkens und jüdischer Geschichtsschreibung, in: Geschichte und Gesellschaft, 5. Jg. (1979), H.4, S. 519–544; R. Rürup, Emanzipation und Antisemitismus. Studien zur «Judenfrage» der bürgerlichen Gesellschaft, Göttingen 1975.

333 Vgl. Kap. 17/Dok. 1, 2, 7, 10; vgl. allg. T. Maurer, Ostjuden in Deutschland 1918–1933, S. 587 ff.

334 Zur Bedeutung der Hamburger Ortsgruppe des Centralvereins vgl. Vorbemerkung zu Kap. 23.

mus ist dies suspekt. Die Mehrheit der deutschen Juden problematisiert die Bedeutung ihres Deutschtums nicht. Sie behandelt Orthodoxie und Zionismus als innerjüdische Minderheiten, die einer gesellschaftlichen Anerkennung der deutschen Juden entgegenstehen. Wie eine Integration ohne Assimilation erreichbar sein kann, bleibt die dauernde Frage. Hierzu stellt der Centralverein außerhalb seiner Aufgabe der antisemitischen Abwehr eine Empfehlung bereit, die faktisch deutliche Kennzeichen einer partiellen Assimilation trägt. Die Selbstgewißheit soll nicht in der kämpferisch erstrebten pluralen Ordnung oder in der religiösen Überzeugung, sondern in erster Linie in der Betonung der einheitsstiftenden Normalität eines überzeugten Deutschtums begründet sein. Daß dieses Ziel der jüdischen Minderheit den psychischen Druck der Andersartigkeit zu nehmen verspricht, macht den innerjüdischen Erfolg des Centralvereins aus. In einer säkularisierten Welt, die auch das deutsche Judentum erfaßt hat, ist der Glaube der Väter nicht mehr genug, dem individuellen Bewußtsein die gesellschaftliche Diskriminierung erträglich zu machen. In der tragischen Konsequenz der Politik des Centralvereins liegt es, der Reichsregierung noch im Februar 1934 in einer offenen Erklärung zuzugestehen, «über Ausmaß und Grenzen unseres Tätigkeitsbereiches sowie über Form und Inhalt unseres Zusammenseins zu entscheiden».[335] Bis zum Pogrom am 9./10. November 1938 bleibt kaum eine vage Hoffnung auf Besserung der Verhältnisse, danach nicht mehr.

2. Antisemitismus.

2.1 Der Zeitraum vor 1914/1918. Das Fremdartige des nicht voll assimilierten Judentums gegenüber einer antiliberalen und zugleich nationalistischen Bewegung wird in der sozialhistorischen Forschung neben anderen Faktoren als das zentrale auslösende Moment des Antisemitismus in Deutschland angesehen. Für die Zeit des ausgehenden 19. Jahrhunderts gilt dies gleichermaßen für den staatlichen, politischen und gesellschaftlichen Bereich, ohne daß sich die Wirkungen voneinander trennen lassen.[336] Daß in Wilheminischer Zeit Linksliberalismus und Sozialdemokratie gegen den Antisemitismus entschieden Stellung nehmen, wirkt sich kaum günstig aus. Der politische Intellektualismus beider politi-

335 Vgl. Rita Thalmann, Das Protokoll der Wannseekonferenz. Vom Antisemitismus zur «Endlösung der Judenfrage» , in: Alfred Grosser (Hrsg.), Wie war es möglich? Die Wirklichkeit des Nationalsozialismus. Neun Studien, München 1977, S. 152 f.

336 Vgl. allg. Werner Jochmann, Struktur und Funktion des deutschen Antisemitismus, in: W. E. Mosse (Hrsg.), Juden im Wilhelminischen Deutschland, S. 389 ff; A. Paucker, Zur Problematik einer jüdischen Abwehrstrategie, S. 479 ff.; Ernest Hamburger, Juden im öffentlichen Leben Deutschlands, S. 97 ff.

scher Gruppierungen ist der Mehrheit des Bürgertums nicht zugänglich. Ihre oppositionelle Grundhaltung, mit der sie sich für eine auch gesellschaftliche Emanzipation der Juden einsetzen, macht sie der bürgerlich-konservativen und national-liberalen Mehrheit gerade verdächtig. Das führt dazu, daß die Juden in die im Kaiserreich ausgeprägte Polarisierung der politischen Zuordnung einbezogen werden und damit eine zusätzliche Ausgrenzung erfahren. Das ist in einem immanenten Sinne sogar nicht unbegründet. Seit dem Beginn der «Neuen Ära» hatte sich die Mehrheit der Juden politisch im Liberalismus orientiert.[337] Sie folgt weitgehend derem linken Flügel, als sich dieser 1880 von den Nationalliberalen durch Sezession trennt, in die politische Opposition. Ein kleinerer Teil sympathisiert künftig mit der Sozialdemokratie. Als sich im Konservativismus antisemitische Tendenzen verstärken, geraten die Juden damit in eine auch politische Isolierung. Aus der Zeit des Kulturkampfes und der Sozialistengesetzgebung ist der jüdischen Führungselite bewußt, zu welchen staatlichen Maßnahmen eine entschlossene Regierung fähig sein kann.

Im Kaiserreich gibt es trotz der rechtlichen Gleichstellung einen eindeutigen staatlichen Antisemitismus, der durch die vermutete politische Orientierung der Juden noch verstärkt wird. Für denjenigen, der an die politischen Vorgaben seiner Obrigkeit glaubt, kann dies nur bedeuten, daß er an der nationalen Zuverlässigkeit der Juden zu zweifeln hat. Der Antisemitismus wird nicht zuletzt durch diesen Umstand zunehmend von «gesellschaftsfähiger» Akzeptanz. Das macht die Abwehrstrategie des Centralvereins deutscher Staatsbürger jüdischen Glaubens in den Augen vieler noch suspekter. In Hamburg bietet sich dem politischen Antisemitismus zunächst keine geeignete Grundlage.[338] Die Stadt befindet sich in der Schutzzollfrage in Opposition zum Reich. Auch die Wirtschaftskrise von 1873 löst in Hamburg keine politische Veränderungen aus.

Für Hamburg kann man in den kommenden Jahrzehnten in drei Bereichen einen Antisemitismus ausschließen. Ein staatlicher Antisemitismus besteht in Hamburg nicht. Die Bemühungen des Senats der Stadt um eine Neuordnung der jüdischen Gemeinde wären vor dem Hintergrund einer antisemitischen Politik auch nicht verständlich.[339] Diskriminierungen sind nicht festzustellen. Hierin unterscheidet sich die Stadt vor allem von Preußen. Die Anstellung und die Beförderung jüdischer Beamter und Richter sind am Leistungsprinzip ausgerichtet. Den Hamburger Juden gelingt es 1911/1913 Ausnahmen von der gesetzlich ange-

337 Vgl. J. Toury, Die politischen Orientierungen der Juden in Deutschland, S. 110 ff.
338 Vgl. allg. H. Krohn, Die Juden in Hamburg, S. 182 ff.
339 Vgl. oben Einführung S. XXIX.

ordneten Sonntagsruhe als Ausgleich zum Sabbat zu erreichen.[340] Bis 1890 untersagt die Hamburger Polizei alle Veranstaltungen mit antisemitischer Zielsetzung unter Berufung auf § 2 des Vereinsgesetzes vom 30. 6. 1851. Der Senat weigert sich 1914 auch, den antisemitischen Alldeutschen Verband zu begrüßen.[341] Das alles sind Anzeichen dafür, daß der Senat den Hamburger Juden gegenüber auch tatsächlich keine antisemitischen Vorbehalte besitzt. Mit Ausnahme des Senatorenamtes erreichen Hamburger Juden jedes staatliche oder politische Amt.[342] Ein antisemitischer Geist in der Hamburger Lehrerschaft und in der Oberschulbehörde scheint dagegen anfangs bestanden zu haben.[343] Unter den Juristen, die in Hamburg traditionell Funktionen des höheren Verwaltungsbeamten wahrnehmen, lassen sich antisemitische Strömungen ebenfalls nicht nachweisen.[344] 1879 wird Isaac Wolffson nahezu einstimmig zum Präsidenten der Hanseatischen Anwaltskammer gewählt. Auch die Kaufmannschaft bleibt frei von erklärten antisemitischen Einstellungen. Vielleicht ist es das gemeinsame Ziel, die Vaterstadt als Zentrum des deutschen Frei- und Außenhandels auszubauen, das zumindest einen äußeren Antisemitismus verbietet. Nach Aufhebung des Parochialprinzips sieht jedenfalls nur ein geringer Teil der Hamburger Juden Anlaß, die jüdische Gemeinde zu verlassen.

Ein politischer Antisemitismus wird in Hamburg 1895 mit der Gründung des Deutschnationalen Handlungsgehilfen-Verbandes (DHV) erkennbar. Bei der Reichstagswahl von 1893 hatten in Hamburg 8014 Wähler die antisemitische Deutsch-Soziale Partei gewählt. Das war zwar ein prozentual geringer Anteil. Aber der Antisemitismus mußte nunmehr auch in Hamburg als Teil der politischen Auseinandersetzung zur Kenntnis genommen werden. Vor allem in einigen Bürgervereinen machen sich antisemitische Tendenzen bemerkbar.[345] Ein derart politischer

340 Vgl. Eingabe der «Freien Vereinigung für das orthodoxe Judentum» aus Hamburg an den Bundesrat vom 13. 1. 1913, in: StAH JG 562.

341 Vgl. Hamburger Israelitisches Familienblatt v. 27. 7. 1914.

342 Vgl. Ernest Hamburger, Juden im öffentlichen Leben, S. 53, 243, 389.

343 Vgl. H. Krohn, Die Juden in Hamburg, S. 198 f. Auf der anderen Seite gab es bereits im 19. Jahrhundert Bestrebungen liberaler Vereinsmitglieder zur Aufnahme jüdischer Lehrer in die Gesellschaft der Freunde des vaterländischen Schul- und Erziehungswesens; vgl. hierzu näher Peter Freimark, Die Aufnahme jüdischer Lehrer in die «Gesellschaft der Freunde des vaterländischen Schul- und Erziehungswesens», in: 175 Jahre Gesellschaft der Freunde des vaterländischen Schul- und Erziehungswesens, S. 49–66.

344 H. Kleinschmidt, Isaac Wolffson. Zum 12. Oktober 1928 (Aus Anlaß der Aufstellung der Büste von Wolffson in der Vorhalle des Oberlandesgerichtsgebäude), in: Hanseatische Rechts- und Gerichtszeitschrift, 1928, Sp. 566–567.

345 Vgl. Arthur Obst, Geschichte der Hamburgischen Bürgervereine. Festschrift zur Feier des 25jährigen Bestehens des Zentralausschusses Hamburgischer Bürgervereine am 10. Juni 1911, Hamburg 1911.

und gesellschaftlicher Antisemitismus kann sich immer wieder Gehör verschaffen. Hier mag der soziale und wirtschaftliche Aufstieg der Hamburger Juden auslösender Faktor sein. Die auch in späteren Jahren vorhandenen Aktivitäten des DHV werden von der Mehrheit der Hamburger Juden allerdings nicht als ernsthafte Gefährung beurteilt. Zwar besteht auch in Hamburg eine Ortsgruppe des Vereins zur Abwehr des Antisemitismus. Der Bankier Max M. Warburg sieht Anfang 1913 Grund zur Besorgnis. Nach seiner Sicht herrscht in Hamburg zwar kein offener, um so mehr aber ein latenter Antisemitismus.[346] Der Vorstand der jüdischen Gemeinde setzt jedoch auf den rechtsstaatlichen Schutz durch Senat und durch Gerichte. Das mochte eine trügerische Hoffnung sein, die durch den politischen Burgfrieden, um den man sich während des Weltkrieges bemüht, verständlich wird. Als der Centralverein in einer Erklärung vom 1. 8. 1914 die deutschen Juden aufruft, freiwillig und «im Sinne des altjüdischen Pflichtgebots» zu den Fahnen zu eilen, glaubt er gewiß, jeden antisemitischen Vorwurf durch die Kriegsteilnahme der Juden widerlegen zu können.[347] Die Z.V.f.D. steht dem nicht nach.[348] Gemeinde und Kultusverbände lassen keinen Zweifel daran, daß sie die Notwendigkeit des Krieges in jeder Hinsicht bejahen. Ansprachen des Gemeindevorstandes, Bittgottesdienste in den Synagogen, Kriegsfreiwillige, Hilfskomitees und die Zeichnung von Kriegsanleihen vermitteln den Hamburger Juden das Gefühl, die antisemitische Agitation habe ihre Kraft verloren. Der Krieg werde zu der unangefochtenen gesellschaftlichen Emanzipation führen.[349]

2.2 Der Zeitraum 1914 bis 1918. Der Krieg bringt für die Juden im Oktober 1916 eine große Enttäuschung, als der Kriegsminister Wild von Hohenborn die Durchführung einer Statistik über die Zahl der jüdischen Kriegsteilnehmer bei Feldheer, Besatzungsheer sowie eine Zählung der Reklamierten anordnet.[350] Man behauptet, das Material werde gesammelt, um den Vorwürfen gegen jüdische Drückebergerei wirksam entgegentreten zu können. Niemand glaubt das. Im Reichstag kritisieren Sozialdemokraten und Linksliberale das Vorgehen der Militärs in aller Schärfe. Die Mehrheit der Budget-Kommission des Parlamentes spricht sich gleichwohl dagegen aus, die statistischen Erhebungen abzubrechen. Die eigentlichen

346 Brief an an seinen Vetter Aby S. Warburg vom 28. 2. 1913, StAH JG 866 b Fasc. 3.
347 Vgl. Hamburger Familienblatt v. 10. 8. 1914.
348 Vgl. Appell an die deutschen Juden zur Verteidigung des Vaterlandes vom 7. 8. 1914, in: Jüdische Rundschau v. 7. 7. 1918, S. 343.
349 Vgl. allg. Werner Jochmann, Die Ausbreitung des Antisemitismus, in: Deutsches Judentum im Krieg und Revolution 1916–1923, hrsg. v. W. Mosse/A. Paucker, Tübingen 1971, S. 409 ff.; Egmont Zechlin, Die deutsche Politik und die Juden im Ersten Weltkrieg, Göttingen 1969, S. 86 ff.

Beweggründe des Ministers bleiben unklar. Politische Naivität läßt sich nicht ausschließen. Die Juden erheben den Vorwurf, sie würden als Soldaten zweiter Klasse behandelt. Eine Statistik über jüdische Kriegsteilnehmer stelle den Bruch des politischen und konfessionellen Burgfriedens von 1914 dar. Nahezu jede jüdische Familie muß sich betroffen fühlen. Man muß einsehen, daß der staatlich-preußische Antisemitismus der Vorkriegszeit keineswegs überwunden ist. Ein kaiserliches Wort, das in dieser schwierigen Lage hätte beruhigend wirken können, unterbleibt. Einen Teil der Juden verbittert dies zusätzlich. Die Zeichnung von Kriegsanleihen und die Spendentätigkeit durch Juden gehen bemerkbar zurück. Das ist eine verständliche Reaktion, die jedoch ihrerseits den Vorwurf auslöst, die Juden stünden in einer Lage nationaler Not bewußt abseits. Im Reichsbund jüdischer Frontsoldaten (RjF) setzt sich der Vorwurf der militärischen Drückebergerei – obwohl längst widerlegt – fast traumatisch fort.

Zwei weitere Faktoren wirken sich für die deutschen Juden in ihrem Ziel auf «nationale Anerkennung» nachteilig aus. Als mit der Balfour-Deklaration 1917 Großbritannien die Zusicherung einer jüdischen Heimstätte in Palästina gibt, bietet diese in erster Linie aus außenpolitischen Gründen getroffene Entscheidung der deutschen Innenpolitik die Möglichkeit zur antisemitischen Polemik. Man argwöhnt, die deutschen Juden betrieben eine eigene Außenpolitik. Das trägt ihnen den Vorwurf nationaler Unzuverlässigkeit ein.[351] Für die innerjüdische Diskussion um den Zionismus interessiert man sich nicht. Daß die deutsche Außenpolitik gegenüber dem Osmanischen Reich zeitweise ähnliche Überlegungen angestellt hatte, wird im politischen Bewußtsein des Alltags kaum wahrgenommen. Die deutschen Juden werden außerdem mit den sozialen Problemen identifiziert, welche die Ostjuden seit Kriegsbeginn auslösen.

350 Vgl. hierzu Bruno Italiener, Waffen im Abwehrkampf, Berlin 1920, S. 66 ff.; R. E. May, Konfessionelle Militärstatistik, Tübingen 1917; Eva Reichmann, Der Bewußtseinswandel der deutschen Juden, in: Deutsches Judentum in Krieg und Revolution 1916-1923, hrsg. v. W. Mosse/A. Pauckert, S. 511 ff.; Ernest Hamburger, Juden im öffentlichen Leben Deutschlands, S. 101 ff.; Franz Oppenheimer, Die Judenstatistik des preußischen Kriegsministeriums (1922), in: ders., Soziologische Streifzüge. Gesammelte Reden und Aufsätze, Bd. 2, München 1927, S. 259; Jakob Segall, Die deutschen Juden als Soldaten im Kriege 1914–1918. Eine statistische Studie, Berlin 1921; Saul Friedländer, Die politischen Veränderungen der Kriegszeit und ihre Auswirkungen auf die Judenfrage, in: Deutsches Judentum in Krieg und Revolution 1916–1923, S. 36–39; Werner T. Angress, The German Army's «Judenzählung» of 1916, LBYB 23 (1978), S. 117–138; Egmont Zechlin, Die deutsche Politik und die Juden im Ersten Weltkrieg, S. 527 ff. Die gestellten Fragen sind abgedruckt bei Otto Arnim (Alfred Roth), Die Juden im Heere. Eine statistische Untersuchung nach amtlichen Quellen, München 1919, S. 15.

351 Vgl. die dokumentarischen Nachweise bei Jehuda Reinharz, Dokumente zur Geschichte des deutschen Zionismus, S. 20 ff., insbes. S. 214.

1914 leben im Reich etwa 80 000 Ostjuden. Sie gelten auch innerjüdisch als Außenseiter. Während des Krieges werden weitere 35 000 Ostjuden als Arbeitskräfte für die deutsche Rüstungsindustrie rekrutiert.[352] Etwa die gleiche Zahl befindet sich unter den Kriegsgefangenen oder den internierten Ausländern. Gegen Kriegsende beläuft sich damit die Gesamtzahl auf 150 000. Die jiddische Sprache, große Armut, häufig verbunden mit Arbeitslosigkeit, und fremde Staatsangehörigkeit bilden geradezu klassische Merkmale, diesen Bevölkerungsteil als Minderheit zu stigmatisieren. Die nach dem Kriege neugebildeten osteuropäischen Staaten haben kein wirkliches Interesse daran, die ostjüdischen Arbeitslosen bei sich aufzunehmen. Für ihr Vorhandensein im Reich macht die antisemitische Propaganda die «deutschen Glaubensbrüder» pauschal verantwortlich.[353] Als Anfang 1919 etwa 70 bis 100 polnische Juden, die während des Krieges auf Hamburger Werften gearbeitet hatten, abgeschoben werden sollen, gelingt es den Hamburger und Altonaer Juden, dies zu verhindern.[354] Daß dies die antisemitische Agitation noch verstärkt, wird im Gemeindevorstand nicht verkannt. Die Ostjuden werden bevorzugter Gegenstand des politischen Antisemitismus.

2.3 Der «Nachkriegsantisemitismus». Gegenüber der Vorkriegszeit haben sich die Gründe für den politischen Antisemitismus geändert. In Deutschland herrscht ein allgemeines Gefühl der Unsicherheit und des Umbruchs. Die militärische Niederlage, die Revolution im Reich und in den Ländern und die sie begleitenden bügerkriegsähnlichen Auseinandersetzungen haben die Vorstellung einer unbezweifelbaren nationalen Ordnung schwer erschüttert. Die Frage nach der Kriegsschuld verlangt nach rascher Beantwortung. Diese Forderung kann jedoch wegen der Differenziertheit der Kriegsursachen nicht alsbald im Sinne persönlicher Verantwortung plakativ erfüllt werden. Andererseits bleibt das Bedürfnis nach Zuweisung von Verantwortung für den eingetretenen Zustand bestehen. Die Juden erscheinen vor allem der politischen Rechten als geeignete Sündenböcke. Im Zeitpunkt der Kriegswende habe sich ihre Fremdartigkeit nochmals gezeigt. Daß führende Positionen der Kriegswirtschaft von Juden besetzt waren, wird in den Argumentationszusammenhang gestellt, daß der Krieg nicht an der Front, sondern in der Heimat verloren gegangen sei.

In den Gemeindeorganen beobachtet man diese neue Entwicklung des politischen Antisemitismus zunächst mit Sorge, wie die Niederschriften

352 Vgl. T. Maurer, Ostjuden in Deutschland 1918–1933, S. 38 mit Anm. 91.
353 Vgl. T. Maurer, Ostjuden in Deutschland, S. 192 ff. zur sog. Ostjudenfrage.
354 Vgl. Kap. 17/Dok. 2 ff.

des Repräsentanten-Kollegiums ergeben. Der Deutschnationale Handlungsgehilfen-Verband (DHV) und die Deutschnationale Volkspartei (DNVP) betreiben offene antisemitische Agitation.[355] Bei den Wahlen zur Nationalversammlung am 19. 1. 1919 und zur Bürgerschaft am 16. 3. 1919 konzentriert sich der Wille zum politischen Neubeginn mit mehr als 3/4 der Stimmen auf die Sozialdemokratische Partei, auf die Deutsche Demokratische Partei und auf die Unabhängige Sozialdemokratische Partei. Die genannten Parteien hatten sich bereits im Kaiserreich zur parlamentarischen Demokratie bekannt. Die Deutsche Volkspartei (DVP), die einen rechtskonservativen Nationalliberalismus vertritt und damit die Sympathie des Alldeutschen Verbandes auf sich ziehen kann, erreicht 11,7% bzw. 8,6% der Stimmen. Im Vergleich zum Reich mit 10,5% erfährt die DNVP bei den Nationalversammlungswahlen in Hamburg mit nur 2,7 % eine empfindliche Niederlage. Auch bei der nachfolgenden Bürgerschaftswahl ändert sich hieran nichts. Für die Hamburger Juden bedeuteten diese Wahlergebnisse, daß der völkisch-antisemitische Kurs der Ultrarechten in Hamburg praktisch bedeutungslos geblieben ist.[356] SPD und DDP koalieren für die Senatsbildung.

Die politische Entwicklung verspricht den Hamburger Juden damit die politische Kontinuität in der Abwehr des Antisemitismus durch den Staat und die ihn tragenden politischen Kräfte. Gleichwohl gibt es im Alltag antisemitische Strömungen, welche die Agitation auf der Straße suchen. Die Gemeinde entschließt sich im Sommer 1919, an die Polizei eine Eingabe wegen Volksverhetzung zu richten.[357] Wenig später erschüttert ein Lebensmittelskandal das politische Gefüge. Diese sog. Sülzeunruhen erhalten rasch eine antisemitische Zuordnung.[358] Im Sommer 1920 kommt es in der Hamburger Bürgerschaft zu einer ersten Debatte in der Weimarer Republik über den Antisemitismus.[359] Die Anlässe sind auch in den folgenden Jahren zumeist nicht schwerwiegend. Die staatlichen Behörden lassen kein Zögern erkennen, antisemitischem Verhalten entgegenzutreten. Das gilt gegenüber rechtsradikalen Aktionen ganz allgemein. Im Sommer 1922 werden im Zusammenhang mit dem Anschlag auf Rathenau in Hamburg 20 radikale Vereine verboten. In einem senatsinternen Aktenvermerk vom November 1923 wird betont, daß die Aufmerksamkeit der Polizeibehörde darauf gerichtet sei, «antisemitischen Ausschreitungen in Hamburg mit allen Mitteln zu begegnen.»[360] In diesem

355 Vgl. Kap. 19/Dok. 1, 2.
356 Vgl. R. E. May, Der Antisemitismus – die größere Anziehungskraft, abgedruckt Kap. 19/Dok. 4.
357 Vgl. Kap. 19/Dok. 3.
358 Vgl. Kap. 19/Dok. 5 mit Anm. 14.
359 Vgl. Kap. 19/Dok. 6.
360 Vgl. Kap. 19/Dok. 10 mit Anm. 11.

Sinne hätten mit den Vertretern der Gemeinde wiederholt Besprechungen in der Polizeibehörde stattgefunden. Antisemitische Ausschreitungen sind im Reich während dieser Zeit nicht unbekannt. Sie führen 1923 in einigen Großstädten zur Gründung von Selbstschutzabteilungen des Reichsbundes jüdischer Frontsoldaten.[361] Im Berliner Scheunenviertel kommt es im November 1923 zu pogromartigen Ausschreitungen.[362] Hamburg bleibt von dieser antisemitischen Eskalation unberührt. Jedenfalls enthalten die vorhandenen Unterlagen der Gemeinde keine weiteren Hinweise darauf, daß man sich erneut bei den staatlichen Stellen um Schutz der Hamburger Juden bemühte.

Der Versuch von Max M. Warburg, Vertreter der Hamburger Oberschicht, 1922 zu einem Aufruf gegen den Antisemitismus zu bewegen, scheitert.[363] Zu einem derartigen offenen Bekenntnis zur gesellschaftlichen Integration der Juden ist man nicht bereit. Antisemitische Hetzschriften sind in dieser Zeit häufig. Max M. Warburg wird hiervon selbst betroffen und kann sich erfolgreich wehren.[364] Zumeist scheitert eine strafgerichtliche Verfolgung daran, daß das Strafgesetzbuch eine Kollektivbeleidung nicht ausdrücklich kennt. Die Gerichte zögern daher, kollektive Personeneinheiten als beleidigungsfähig anzusehen. Nach der Prozeßordnung sind Beleidigungen zudem grundsätzlich nur im Verfahren der Privatklage verfolgbar, es sei denn die Staatsanwaltschaft bejahe ausnahmsweise ein öffentliches Interesse an der Strafverfolgung. Dieser Mangel sowohl an verfahrensmäßiger als auch an materiell-rechtlicher Effektivität ermuntert die Antisemiten, das Mittel der Beleidigung und Verleumdung zum Zwecke der agitatorischen Auseinandersetzung zu wählen.

Mit der wirtschaftlichen Stabilisierung seit etwa 1924 läßt sich ein gewisser Rückgang antisemitischer Strömungen für Hamburg beobachten. Genauere Feststellungen sind hierzu jedoch kaum möglich. Antisemitische Hetzschriften und antisemitische Ausschreitungen lassen sich nur schwer danach beurteilen, ob und in welchem Maße sie die in der Bevölkerung vorhandenen Auffassungen ausdrücken. Meinungsumfragen gibt es nicht. Im Frühjahr 1926 sieht der Hamburger Vorsitzende der DDP, Senator a. D. Stubmann, als politischer Zeitzeuge einen gesellschaftlichen Antisemitismus zwar nach wie vor als latent vorhanden an, hält dagegen

361 Vgl. U. Dunker, Reichsbund jüdischer Frontsoldaten, S. 54 f., 257 f.; T. Maurer, Ostjuden in Deutschland, S. 33 f.

362 Vgl. hierzu T. Maurer, Ostjuden in Deutschland, S. 335 ff.; Jüdische Rundschau v. 9. 11. 1923, S. 557.

363 Vgl. U. Büttner, Politische Gerechtigkeit und sozialer Geist, S. 134 mit Anm. 164.

364 Vgl. Kap. 19/Dok. 12. Max M. Warburg, Aus meinen Aufzeichnungen, Privatdruck 1952, S. 114 f.

die Wirksamkeit eines politischen Antisemitismus für ausgeschlossen.[365] Zieht man das Wahlverhalten dieser Jahre heran, so lassen sich gewisse Einschätzungen objektivieren, welche die zeitgenössische Beurteilung von Stubmann nicht bestätigen.

Ergebnisse der Reichstags- und Bürgerschaftswahlen in Hamburg (1920-1933) nach Anteil der gültigen Stimmen (%)[366]

	SPD	USPD	KPD	DDP	DVP	DNVP	NS	WP
N 1919	51,3	6,7	---	26,3	11,7	2,7	---	---
B 1919	50,5	8,1	---	20,5	8,6	2,9	---	---
R 1920	38,4	15,1	0,5	17,4	15,1	12,4	---	---
B 1921	40,6	1,4	11,0	14,1	13,9	11,3	---	---
R 1924	27,7	0,5	18,3	13,0	12,2	19,5	6,0	---
B 1924	32,4	0,3	14,7	13,2	14,0	17,0	2,5	---
R 1924	32,2	0,3	14,3	12,5	13,2	21,6	2,3	---
B 1927	38,2	---	17,0	10,1	11,2	15,2	1,5	4,2
B 1928	35,9	0,1	16,7	12,8	12,5	13,7	2,2	2,9
R 1928	36,8	---	16,8	11,6	13,8	12,8	2,6	2,4
R 1930	32,0	---	18,0	8,5	9,2	4,2	19,2	2,2
B 1931	27,8	0,1	21,9	8,7	4,8	5,6	26,3	1,5
B 1932	30,2	---	16,0	11,3	3,2	4,3	31,2	0,7
R 1932	31,7	---	17,7	6,0	2,0	5,2	33,7	0,4
R 1932	28,6	---	21,9	5,4	3,3	9,3	27,2	---
R 1933	26,9	---	17,6	3,5	2,4	8,0	38,8	---

In den Reichstagswahlen 1924 vereinigen DNVP und NSDAP jeweils etwa 1/4 der Stimmen auf sich. Bei der Bürgerschaftswahl des gleichen Jahres ist der Anteil etwas geringer. Beide Parteien sind betont antisemitisch. Es gibt in Hamburg eine rechtsradikale Strömung von nicht geringem Umfang. Auch wenn der Anteil in den kommenden Jahren auf etwa 15 % sinkt, besteht für die Gemeinde gleichwohl Anlaß, antisemitische Ausschreitungen zu befürchten. Die NSDAP, die bei der Reichstagswahl im Mai 1924 erstmals kandidiert, erreicht nahezu 38 000 Stimmen. Dahinter verbirgt sich ohne Zweifel ein politischer Protest gegen die Weimarer Republik, da bei der nachfolgenden Bürgerschaftswahl die Zahl der Stimmen auf 13 495 sinkt. In der Bürgerschaftswahl 1928, die eine gewisse politische Konsolidierung zugunsten der Regierungskoalition er-

365 Vgl. Kap. 19/Dok. 14.

366 N steht für Nationalversammlung, B für Bürgerschaftswahl, R für Reichstagswahl. Zusammenstellung nach den Statistischen Jahrbüchern für die FHH, 1925 bis 1933/34.

gibt, können die DNVP 94 000 und die NSDAP 14 760 Stimmen auf sich ziehen. Dies scheint – wie ein Vergleich zur Bürgerschaftswahl 1924 zeigt – das ideologisch fixierte Wählerreservoir beider Parteien zu sein. Innerhalb weniger Jahre ist der Anteil derjenigen Wähler, die ohne Zögern mit der Wahl von DNVP oder NSDAP einerseits und KPD andererseits gegen die neue demokratische Republik votieren, auf 43,8 % gestiegen. Für jüdische Politiker müssen diese sichtbaren Zeichen eines drohenden Verfalls der politischen Kultur beängstigend sein.

2.4 Der «nationalsozialistische» Antisemitismus der Weltwirtschaftskrise. Die Koalition aus SPD, DDP und DVP hatte für die Stadt eine politische Konsolidierung eingeleitet, welche die Mehrheit der Wähler in der Bürgerschaftswahl 1928 anerkennt. Wenig später macht die Weltwirtschaftskrise die Bemühungen der demokratischen Parteien zunichte. Hamburg gerät in eine Staatskrise, die sein bisheriges politisches System grundlegend erschüttert. Die Jahre von 1929 bis Anfang 1933 scheinen in ihrem äußeren Verlauf die These von der Konjunkturabhängigkeit des politischen und gesellschaftlichen Antisemitismus nachdrücklich zu bestätigen.[367] Die NSDAP erreicht in Hamburg spektakuläre Wahlerfolge, die mit dem ökonomischen Verfall der Stadt und einer kurzfristigen Erholung 1932 synchron verlaufen. Bei den Reichstagswahlen von 1930 kann sie in dem als «rot» geltenden Stadtstaat ebenso wie in Altona einen höheren Stimmenanteil erreichen, als dies dem Durchschnitt im Reich entspricht.[368]

Verändertes Erscheinungsbild. Seit Anfang 1929 scheint sich die antisemitische Agitation zu verstärken. Jedenfalls nehmen in den Akten der jüdischen Gemeinde entsprechende Hinweise im Vergleich zu den Vorjahren deutlich zu. Ob dem eine Intensivierung des politischen Antisemitismus entspricht, läßt sich – auch im Hinblick auf geeignete Maßstäbe – nur schwer beurteilen. Man darf nicht übersehen, daß der politische Antisemitismus der DNVP und der NSDAP ebenso wie der anderen politischen Gruppierungen der äußersten Rechten auch als Mittel der allgemeinen Agitation gegenüber dem politischen Gegner dient. Das gilt etwa für die antisemitischen Attacken des Bürgerschaftsabgeordneten

367 Vgl. hierzu Heinrich August Winkler, Die deutsche Gesellschaft der Weimarer Republik und der Antisemitismus, in: Bernd Martin/Ernst Schulin (Hrsg.), Die Juden als Minderheit in der Geschichte, S. 271 ff.

368 Stimmen der NSDAP bei der Reichstagwahl vom 14. 9. 1930: Hamburg 19,2 % zu 18,3 % des Reichsdurchschnitts; Reichstagswahl vom 31. 7. 1932: Hamburg 33,7 % zu 37,8 % des Reichsdurchschnitts; Reichstagwahl vom 6. 11. 1932: Hamburg 27,2 % zu 33,5 % des Reichsdurchschnitts.

Wilhelm Hüttmann, der Geschäftsführer der NSDAP des «Gau Hamburg» ist.[369] Der Sache nach wird der Kampf um die politische Zuordnung der großen Zahl erwerbsloser, nichtorganisierter Angestellter geführt, welchen sowohl NSDAP und als auch KPD für sich zu entscheiden suchen. Zur Abgrenzung gegenüber SPD und DDP gilt jedes Mittel als geeignet. Zugleich soll ein verbaler Antisemitismus innerparteilicher Durchsetzung dienen. Als die NSDAP im April 1929 mit der Ernennung von Karl Kaufmann zum neuen Gauleiter die veränderte Taktik der Annäherung an das konservative, nationale und republikfeindliche Bürgertum auch in Hamburg einleitet, symbolisiert der Antisemitismus neben propagandistischen Massenveranstaltungen und gewaltsamen Auseinandersetzungen mit der politischen Linken zugleich die unbedingte Entschlossenheit, mit den wirtschaftlichen Schwierigkeiten fertig zu werden. Es ist bezeichnend, wenn Leo Lippmann in seinen Erinnerungen berichtet, die Nationalsozialisten, die im Herbst 1931 in die Finanzdeputation gewählt worden waren, hätten in persönlichen Gesprächen die Judenfrage wesentlich abgeschwächt und als zeitbedingte Agitation hingestellt.[370] Noch im September 1931 hat die NSDAP in Hamburg nur 1659 Mitglieder. Eine derart geringe Organisationsdichte läßt es für Hamburger Juden, welche wie Leo Lippmann die Möglichkeit der internen politischen Analyse besitzen, unwahrscheinlich erscheinen, daß eine grundlegende Änderung der staatsrechtlichen Verhältnisse zu befürchten ist. Die Wahlerfolge der Rechtsradikalen konnten immer noch als Ausdruck des Protestes erklärt werden. Daß die Hamburger Juden dennoch eine Phase politischer und ökonomischer Unsicherheit verspüren, zeigt ihre verhältnismäßig hohe Beteiligung an den Wahlen zum Repräsentanten-Kollegium im März 1930.[371]

Im Jahre 1930 nehmen antisemitische Angriffe deutlich zu. Man beschränkt sich nicht mehr auf parteipolitische Polemik oder Hetzschriften. Im September 1930 werden jüdische Läden mit antisemitischen Plakaten beklebt. Ein Rabbiner wird in der Bornstraße belästigt.[372] Ladeninhaber werden bedroht.[373] Es kommt vereinzelt zu Überfällen.[374] Den vorhandenen Unterlagen ist zu entnehmen, daß man mit ernsthaften Störungen des Synagogenbesuches rechnet.[375] Das wird von einem Teil der jüdischen Gemeinde nicht nur als Volksverhetzung, sondern bereits

369 Vgl. Kap. 19/Dok. 17.

370 Vgl. Leo Lippmann, Mein Leben und meine amtliche Tätigkeit. Aus dem Nachlaß hrsg. v. Werner Jochmann, Hamburg 1964, S. 638 f.

371 Vgl. Einführung S. XXXIII.

372 Vgl. Kap. 19/Dok. 25.

373 Vgl. Kap. 19/Dok. 29.

374 Vgl. Kap. 19/Dok. 32.

375 Vgl. Kap. 19/Dok. 34, 35.

als Ausdruck einer Pogromgefahr beurteilt. Von den Angehörigen der Gemeinde wird diese Entwicklung insgesamt als eine Verschärfung antisemitischer Tendenzen erlebt. Das wird um so verständlicher, als die Reichstagswahl vom 14. 9. 1930 der NSDAP einen Stimmenanteil von 19,2 % erbracht hatte. Das Wahlergebnis fällt zugunsten der NSDAP gerade in den Stadtteilen Rotherbaum und Harvestehude mit 25,49 % und 22,04 % überdurchschnittlich aus. Zusammen mit der DNVP kann der Rechtsextremismus in diesem Gebiet etwa 30 % der Stimmen auf sich vereinigen. Die Hamburger Juden, von denen mehr die Hälfte hier wohnt und zu einem erheblichen Teil auch arbeitet, sehen sich zunehmend «hautnahen» Provokationen ausgesetzt.

Der Vorstand der Gemeinde hat sich bis zu diesem Zeitpunkt zumeist darauf beschränkt, staatliche Behörden zu bitten, eine Strafverfolgung aufzunehmen oder andere geeignete Maßnahmen zu treffen. Man vertraut darauf, daß ein staatlicher Antisemitismus nicht bestehe. Das ist ein in jeder Hinsicht berechtigtes Vertrauen. Die staatlichen Behörden kommen der Gemeinde und ihren Wünschen mit erkennbarem Wohlwollen entgegen. Aber die Abwehr judenfeindlicher Aktionen kann in einer Zeit äußerster politischer, sozialer und wirtschaftlicher Anspannung nicht im Zentrum staatlichen Handlungsgeschehens stehen. Gegen persönlichen Terror gegenüber einzelnen Juden ist man weitgehend machtlos. Im Gemeindevorstand herrscht gleichwohl noch Ende Oktober 1930 die Auffassung vor, «nach außen hin nichts zu unternehmen, da jede Art von Tätigkeit eher Schaden als Nutzen stiften könne».[376] Die zuständigen hamburgischen Behörden hätten den ernsten Willen, die jüdische Einwohnerschaft in jeder Richtung zu schützen. Das Gemeindeblatt vermeidet zu dieser Zeit jeden direkten Hinweis auf antisemitische Vorkommnisse.

Die Zionisten sind mit einer derartigen Gemeindepolitik nicht einverstanden. Bereits in ihrem Wahlaufruf zu den jüdischen Gemeindewahlen vom 27. 3. 1930 hatten sie auf die Gefahr des Antisemitismus hingewiesen.[377] Sie verlangen eine aktive Politik der Gemeindeorgane, nicht aber die Verwaltung des Problems. Anfang Oktober 1930 erneuern sie deshalb ihre Forderung, zumindest gemeindeinterne Maßnahmen zu treffen.[378] Das löst eine umfassende Diskussion aus, in der höchst unterschiedliche Vorschläge erörtert werden.[379] Eine erste Besprechung am 26. 10. 1930 mit 34 Teilnehmern endet ohne greifbare Ergebnisse oder Absprachen.[380] Die Meinungen sind sowohl nach Art der Abwehrmaßnahmen als auch nach

376 Sitzung des Vorstandes vom 21. 10. 1930, abgedruckt Kap. 19/Dok. 30 mit Anm. 58.
377 Vgl. Kap. 3/Dok. 39 und 40.
378 Vgl. Kap. 19/Dok. 26.
379 Vgl. Kap. 19/Dok. 27, 28, 30, 32.
380 Vgl. Kap. 19/Dok. 31.

Zuständigkeit der zur Abwehr berufenen Institutionen geteilt. Unverkennbar ist, daß sich der Gemeindevorstand nicht selbst an Maßnahmen der Abwehr beteiligen möchte, die über das hinausgehen, was von ihm bislang eingeleitet worden ist. Der Gemeindevorstand soll gegenüber den staatlichen Behörden unbelastet bleiben. Der Mehrheit der jüdischen Führungselite ist offensichtlich nicht wohl bei dem Gedanken, die Gemeinde könne ähnlich wie 1923 in anderen Großstädten in handgreifliche Auseinandersetzungen geraten. Bei allen Schwierigkeiten im einzelnen hofft man – der politischen Beurteilung anderer darin folgend – der Erfolg der NSDAP werde nur vorübergehend sein.

Der «Politische Ausschuß». Ende November 1930 setzen Vorstand und Kollegium gemeinsam einen «Politischen Ausschuß» ein. Man folgt damit einem zionistischen Vorschlag. Diese Art, Probleme einstweilen zu delegieren, ist ein in der Gemeindepolitik seit jeher bewährtes Handlungsmuster. Der Ausschuß, dem 5 Personen angehören, soll die Möglichkeit prüfen, «Maßnahmen zur politischen Lage» zu ergreifen.[381] Dieser Auftrag ist nach Inhalt und Verfahren unbestimmt und zeigt alle Züge eines formalen Kompromisses. Anfang Dezember 1930 kommt es zwischen dem Polizeipräsidenten und dem Mitglied des Gemeindevorstandes Dr. Hermann Samson zu einer Unterredung, in der der Polizeipräsident die Loyalität der Polizei gegenüber der jüdischen Bevölkerung nachdrücklich hervorhebt.[382] Man verständigt sich als eine erste Maßnahme dahin, den polizeilichen Streifendienst während der Dauer des Synagogenbesuches zu verstärken. Die Gemeinde habe die entsprechenden Zeiten zuvor mitzuteilen.[383] Die Einschätzung des Polizeipräsidenten ist durchaus zutreffend. An der politischen Loyalität der Polizei zu zweifeln, besteht kein begründeter Anlaß. Der Landesverband der Polizeibeamten Groß-Hamburgs mit etwa 6100 Mitgliedern hatte sich wenige Zeit zuvor dagegen verwahrt, daß sich der Deutsche Beamtenbund zugunsten der NSDAP gegen den Verbotserlaß der preußischen Staatsregierung vom 3. 7. 1930 eingesetzt hatte.

Anfang Februar 1931 berichtet der Politische Ausschuß über die Ergebnisse seiner Überlegungen.[384] Der Bericht zeigt mit aller Deutlichkeit, daß es gegenüber einem gezielten politischen Antisemitismus, der vor Tätlichkeiten und terroristischen Methoden nicht zurückschreckt, für eine Minderheit praktisch keinen wirksamen Schutz gibt. Der Ausschuß sieht die Hamburger Juden zwar nicht als vollkommen wehrlos an. Die

381 Vgl. CAHJP AHW 268.
382 Vgl. Kap. 19/Dok. 33 mit Anm. 64; vgl. ferner GB v. 18. 12. 1930, S. 5.
383 Vgl. Kap. 19/Dok. 34 mit Anm. 67 und 68.
384 Vgl. Kap. 19/Dok. 35.

Möglichkeit der organisierten körperlichen Abwehr wird erwogen, jedoch als politisch verfehlt verworfen. Der Ausschuß befürchtet in seiner Mehrheit, derartige Maßnahmen würden erst recht die Gefahr des Boykotts oder eines Pogroms begründen. Für die Gemeinde ist eine sachgerechte Einschätzung in der Tat von großer Schwierigkeit. Eine jüdische Selbstwehr zieht das staatliche Gewaltmonopol in Zweifel, auf das die Gemeinde als Minderheit eher setzen will. Aus ähnlichen Erwägungen findet der zionistische Vorschlag, in einen politischen Abwehrkampf einzutreten, im Ausschuß keine Zustimmung.

Die Hoffnungen, die man in der Gemeinde auf den Polizeischutz setzt, erfüllen sich nicht. Judenfeindliche Exzesse nehmen 1931 nach Zahl und Intensität deutlich zu. Rechtsradikale betrachten es offenkundig als Zeichen innerparteilicher Bewährung, sich auch den staatlichen Kräften entgegenzustellen. Im März 1931 erschießt ein Ende 1930 aus dem Dienst wegen seiner Zugehörigkeit zur NSDAP entlassener Polizist den kommunistischen Bürgerschaftsabgeordneten Henning. Einen Tag zuvor wird der Regierungsrat O. Lassally im Rahmen disziplinarrechtlicher Vorermittlungen von einem Beschuldigten, der der NSDAP nahesteht, angeschossen und schwer verletzt. Lassally wird für einen Juden gehalten, was nicht zutrifft.[385] Beide Ereignisse und die sich anschließenden strafgerichtlichen Verfahren erregen die Bevölkerung außerordentlich. Eine vermutlich nicht geringe Zahl der Hamburger Juden sieht die Gefahr von Pogromen nunmehr als realistisch an.[386] Die am 18. 3. 1931 vom Repräsentanten-Kollegium beschlossene Erklärung nimmt auf die geschilderten Ereignisse indirekt Bezug.[387] Mehr als einen Appell kann man in dieser Lage kaum an die staatlichen Behörden richten, denen man konkrete Versäumnisse ohnehin nicht vorwerfen kann. Inzwischen sind im Reich weitere Friedhofsschändungen bekannt geworden.

Zunehmender Antisemitismus 1931/1932. Ganz allgemein zeichnet sich – auch im Vorgriff auf den Wahlkampf zur Bürgerschaftswahl am 27. 9. 1931 – seit Sommer 1931 eine nochmalige Radikalisierung ab. Innerhalb der Rechtsparteien entwickelt sich zudem eine Konkurrenzlage. Man glaubt offensichtlich, den Wähler durch besondere «tatkräftige» Entschlossenheit für sich einnehmen zu können. Das gilt auch für den Senat, der erkennt, daß sich die Bevölkerung nach Ruhe und Sicherheit sehnt und den Einsatz aller staatlichen Machtmittel erwartet. In diesem Klima allgemeiner Radikalisierung ist es schwer zu beurteilen, ob der politische Antisemitis-

385 Vgl. Kap. 19/Dok. 36 mit Anm. 72.
386 Vgl. typisch die Zuschrift an den Gemeindevorstand vom 14. 3. 1931, Kap. 19/Dok. 36.
387 Vgl. Kap. 19/Dok. 37.

mus zentraler oder nur peripherer Gegenstand der politischen Rechten ist. Da ein Aktionismus gegenüber einer Minderheit leicht und erfolgreich durchführbar ist, kann damit rasch das Gefühl äußerer Wirksamkeit der eigenen Gruppierung befriedigt werden. Gegenüber Anhängern der SPD und der KPD ist dies nicht in gleicher Weise erreichbar. Gerade die Wehrlosigkeit der Hamburger Juden lädt zur Wiederholung ein.

Rechtsradikale Gruppierungen versuchen seit dem Sommer 1931, die Juden in ihren religiösen Empfindungen zu verletzen. Ob dies Konzept ist oder Handlungen einzelner, läßt sich nicht entscheiden. Im August 1931 wird in Hamburg erstmals eine Synagoge geschändet.[388] Die Mauer des Friedhofes an der Rentzelstraße wird wiederholt mit nationalsozialistischen Inschriften bemalt, erstmals Anfang September 1931. Das hat im jüdisch bewohnten Grindelviertel alle Anzeichen der Provokation. Das staatsanwaltschaftliche Ermittlungsverfahren wird zwei Monate später eingestellt, weil «ein zur Verurteilung ausreichender Beweis nicht zu erbringen» sei.[389] Noch während des Ermittlungsverfahrens werden auf demselben Friedhof jüdische Gräber geschändet.[390] Die Senatskommission für die Angelegenheiten der Religionsgesellschaften spricht ihr Bedauern aus. Der Bericht, den der Politische Ausschuß um die Jahreswende 1931/1932 dem Repräsentanten-Kollegium gibt, zeigt deutlich, daß man kaum Möglichkeiten eines wirksamen Schutzes sieht.[391] Auch das Kollegium lehnt jede Organisation einer körperlichen Abwehr ab. Man schwankt in den Gemeindeorganen nur zwischen «moralischer Aufrüstung» und Beruhigung der Gemeindeangehörigen. Als am 5. 1. 1932 erneut Gräber des Friedhofs an der Rentzelstraße geschändet werden, nimmt es die Gemeinde erleichtert zur Kenntnis, daß die Täter, die der NSDAP angehören oder nahestehen, binnen Tagesfrist verurteilt werden.[392] Eine wirkliche Bekämpfung des politischen Antisemitismus kann damit nicht erreicht werden, weil der Kampf gegen die bestehende staatliche Ordnung etwa für die SA längst zum selbständigen Handlungsmotiv geworden ist.

In der Bürgerschaftswahl vom 27. 9. 1931 erreicht die NSDAP nunmehr 26,3 %, die DNVP noch 5,6 % der Wähler. Der Rechtsradikalismus muß dies als eine erneute Bestätigung empfinden. Die Koalition verfügt nur noch über 69 der 160 Bürgerschaftssitze. Wiederum fällt das Wahl-

388 Vgl. Kap. 19/Dok. 38.
389 Vgl. Kap. 19/Dok. 42.
390 Vgl. Kap. 19/Dok. 41.
391 Vgl. Kap. 19/Dok. 45.
392 Vgl. Kap. 19/Dok. 46, 55. Die Landesjustizverwaltung Hamburg lehnt am 25. 11. 1932 eine Begnadigung des einen Täters ab (CAHJP AHW 660); der andere hat sich durch Flucht der Strafverbüßung entziehen können, vgl. Kap. 19/Dok. 55.

ergebnis zugunsten der NSDAP gerade in den Stadtteilen Rotherbaum und Harvestehude mit 36,5 % und 34,5 % überdurchschnittlich aus. Zusammen mit der DNVP kann der Rechtsextremismus hier etwa 45 % der Stimmen auf sich vereinigen. Bei den Hamburger Juden machen sich sowohl Resignation als auch Sorge bemerkbar. Man weiß, daß die Regierungskoalition nicht mehr durch demokratische Parteien gebildet werden kann. NSDAP, DNVP und KPD, die das Weimarer System radikal ablehnen, besitzen in der Bürgerschaft die Mehrheit. Eine Zusammenarbeit von SPD und KPD im Sinne einer Volksfront erscheint ausgeschlossen. Das parlamentarische System in Hamburg nähert sich seinem Ende. Damit verlieren die Hamburger Juden jene politische Kraft, die energisch und unter Einsatz administrativer und polizeilicher Macht dem Rechtsradikalismus und damit zugleich dem politischen Antisemitismus entgegenzutreten bereit ist. Fehlt diese Kraft, so ist abzusehen, daß die Gefahr eines staatlichen Antisemitismus unmittelbar bevorsteht.

Die Hamburger Juden sind sich darin einig, gegenüber dem rechtsradikalen Antisemitismus jede Provokation zu vermeiden. Das verlangt insbesondere jenen, die sich betont als deutsche Staatsbürger fühlen, ein hohes Maß an Selbstverleugnung ab. Gerade dies trifft den Vaterländischen Bund jüdischer Frontsoldaten schwer. Ihnen bleibt der provokativ gemeinte Vorwurf der «jüdischen Feigheit» nicht erspart. Auch die jüdische Führungselite ist in ihrer Mehrheit weiterhin für besonnene Zurückhaltung. Die vom Vorstand der Gemeinde an die Kultusverbände gerichtete Erwartung, nach dem Schluß des Gottesdienstes möge jede Ansammlung vor den Synagogen vermieden werden, ist Teil dieser Strategie überlegter Unauffälligkeit.[393] Nach der nationalsozialistischen Machtergreifung sieht sich die Gemeinde zu entsprechenden Empfehlungen gezwungen.

Der gegen Juden gerichtete Straßenterror nimmt zu.[394] Polizeiberichte zeigen dies. Die Revierwachen etwa des Grindelviertels versuchen das ihnen Mögliche, einen Schutz der jüdischen Bewohner zu erreichen.[395] Straßenschlachten in Hamburg und in Altona sind zu diesem Zeitpunkt nicht mehr ungewöhnlich. Es gehört zur Strategie der NSDAP und ihrer Organisationen, den Staat auch auf der Straße zu «erobern». Bezirke, Stadtviertel oder Straßenzüge werden der einen oder anderen Seite zugeordnet und umkämpft. Dabei sind «Stützpunkte» von großer Bedeutung. Bestimmte Gastwirtschaften haben nahzu symbolhaften Charakter. Reichsbanner und Rote Front stellen sich diesem Straßenkampf in Gebieten, die sie als ihr Territorium im Sinne eines «Arbeiterviertels» be-

393 Vgl. Kap. 19/Dok. 40 und 56.
394 Vgl. beispielshaft Kap. 19/Dok. 53.
395 Vgl. Kap. 19/Dok. 54.

trachten. Wieweit dies auch für das Viertel am Grindel gilt, läßt sich schwer beurteilen. Die SA versucht, in dieses Gebiet durch «Stützpunkte» einzusickern, etwa Rothenbaumchaussee 77 und Hochallee 20.[396] In der Bürgerschaftswahl vom 24. 4. 1932 wird die NSDAP mit 31,2 % der Stimmen stärkste Partei. In den Stadtteilen Rotherbaum und Harvestehude erreichen NSDAP und DNVP mehr als 45%. Zusammen mit der DDP ist eine «bürgerliche» Senatsbildung nunmehr möglich. Die DDP entscheidet sich jedoch für die Fortsetzung der Politik eines geschäftsführenden Senates, der damit – ähnlich wie in Preußen – gegen die Mehrheit der Abgeordneten auf der Grundlage des ihm reichsrechtlich eingeräumten Notverordnungsrechtes regieren muß.[397]

Der «Altonaer Blutsonntag» vom 17. Juli 1932 liefert der Reichsregierung am 20. 7. 1932 den Vorwand, in staatsstreichsähnlicher Weise in Preußen dessen sozialdemokratisch geführte Regierung abzulösen. Als sich die Gerüchte über einen nach Hamburg zu entsendenden Reichskommissar verdichten, wird der Senat vorsichtig. Am 3. 8. 1932 hebt er seinen «Radikalenerlaß» für die NSDAP auf. Für die Hamburger Juden muß die Entscheidung des Senates wie der Beginn eines staatlich tolerierten Antisemitismus erscheinen. Das ist vom Senat ohne Zweifel nicht beabsichtigt. Aber die Senatsentscheidung muß für die nachgeordneten Behörden Ratlosigkeit darüber auslösen, ob und in welcher Weise gegenüber Ausschreitungen der NSDAP und ihrer Unterorganisationen künftig einzuschreiten sei. Als es Ende Oktober 1932 erneut zu Schmierereien an der Mauer des Friedhofs an der Rentzelstraße kommt, lehnt die Staatsanwaltschaft einen Monat später jede Strafverfolgung gegen den namentlich bekannten Täter ab.[398] Für den Gemeindevorstand kann nun nicht mehr zweifelhaft sein, daß mit staatlicher Fürsorge und unbedingtem rechtsstaatlichen Schutz nicht mehr und für jeden Fall zu rechnen ist.

Jüdischer Selbstschutz. Die Gemeindeorgane lehnen für die Gemeinde jede Form eines aktiven Selbstschutzes ab. Immer wird die Notwendigkeit des behördlichen Schutzes, der argumentativen Aufklärung der Öffentlichkeit und der innerjüdischen Stärkung der unsicher gewordenen Gemeindeangehörigen betont.

Die vorhandenen Quellen lassen nicht erkennen, ob eine Minderheit der jüdischen Führungselite den Gedanken eines organisierten jüdischen Selbstschutzes ernsthaft verfolgt. Aktionen, die eindeutig dem Central-

396 Vgl. Anthony McElligott, « . . . und so kam es zu einer schweren Schlägerei» , in: Maike Bruhns u.a., «Hier war doch alles nicht so schlimm». Wie die Nazis in Hamburg den Alltag eroberten, Hamburg 1984 S. 58 ff.
397 Sog. Dietramszeller Notverordnung vom 24. 8. 1931 (RGBl. I S. 453).
398 Vgl. Kap. 19/Dok. 57, 58.

verein, dem Verein zur Abwehr des Antisemitismus oder dem Vaterländischen Bund jüdischer Frontsoldaten zuzurechnen sind, sind für diesen Zeitraum nicht nachweisbar. Immerhin betont der Vorsitzende des Vaterländischen Bundes zum 10jährigen Bestehen, der Bund sei «zu einer schlagkräftigen tätigen Abwehrgruppe» in den Wirren der Nachkriegsjahre geworden.[399] Eine derartige Aussage läßt sich unterschiedlich deuten. Ob der Verein zur Abwehr des Antisemitismus in Hamburg überhaupt nach außen in Erscheinung tritt, ist ohnehin zweifelhaft. Auch für die Hamburger Ortsgruppe des Kartell-Convents deutscher Studenten jüdischen Glaubens (K.C.) lassen sich konkrete Aktivitäten der Abwehr nicht belegen.

Diese Quellenlage scheint die Annahme zu begründen, die Hamburger Juden hätten auf jede Organisation eines jüdischen Selbstschutzes im Sinne handgreiflicher Abwehr und körperlichen Einsatzes verzichtet. Eine derartige Folgerung wäre voreilig. Die Bildung von bewaffneten Selbstwehren war als ein Verstoß gegen das Republikschutzgesetz vom 21. 7. 1922 illegal. Keine jüdische Organisation durfte es daher auf sich nehmen, staatliche Stellen, auf deren Schutz gegen antijüdische Exzesse man angewiesen war, in die Verlegenheit zu bringen, ihrerseits gegen Juden wegen Gesetzesverletzung vorgehen zu müssen. Absprachen über einen jüdischen Selbstschutz mußten deshalb – wollte man sie treffen – geheimgehalten werden. Sie hatten deshalb notwendig einen konspirativen Charakter. Deshalb kann man die vorhandenen Quellen nur danach beurteilen, ob sie indizielle Hinweise auf die Bildung eines jüdischen Selbstschutzes enthalten.

Klare Beweise lassen sich nicht führen. Aber es fehlt nicht an indirekten Hinweisen. Man muß zunächst bedenken, daß ein jüdischer Selbstschutz wenige Jahre zuvor nicht ungewöhnlich gewesen war. Bereits 1923 hatte es während der Ausschreitungen im Berliner Scheunenviertel jüdische Selbsthilfegruppen innerhalb des Reichsbundes jüdischer Frontsoldaten gegeben. In Berlin war etwa 1927 mit dem Jüdischen Abwehr-Dienst (JAD) eine neue Abwehrorganisation gebildet worden. Träger dieser konspirativ arbeitenden Organisation waren der Reichsbund jüdischer Frontsoldaten, der jüdische Boxclub Maccabi und der zionistische Sportverein Bar Kochba. Die Mitglieder wurden teilweise vormilitärisch ausgebildet. Ihre Aufgabe bestand zumeist im Saalschutz und im Schutz des Synagogenbesuches. Daneben gab es Verbindungen mit dem Reichsbanner Schwarz-Rot-Gold.[400]

399 Vgl. GB v. 10. 11. 1929, S. 2.

400 Vgl. etwa Hans Reichmann, Der drohende Sturm. Episoden aus dem Kampf der deutschen Juden gegen die nationalsozialistische Gefahr 1929 bis 1933, in: Hans Tramer (Hrsg.), In Zwei Welten. Siegfried Moses zum 75. Geburtstag, Tel Aviv 1962, S. 565, 568.

Nicht wenige Juden gehörten dieser der SPD nahestehenden Selbstwehr an. Jedenfalls darf man nicht annehmen, der Reichsbund jüdischer Frontsoldaten habe sich bei seiner internen Vereinsarbeit im wesentlichen auf den satzungsmäßigen Zweck der Verteidigung der jüdischen Ehre beschränkt. Auch in der sog. Jugendarbeit verfügte man über eine hinreichende Praxis.

Im Bewußtsein der jüdischen Organisationen ist diese Erfahrung eines erfolgreichen Selbstschutzes lebendig. Das läßt auch die Hamburger Juden an eine Wiederaufnahme einer entsprechenden Abwehrtätigkeit denken. Vor allem die Zionisten verfolgen von Beginn an den «Selbstwehrgedanken».[401] In den internen Unterlagen der Gemeinde häuft sich der Hinweis, daß «Maßnahmen zur körperlichen Abwehr» nicht in den Aufgabenkreis der Gemeinde fallen.[402] Das läßt sich dahin verstehen, daß man nicht den jüdischen Selbstschutz verneint, sondern lediglich die Gemeinde nicht als solche beteiligt sehen will. Zum Reichsbanner verfügt der Vaterländische Bund jüdischer Frontsoldaten offensichtlich über gute Beziehungen. Anders ist es kaum erklärlich, daß das Reichsbanner – fast demonstrativ – sich mit einer Kranzniederlegung an der jüdischen Gefallenenehrung 1929 beteiligt.[403] Hamburger Juden treten dem Reichsbanner bei. Auch hierfür enthalten die Quellen deutliche Hinweise. Der Tätigkeitsbericht des Politischen Ausschusses vom Februar 1931 macht im Zusammenhang mit der sog. körperlichen Abwehr kaum noch verschlüsselt und fast werbend auf eine aktive jüdische Mitarbeit in den «großen republikanischen Organisationen» und auf «altbewährte Organisationen» aufmerksam.[404] In einem Polizeibericht über den Straßenterror im Grindelviertel vom Juli 1932 wird erwähnt, daß ein «jüdischer Reichsbannermann» von einem Nationalsozialisten beleidigt und tätlich angegriffen worden sei.[405] Anläßlich der Wahl des Reichspräsidenten im März 1932 bietet das Reichsbanner dem Gemeindevorstand an, die öffentlichen jüdischen Gebäude unauffällig zu schützen.[406] Auch dies zielt auf organisatorische Zusammenarbeit des Selbstschutzes. Anfang 1932 wird von zionistischer Seite vorgeschlagen, die Gemeinde möge die jüdischen Jugendorganisationen «als geschlossene Formation in die Eiserne Front» führen.[407] Das republikanische

401 Vgl. Schreiben der Jüdischen Volkspartei vom 10. 10. 1930, Kap. 19/Dok. 26; dagegen u.a. das Vorstandsmitglied Dr. Herman Samson vgl. Kap. 19/Dok. 30.

402 Vgl. etwa Kap. 19/Dok. 33 (Dezember 1930), 35 (Februar 1931), 47 (Januar 1932), 50 (März 1932); Bericht über die Sitzung des Repräsentanten-Kollegiums vom 29.12.1931, GB v. 25. 1. 1932, S. 2.

403 Vgl. Kap. 22/Dok. 7.

404 Vgl. Kap. 19/Dok. 35.

405 Vgl. Kap. 19/Dok. 53, 54.

406 Vgl. Kap. 19/Dok. 50.

Reichsbanner hatte sich am 16. 12. 1931 mit Gewerkschaften und Arbeitersportverbänden zur «Eisernen Front» zusammengeschlossen. Der Politische Ausschuß lehnt den Vorschlag zwar ab, will andererseits eine entsprechende Entscheidung des einzelnen ersichtlich nicht negativ bewertet wissen. Daß Juden der Eisernen Front angehören, ist durch den angeführten Polizeibericht ebenfalls belegt.

In Hamburg bestehen der Jüdische Turn- und Sportverein Bar Kochba und der Jüdische Boxclub Maccabi. Die Gemeinde unterstützt die «umfassende Abwehrorganisation des Centralvereins» mit Haushaltsmitteln.[408] Sie stellt Mittel für die Jugend- und Sportarbeit zur Verfügung. Das gilt auch für den Bar Kochba.[409] Die Jugendarbeit im Gemeindehaus wird umfangreich gefördert. Das alles sind gewiß nur mittelbare Anzeichen, die jedoch in ihrer Gesamtheit die Annahme nahelegen, daß die Gemeindeorgane außerhalb ihrer Zuständigkeit eine jüdische Abwehrtätigkeit tolerieren und – bleibt ihre Verantwortung unaufklärbar – auch in Ansätzen begrüßen. Demgegenüber sprechen die erwähnten Anzeichen für eine jüdische Abwehrtätigkeit, möglicherweise im Rahmen oder in Zusammenarbeit mit anderen nicht-jüdischen Organisationen.

Nicht-jüdische Quellen lassen ebenfalls darauf schließen, daß noch Anfang 1933 in Hamburg selbständige aktive jüdische Gruppen des Selbstschutzes und des Widerstandes bestehen. Zur Reichstagswahl am 5. 3. 1933 verteilt eine «Arbeitsgemeinschaft jüdischer Sozialisten Hamburgs» ein Flugblatt.[410] Die Zusammensetzung dieser Gruppe ist nicht bekannt. Zu ihnen wird etwa der linkssozialistisch orientierte Haschomer Hazair gehören. Die Mitglieder dieser Gruppe wollen im Wege der Jugend-Hachschara nach erfolgter Berufsumschichtung nach Palästina auswandern. Eine Reihe von Angehörigen des Hamburger organisierten und nicht-organisierten Widerstandes sind jüdischer Herkunft.[411]

Die große Mehrheit der Hamburger Juden beteiligt sich an einem «Abwehrkampf» jedoch nicht. Die erheblichen Wahlerfolge des Rechtsradikalismus erklärt man sich mit der immer schärferen politischen Polarisierung. Das Wort von der «nationalen Erhebung» nimmt man – wie viele andere auch – kaum ernst, wenngleich für die Masse gerade diese pseudoreligiöse Erwartung stimulierend wirkt. Daß sich die Gemeinde in dieser Phase apolitisch verhält und jeden Verdacht einer Beteiligung

407 Vgl. Kap. 19/Dok. 47.

408 Vgl. Haushaltsberatungen im Repräsentanten-Kollegium vom 30. 3. 1932, GB v. 3. 5. 1932, S. 5.

409 Vgl. etwa Kap. 4.2/Dok. 25.

410 Vgl. Abdruck in: Ursel Hochmuth/Gertrud Meyer, Streiflichter aus dem Hamburger Widerstand 1933–1945, Frankfurt/Main 1980 (Nachdruck von 1969), S. 578.

411 Vgl. Namen bei Ursel Hochmuth/Gertrud Meyer, Streiflichter aus dem Hamburger Widerstand, S. 233, 235 f.

an konspirativer Tätigkeit vermeidet, hat sie nach der nationalsozialistischen Machtergreifung sicherlich vor unmittelbaren Maßnahmen bewahrt.

Zunehmende Isolierung. Die Hamburger Juden empfinden ihre Situation seit der Bürgerschaftswahl vom 27. 9. 1931 als bedrückend. Die verbreitete Annahme, die Erfolge des Rechtsradikalismus bei der vorangegangenen Wahl seien als ein einmaliger Protest des bürgerlichen Mittelstandes zu werten und daher nicht wiederholbar, hat sich als verfehlt erwiesen. Die eigene wirtschaftliche Not ist groß. Die Hamburger Juden sehen sich in dieser Zeit als Teil eines politischen Kampfes, dessen eigentlicher Gegenstand nicht sie, sondern etwas anderes betrifft, das sie nicht zu beeinflussen vermögen.

In dieser Lage versuchen die Juden, ihre zunehmende Isolierung durch gezielte Maßnahmen der Aufklärung zu durchbrechen. Repräsentanten der Senatskoalition verweigern sich hierbei nicht. Aber die politische Kraft der Führung von SPD und DDP ist auf die Bewältigung wirtschaftlicher Probleme gerichtet. Anfang 1932 bemüht sich Aby S. Warburg, die Leitung der evangelischen Kirche für einen gemeinsamen Aufruf zusammen mit der katholischen Kirche, den jüdischen Rabbinern und den beiden Bürgermeistern der Stadt zu gewinnen.[412] Der Versuch bleibt erfolglos. Die evangelische Kirche ist in dieser Phase der politischen Entwicklung ersichtlich nicht bereit, für eine religiöse Minderheit öffentlich einzutreten.[413] Der gegebene Rat, «daß jeder Mann und jede Frau in dem Umkreis, in dem sie wirken können, den vollen Einsatz ihrer Anschauung immer wieder leisten», ist Ausdruck jener formalen Brüderlichkeit, die von vornherein und nur auf die Kraft des Gebetes verweist. Kein Mitgefühl oder Angebot zur solidarischen Hilfe ist erkennbar. Die evangelische Kirche hat das Erlebnis eigener Verfolgung noch nicht gehabt.

Den Hamburger Juden bleibt nur, durch eigenes Handeln an die Öffentlichkeit zu treten und aufklärend zu werben. Das wird versucht. Im April 1932 erscheint ein Flugblatt des Centralvereins.[414] Der Vaterländische Bund jüdischer Frontsoldaten eröffnet im Juli 1932 eine Kampagne, mit der er in erster Linie nicht-jüdische Soldaten durch die Erinnerung an das «gemeinsame Fronterlebnis» erreichen will.[415] Die Wirkung auf die Öffentlichkeit ist nicht abzuschätzen. Auch hier stellt sich die Frage, wen man in einer Zeit politischer Polarisierung, in der jeder sich bereits

412 Vgl. Kap. 19/Dok. 46.
413 Vgl. Schreiben des Hauptpastors D. Beckmann vom 9. 1. 1932, Kap. 19/Dok. 48.
414 Vgl. Kap. 19/Dok. 51.
415 Vgl. Kap. 22/Dok. 9.

für überzeugt hält, überzeugen will. So demonstriert dies zugleich die Ohnmacht der Juden, noch einen eigenen geistigen Abwehrkampf mit Aussicht auf Erfolg zu führen. Nach der nationalsozialistischen Machtergreifung ist ihnen auch dieses Mittel des Protestes genommen. Vor allem zionistische Hamburger Juden ziehen daraus noch im Frühjahr 1933 für sich die Folgerung, Deutschland zu verlassen. Die Volkszählung vom 16. 6. 1933 weist nur noch 16 973 Hamburger Juden aus. Ein Teil der Juden ist bereits 1932, dann 1933 ausgewandert. Die Reichsstatistik weist für Hamburger Einwohner den höchsten Anteil überseeischer Auswanderung auf.[416]

VIII. SCHLUSSBETRACHTUNG.

1. Die Hamburger Juden traten 1919 in das neue politische System der Weimarer Republik mit großen Hoffnungen ein. Zwar gab es bei Kriegsende antisemitische Vorbehalte, deren Gewicht nicht zu unterschätzen war. In seiner politischen Mehrheit war das deutsche Volk aber entschlossen, das demokratische Postulat formaler und politisch-gesellschaftlicher Gleichstellung aller auch gegenüber den Juden zu erfüllen. Die in der Nationalversammlung geschaffene Verfassung bot hierzu gute Möglichkeiten. Die Mitwirkung der Juden am Aufbau des neuen politischen Systems war unter den sich zur Weimarer Koalition zusammenfindenden Parteien nicht umstritten. Gerade die Hoffnung, die bisherigen politischen und staatlichen Machtstrukturen würden beseitigt, eröffnete auch den deutschen Juden eine neue Perspektive. Das gilt insbesondere für Hamburg. In der Hansestadt hatten sie angesichts der qualifizierten Mehrheit von SPD und DDP keine Befürchtungen vor einem staatlichen Antisemitismus zu haben. Einen politischen Antisemitismus hatte es nur im deutsch-nationalen Bürgertum gegeben.

Da die Juden ihrerseits eine auf ihr Deutschtum bedachte Minderheit waren, mochten die Aussichten, das Judentum werde nur noch in seinem konfessionellen Bezug gesehen, in der Tat günstig sein. Die Weimarer Verfassung hatte mit der Trennung von Staat und Kirche der Religion ihre staatstragende Funktion entzogen. Der Hauptgesichtspunkt dieser verfassungspolitischen Entscheidung war, die Religion wirklich zu einer

416 Vgl. die überseeische Auswanderung deutscher Staatsangehöriger, nämlich 1931: 565 deutsche Auswanderer (= 45,9 auf 100 000 Hamburger Einwohner); 1932: 701 deutsche Auswanderer aus Hamburg (= 57,3 auf 100.000 Hamburger Einwohner); 1933: 733 deutsche Auswanderer (= 63,7 auf 100 000 Hamburger Einwohner).

Frage des Einzelnen zu machen. Diese staatsrechtliche Entmonopolisierung der Religion wurde zwar nicht in jeder Hinsicht durchgeführt, wie die Weimarer Schulrechts- und Kirchenrechtsartikel belegen.[417] Aber die Juden nahmen an, sie würden künftig ebenso wie andere Konfessionen behandelt werden. Die verfassungspolitische Entscheidung werde sich auch gesellschaftlich durchsetzen. Die Hilfe bei der endgültigen Begründung des Hamburger Systems (1873) und die Bereitschaft zum Kompromiß in der Ohlsdorfer Friedhofsfrage (1882) wurden von der großen Mehrheit der Hamburger Juden – auch wenn sie der Orthodoxie zuneigten – dankbar anerkannt. Der Staat beachtete die mit der Verfassungsreform von 1860 endgültige Emanzipation der Juden und die damit verbundene konfessionelle Neutralität.

2. Die untersuchten staatlichen Verwaltungsakten bestätigen die Erwartung der Hamburger Juden, der Staat werde sich nicht nur jedweden staatlichen Antisemitismus enthalten, sondern sich vielmehr schützend vor die jüdische Minderheit stellen. Die staatlichen Stellen begegneten der jüdischen Gemeinde mit einem gewissen Wohlwollen. Ein zusammenfassender Überblick kann dies nochmals begründen: Bei der Subventionierung des Schulwesens und der staatlichen Anerkennung jüdischer Schulen ist man nicht bürokratischer, als dies für eine geordnete Verwaltungsführung unabdingbar ist. Um die gewünschte Einrichtung eines jüdischen Religionsunterrichtes an staatlichen Schulen ist man ehrlich bemüht. Den Bau einzelner Synagogen fördert man mit der Veräußerung geeigneten Grund und Bodens und durch finanzielle Hilfen. Im Friedhofswesen sind die staatlichen Stellen immer wieder bereit, religionsgesetzlich erwünschte Ausnahmen zuzulassen. Als die Gemeinde hinsichtlich des Grindelfriedhofes in außerordentliche religionsgesetzliche Schwierigkeiten gerät, zeigt der Staat ein hohes Maß an Kooperation. Im Jahre 1929 gewährt er für das Krankenhaus der jüdischen Gemeinde ein Darlehen erheblichen Umfangs. Im Bereich der staatlichen Fürsorge kommt man den Wünschen der Gemeinde entgegen, die Sorge für jugendliche Juden durch das gemeindliche Jugendamt möglichst weitgehend selbst zu übernehmen. Bei der Seelsorge Gefangener geht man auf die religionsgesetzlichen Vorstellungen ein. Den Versuchen, in Hamburg die religionsgesetzlich gebotene Schächtung abzuschaffen, stellt sich der Senat entgegen. Die staatlichen Repräsentanten pflegen den Kontakt mit der Gemeinde, ihren Kultusverbänden und anderen jüdischen Institutionen und Vereinigungen. Einladungen zu repräsentativen Veranstaltungen

417 Vgl. hierzu Günther Grünthal, Reichsschulgesetz und Zentrumspartei in der Weimarer Republik, Düsseldorf 1968, S. 38 ff., 80 ff.

folgt man. Die vorhandenen Quellen vermitteln also insgesamt den Eindruck, daß das Verhältnis zwischen Staat und der Gemeinde ohne Komplikationen ist. Das gilt jedenfalls für die Ebene des Senates und der höheren Verwaltung.

Den Gründen dieses staatlichen Wohlwollens ist hier nicht nachzugehen. Für die Hamburger Juden bedeutet der geschilderte Zustand die Anerkennung ihres gesellschaftlichen Status in der Stadt, die sie ihrerseits als verpflichtend empfinden. Dies mag es teilweise erklären, weshalb die Führung der Gemeinde noch in kritischster Lage 1931/1932 zögert, in eine offene politische und kämpferische Auseinandersetzung einzutreten. Man glaubt es einfach der staatlichen Führung schuldig zu sein, seinerseits das gebotene Maß an Ruhe und Ordnung zu zeigen. Die Hamburger Juden finden sich jedenfalls bis zum Beginn des nationalsozialistischen Antisemitismus in ihrer Grundthese bestätigt, daß ihre Rolle in Deutschland ausschließlich die einer religiösen Minderheit sei. Um so weniger verstehen sie denjenigen, der angesichts dieser geänderten Verhältnisse noch den Weg der bewußten und formalen Assimilation gehen will. In ihrer ganz überwiegenden Mehrheit sehen sie hierzu keinen begründeten Anlaß. Der Centralverein und der Verein zur Abwehr des Antisemitismus können deshalb in Hamburg eine hohe Mitgliederzahl nicht erreichen.

In welchem Umfang zur Zeit der Weimarer Republik bei nachgeordneten Behörden und bei der Justiz antisemitische Vorbehalte bestehen, läßt sich nur schwer beurteilen. Daß Beamte unterer Besoldungsgruppen antisemitischen Gruppierungen nicht von vornherein fernstehen, wird man nicht ausschließen können. Seit den 80er Jahren des 19. Jahrhunderts gibt es auch in Hamburg eine antisemitische Bewegung vor allem im Kleinbürgertum.[418] Dieser wirtschaftliche Antisemitismus ist häufig Ausdruck sozialer und ökonomischer Benachteiligung als Ergebnis der raschen Industrialisierung und der veränderten Konkurrenzlage der kleinen Handwerks- und Gewerbebetriebe. Die antisemitischen Parteigruppierungen suchen ihre Klientel in dieser Zeit auch bei den kleineren Beamten, wie ihre Forderung nach höheren Gehältern für diese Beamtengruppe zeigt. Auch in der Weimarer Zeit ändert sich an dieser Zielsetzung wenig. Damit ist nicht gesagt, daß dies auch der Auffassung der so umworbenen Beamten entspricht. Ende 1927 gibt es nach Schätzungen der Politischen Polizei Hamburgs etwa 500 Nationalsozialisten. Die Zahl der Mitglieder der NSDAP steigt in Hamburg von September 1930 bis Januar 1933 von 1 659 auf 13 147. Der Organisationsgrad der etwa 30 000 Hamburger Beamten liegt im Zeitpunkt der nationalsozialisti-

418 Vgl. H. Krohn, Die Juden in Hamburg, S. 182 ff.

schen Machtergreifung bei 772 Beamten. Das bedeutet, daß die Beamten in der NSDAP mit einem nahezu doppelt hohen Anteil repräsentiert sind, als dies der allgemeinen Bevölkerungsstruktur entspricht. Angesichts des vom Senat zeitweise ausgesprochenen Verbots einer Mitgliedschaft in rechtsradikalen Organisationen wird man die Zahl der mit der NSDAP sympathisierenden Beamten deutlich höher einzuschätzen haben. Das mag begründen, daß Hamburger Juden in dem einen oder anderen Falle mit einer antisemitischen Haltung eines Beamten bei dessen Amtsführung zu rechnen hatten. Gleichwohl läßt sich weder daraus noch aus den antisemitischen Parolen dieser Partei ableiten, in welcher Weise innerhalb der Hamburger Beamtenschaft antisemitische Tendenzen bestehen. Die untersuchten Quellen enthalten auch insoweit keine eindeutigen Hinweise auf einen behördlichen Antisemitismus der Hamburger Beamtenschaft. Daß es etwa im polizeilichen Bereich hiervon abweichende Einzelfälle gegeben haben wird, steht dieser allgemeinen Einschätzung nicht entgegen.

Die vorstehende Beurteilung ist nicht mit der politischen Einstellung der Beamten im einzelnen zu verwechseln. Die Warnungen des Senates an seine Beamtenschaft, sich der NSDAP oder ihren Organisationen zuzuwenden, nehmen seit April 1931 zu.[419] Das ist ein deutliches Zeichen dafür, daß der Senat an der beamtengesetzlich festgelegten Neutralität zumindest von Teilen der Beamtenschaft zu zweifeln beginnt. Die beginnende Zerstörung der politischen Kultur hat ihre Folgen für die politischen und gesellschaftlichen Beziehungen des Alltags.

Die Akten der Gemeinde und anderer jüdischer Institutionen belegen nachdrücklich, daß man mit ruhiger Selbstachtung den Geschäften des Tages nachging. Der verhältnismäßig hohe Anteil der Mischehen deutet neben einem Verlust an integrierender Kraft der jüdischen Gemeinde nämlich auch an, daß ein Jude oder eine Jüdin keineswegs auf durchgehende antisemitische Vorurteile stoßen mußte. Die vom Centralverein propagierte These, man sei Deutscher und Jude zugleich, sah sich in der sozialen Wirklichkeit mit nur geringen Ausnahmen bestätigt. Man war davon innerlich überzeugt, auf dem richtigen Wege zu sein.

Ein aufkommender Antisemitismus mußte vor diesem Hintergrund den Juden zunächst als eine politische Verwirrung erscheinen, welche die Mehrheit unmöglich ernst nehmen würde. Als man sich der Ansichten dieser Mehrheit nicht mehr so sicher zu sein glaubte, führte man dies auf mangelnde Aufklärung zurück. Eine andere Erklärung konnte man sich kaum vorstellen. Es ist die Tragik dieser Zeit, daß die Hamburger Juden

419 Zur Radikalisierung der Beamten vgl. allg. U. Büttner, Hamburg in der Staats- und Wirtschaftskrise 1928–1931, S. 384 ff.

die eigene Geschichte und die politische Geschichte des 19. Jahrhunderts dabei mißachteten. Für eine zur Minderheit erklärten Gruppe stand das Argument der Aufklärung nicht mehr oder nur noch in sehr engen Grenzen zur Verfügung, um die bereits eingetretenen Verhältnisse wieder zu verändern. Dies vorherzusehen, war für eine Minorität, die den Bildungsanspruch als tradierten Wert verinnerlicht hatte, wohl kaum noch möglich. Eine Tragik der Hamburger Juden war es zum anderen, daß sie mit dem Hamburger System ein Modell wechselseitiger Toleranz praktizierten und nunmehr in einem intoleranten Umfeld leben mußten. Schließlich war es die Tragik der Juden insgesamt, daß sie in den Kreis der politischen Auseinandersetzung einer Staats- und Wirtschaftskrise gerieten, deren Ausgang zu beeinflussen sie keine Möglichkeit besaßen.

Schnelsen
Niendorf
Gr. Borstel
Eidelstedt
Lokstedt
Stellingen-Langenfelde
Neu-Lokstedt
Eppendorf
Harvestehude
Eimsbüttel
Bahrenfeld
ALTONA
Rotherbaum
Othmarschen
Ottensen
Altona
St. Pauli
Neustadt
Oevelgönne
Waltershof
Steinwärder

Fuhlsbüttel
Ohlsdorf
Steilshop
Bramfeld
Farmsen
Alsterdorf
Winterhude
Barmbeck
WANDSBEK
Uhlenhorst
Hohenfelde
Eilbeck
Hamm
Horn
Billstedt
Billwärder
Ausschlag
Veddel

VERZEICHNIS DER DOKUMENTE

Kapitel 1: SOZIO-DEMOGRAPHISCHE ENTWICKLUNGEN

Kapitel 2: RECHTSSTRUKTUREN UND GEMEINDE-ORGANISATION IM HAMBURGER SYSTEM

Kapitel 5: SCHULWESEN

Kapitel 6: WOHLFAHRTSWESEN UND SOZIALFÜRSORGE

Kapitel 7: ISRAELITISCHES KRANKENHAUS

Kapitel 8: BEGRÄBNISWESEN

Kapitel 9: GEMEINDEMITGLIEDSCHAFT

BAND II

Kapitel 11: JÜDISCHE RELIGIONSSCHULEN

Kapitel 12: JÜDISCHER RELIGIONSUNTERRICHT AN STAATLICHEN SCHULEN

Kapitel 15: JUGEND – JUGENDBERATUNG – JÜDISCHE JUGENDGRUPPEN

Kapitel 16: DIE ZIONISTEN

Kapitel 17: OSTJUDEN IN HAMBURG UND ALTONA

Kapitel 19: ANTISEMITISMUS UND ABWEHR DES ANTISEMITISMUS

Kapitel 20: WIRTSCHAFTSLEBEN UND BERUFSGLIEDERUNG

Kapitel 21: JUDEN AN DER UNIVERSITÄT HAMBURG

Kapitel 22: REICHSBUND JÜDISCHER FRONTSOLDATEN

Kapitel 23: CENTRAL-VEREIN DEUTSCHER STAATSBÜRGER JÜDISCHEN GLAUBENS – ORTSGRUPPE HAMBURG

Kapitel 24: PORTUGIESISCH-JÜDISCHE GEMEINDE ZU HAMBURG

Kapitel 27: JÜDISCHE GEMEINDE WANDSBEK